TOXICOMANIES
ET FORMES DE LA VIE QUOTIDIENNE

© 1992, Pierre Mardaga, éditeur
Rue Saint-Vincent 12 - 4020 Liège
D. 1992-0024-40

 *PSYCHOLOGIE ET SCIENCES HUMAINES*

Claude Macquet

toxicomanies et formes de la vie quotidienne

Huit essais de sociologie compréhensive et simmelienne de la toxicomanie

Préface de Olgierd Kuty
professeur à l'Université de Liège

MARDAGA

pour Chloé et Simon

*Nous y revenions une fois de plus, à ces fameuses distinctions sociales. Comment fonctionnaient-elles dans la région du Delta où l'on menait des vies si isolées, si restreintes ? (...)
Les emplois des noirs dépendaient en grande partie des Blancs : ils travaillaient dans leurs maisons, leurs jardins et ainsi de suite. Mais les Blancs eux aussi dépendaient des Noirs. Il me semble qu'il y avait dans ce temps-là davantage de respect entre les races. (...)
Je crois que cette proximité est en partie responsable du caractère des gens du Mississippi. Quand on vit aussi près les uns des autres, il faut s'entendre avec les gens, sans quoi on est frappé d'ostracisme. On apprend à accepter les gens tels qu'ils sont. Nous avions beaucoup d'excentriques, des individualistes forcenés. (...)
L'intimité de cette communauté, défavorisée et peu instruite, avait mené à la violence. Les gens n'éprouvaient peut-être pas le besoin de réclamer des billets de commerce, ils ne fermaient peut-être pas leur porte à clef, ils n'avaient peut-être même pas de clefs pour certaines de leurs portes mais les têtes risquaient d'être près du bonnet. Il y avait des homicides, des crimes passionnels.*

V.S. Naipaul
Une virée dans le Sud

Préface

Pour celui qui cherche une meilleure compréhension des modes de vie des toxicomanes, pour celui qui désire élargir son approche thérapeutique, le livre de Claude Macquet constitue une contribution essentielle.

Au cœur de l'ouvrage, une interrogation sur un des concepts les plus centraux dans la sociologie d'aujourd'hui : l'identité sociale. Et avec cette recherche, le travail de C. Macquet s'inscrit dans ce que l'on appelle fort communément en sociologie le retour de l'acteur. Alors que notre discipline nous avait habitués jusqu'il y a quelques années à une définition d'elle-même en termes de collectif, de masse, de groupe, nous voici devant un individu producteur de ses stratégies et négociateur des normes de sa déviance. Bien sûr, d'autres courants minoritaires de la sociologie avaient pu préserver cette idée de l'individu, mais la forte originalité de ces huit monographies qui nous changent totalement de ce que l'on avait été habitué à lire jusqu'ici sur le sujet, tient à leur rattachement à une veine théorique très particulière. C. Macquet a «rencontré» l'œuvre de Georg Simmel et la manière dont il fait travailler les hypothèses du maître allemand jette une lumière tout à fait nouvelle sur les carrières des toxicomanes. Comment comprendre que l'identité soit ce lieu où s'opère, à travers une mystérieuse alchimie, la rencontre entre les conditionnements sociaux et le sens subjectif de l'acteur? Que les choses soient claires. Les déterminismes sociaux ne sont pas niés. Les variables de classe sociale, de catégorie socio-professionnelle, de monde rural ou urbain, ne sont pas ignorées. Mais le regard se porte ailleurs. L'interrogation porte sur la manière dont ces conditionnements sociaux sont appropriés par l'acteur, sur la manière dont les mêmes déterminismes sont investis différemment par les individus. La recherche nous fait voir comment les conditionnements sociaux ne sont pas des variables lourdes, mais tout au contraire, des ressources pour l'acteur qui entend donner un sens à son expérience sociale. Ainsi, le concept d'identité est cette représentation de soi que se construit l'acteur au confluent des trajectoires qu'il vit et des capacités et ressources qu'il mobilise. C'est tout au long de cette construction active que le toxicomane «s'auto-désigne» comme tel.

Cette idée de sens donné à l'expérience sociale et au monde dans lequel l'acteur vit nous renvoie à la grande tradition de la sociologie allemande. On connaissait déjà toute la distance qui séparait Max Weber de Durkheim, Max Weber pour lequel l'action sociale était «le type de comportement auquel l'agent communique un sens subjectif» alors qu'une certaine sociologie française, inaugurée par Durkheim, insistait au même moment sur l'idée qu'un «acte ne peut être défini par la fin que poursuit l'agent». On connaissait aussi la sociologie interactionniste de Chicago qui avait approfondi la définition de l'identité et C. Macquet a d'ailleurs souligné les rapports de filiation entre ces Américains du Centre des Etats-Unis et Georg Simmel. On comprend alors qu'il ait été amené à redécouvrir celui qui fut l'ami de Weber et l'inspirateur de G.H. Mead et des interactionnistes. Dans l'importante partie théorique, non encore publiée, de sa thèse, il restitue la pensée du sociologue allemand, pensée trop longtemps ignorée parce que peu systématisée, parfois ésotérique et mêlant, dans un genre inclassable, la réflexion épistémologique, la spéculation philosophique et l'analyse empirique.

Ce détour par Simmel était essentiel : c'est une voie différente, originale, pour repenser la manière dont l'individu donne un sens aux réalités du monde. Avec le concept simmelien de forme, C. Macquet nous fait comprendre comment, à la fois, le dualisme s'accroît entre les réalités sociales et culturelles du monde et l'acteur social qui ressent une aliénation croissante face à elles, et qui est, en même temps, animé d'une impérieuse exigence de donner un sens à tout cela. Sa liberté est l'autre face de l'aliénation. Et en outre, Simmel nous fait comprendre que les réalités sociales sont multiples et que le développement du monde moderne est tel que cette multiplicité s'accroît dans le monde de la ville, lieu des multiples interactions et des glissements d'un cercle (Kreis, dit Simmel) à un autre. On comprend pourquoi Simmel touche de si près à la sensibilité contemporaine : distance croissante d'avec les produits sociaux et culturels, multiplicité des rencontres sociales hétérogènes, redéfinition permanente de son identité.

Pour ne pas réduire le vécu des toxicomanes à quelques grands facteurs dominants et simples, on comprend qu'il fallait un chercheur doué d'un don d'observation et d'un talent d'écoute peu communs. Le lecteur conviendra vite qu'il fallait des qualités de clinicien assez exceptionnelles pour rencontrer les ambitions théoriques de départ. Je reste impressionné par ces récits de vie où des pans biographiques s'ordonnent progressivement, où des détails et des détails toujours inattendus deviennent lentement signes d'une recherche de cohérence que se donne l'acteur. Et tout cela est devenu possible parce que C. Macquet était là avec une écoute active.

Ces qualité de clinicien nous amènent au dernier aspect que nous aimerions souligner : la contribution de la sociologie à la définition des modes d'intervention dans le cadre de l'action thérapeutique. Aujourd'hui, c'est une sociologie des émotions qui est entrain de naître et la contribution de C. Macquet à la constitution de ce courant prend appui sur son autre expérience professionnelle. Ce sociologue-chercheur est aussi un thérapeute qui s'interroge sur le rôle de sa discipline dans le débat multidisciplinaire. Nous aimerions souligner deux aspects de sa démarche pour clôturer cette préface. Tout d'abord les huit toxicomanes, tels qu'ils apparaissent ici, sont loin de toute une sociologie classique de la déviance. Ici, il n'est pas question d'un déviant qu'il faut réintégrer dans l'ordre social, dont il faut éliminer les comportements aberrants. L'inspiration simmelienne que nous avons suivie chez C. Macquet nous permet de saisir pourquoi il est aux antipodes d'une démarche fonctionnaliste. L'individu ne doit pas rentrer dans le rang, se soumettre à des impératifs de groupe. Tout au contraire, il faut jouer la carte d'une individuation accentuée où l'individu, affinant son mode d'insertion dans les différentes formes de sociation, peut mieux gouverner sa vie. «Pas un surcroît d'intégration, mais un surcroît d'individuation».

Mais comment peut-on soutenir cette quête d'édification de son individualité? C'est ici que le sociologue-intervenant peut offrir à l'usager une confrontation avec ses grilles d'analyse et permettre à ce dernier d'élaborer de nouvelles perspectives signifiantes pour lui. Mais cette offre de confrontation suppose une éthique du sociologue : «il faut que la vérité de l'explication soit entérinée par le sujet», il faut, suivant la belle formule de Paul Ricœur que rapelle C. Macquet, que «celui qui parle et se raconte fasse parfois l'aveu à celui qui écoute du vrai de sa vérité». C'est sur un tel socle que se fonde alors la possibilité de négociation des normes d'un mode de vie. Le sociologue-thérapeute est un accompagnateur social «qui ne cherche pas à avoir raison en dépit de celui qui nous informe». En fin de compte, c'est aussi une posture de grande humilité qui surgit des prolongements originaux que donne notre auteur aux profondes intuitions de Simmel.

Olgierd KUTY
Professeur à l'Université de Liège

Avant-propos

Lorsque, dans les années 1830, Frederich Engels observait la consommation de boissons alcoolisées dans le monde ouvrier anglais, il utilisait le mot-clé d'aliénation à la fois pour caractériser le mode de vie de ce prolétariat et pour expliquer l'ampleur de la consommation de l'alcool; les origines économiques et sociales de sa morbidité (Singer, 1986). Un peu plus d'un siècle et demi après lui, d'aucuns font référence à la notion de style de vie, non plus tant pour expliquer le recours à des produits psychotropes, mais bien plutôt pour essayer de comprendre en quoi le substrat relationnel et culturel des consommateurs les oriente à faire le choix de la toxicomanie afin de meubler une partie ou la majeure partie de leurs identités personnelles (Cormier, 1984; Beauchesne, 1991).

Entre ces deux positions extrêmes, il y a bien entendu place pour d'autres représentations de la toxicomanie. Et il est aussi hautement probable que la conception dominante, pour telle ou telle société, se situe dans leur entre-deux.

Mais comment en est-on arrivé là? Comment est-on arrivé à faire coexister, d'une part, une conception de nature globalement moraliste et prométhéenne, conduisant à la lutte contre la consommation des produits psychotropes (par exemple par le biais de politiques économiques et sociales et visant l'amélioration du mode de vie des ouvriers et l'intégration de leur classe sociale au titre d'acteur à part entière sur la scène des sociétés européennes) et, d'autre part, une conception de nature éthique et tragique, prônant plus de tolérance à l'encontre des choix personnels de vie, des valeurs individuelles, et l'accompagnement ou l'encadrement de leurs diverses conséquences médico-sociales ?

Il n'est pas possible, en quelques lignes, de retracer ici une périodisation critique des diverses représentations qui ont été produites afin d'appréhender le «phénomène drogue», comme on dit parfois. D'autant que certaines nuances, au sein d'une même représentation, demanderaient bien des commentaires. Il en va ainsi, par exemple, avec le remplacement, vers la fin des années soixante, de la notion de syndrome de l'alcoolomanie, ou de syndrome de l'opiomanie, par celle de syndrome de la dépendance à un produit psychotrope et la prise en compte du facteur temps comme variable stratégique pour juger de l'évolution de la maladie toxicomanie (Shaw, 1979).

Cependant la coexistence — le terme de coexistence devant en fait, au cas par cas, être assimilé soit à une mise en concurrence ou à une compétition, soit à une volonté de collaboration dans la recherche et d'émulation — de plusieurs représentations est un fait incontournable. Et nous croyons donc qu'il est utile, avant d'entamer la lecture des monographies qui s'en suivent, de fournir quelques informations au lecteur. Informations qui, nous l'espérons, lui permettront de situer la production de ces histoires de vie en regard de deux questions principales : quel est l'objet de la recherche entreprise et dont les monographies devraient rendre compte ? Quelle est la problématique développée dans cette recherche ?

L'objet de la recherche tout d'abord.

Le schéma intellectuel qui sert de support aux recherches épidémiologiques est, globalement, celui de la détermination ou encore du conditionnement social du consommateur potentiel de drogues. Une quantité parfois impressionnante de variables psycho-sociales telles que l'imitation ou l'identification de l'individu à ses pairs, les discriminants de sa scolarité, la catégorie socio-professionnelle ou l'assujettissement du travailleur à son employeur, la cohésion des rôles parentaux, la peur qu'a l'individu de ne pas réussir socialement et ainsi de suite, sont utilisés, en tant qu'indicateurs des modes de vie, pour expliquer et mesurer les variations du risque de recourir à la consommation d'un produit psychotrope et d'en abuser.

Le passage du tableau épidémiologique à celui de l'étiologie de la toxicomanie se fait en observant le substrat organique de l'individu. Que ce soit par ses caractéristiques somatiques ou neuro-psychiques, l'organisme humain est un objet qui s'altère sous l'effet des consommations et donc, primitivement, sous celui des variables psycho-sociales. Le lien entre le risque de consommer et la toxicomanie proprement dite est de nature linéaire et le seuil séparant ces deux réalités est d'ordre quantitatif. Il peut être objectivé par l'étude des signes physiques et behavioraux que manifeste l'organisme humain et certains travaux sont parvenus, dans le cas de l'alcool par exemple, à corréler de tels signes avec les quantités de produit consommé. Il est alors question de dépendance ou d'assuétude bio-psychique de l'organisme humain pour traiter de la toxicomanie. Dans ce cas toujours, ce que le consommateur dit de sa dépendance, ce qu'il pense être ses causes ou ses effets, est secondaire. L'évaluation des signes objectifs de la toxicomanie l'emporte sur la compréhension que l'individu a de son état.

Ce schéma est bien de nature prométhéenne. En disposant de connaissances objectives sur les modes de vie des gens, il serait alors possible de mettre sur pieds des politiques sociales qui les corrigent ou les améliorent en même temps que la santé physique et psychique des individus. Autre façon de considérer les choses : si les conditions de vie dans la société globale sont moins aliénantes, alors l'individu sera mieux socialisé. Il sera à la fois plus libre, plus sain et capable de développer des attitudes rationnelles faites de prudence et de circonspection à l'encontre de la consommation de produits qui peuvent être à l'origine d'une diminution de sa santé physique ou psychique. Il voudra rester maître de ses consommations plutôt que l'inverse ; se contrôler lui-même plutôt que verser dans la dépendance à une substance psychotrope. On le notera également, un tel schéma de travail débouche sur la production de connaissances qui ont une visée pragmatique : elles permettent d'agir sur les conditions de vie et, par cet intermédiaire, sur les individus.

Ceci étant, quel que soit le schéma intellectuel que le chercheur adopte, ce schéma a bien sûr son utilité mais aussi ses limites et donc ses critiques.

Déjà à l'époque où la thèse quantitative s'affirmait avec, par exemple, les travaux de Jellinek (1946, 1952, 1960) ou de Lederman (Bell, 1979) en matière d'alcool, une autre hypothèse de recherche a vu le jour, principalement chez des anthropologues ou des sociologues (et qui se penchaient sur d'autres produits que l'alcool ; produits tels que l'héroïne ou le cannabis et pour lesquels les tableaux étiologiques n'avaient pas encore acquis la rigueur objectiviste de celui de l'alcool). Schématiquement, ces recherches voulaient mettre en évidence le poids, dans l'éclosion de l'étiologie de la dépendance, joué par les données cognitives de la toxicomanie et telles qu'elles sont connues par le consommateur de drogues.

En fait, les critiques que Lindesmith (1947) mais surtout Becker (1953) adressent à la thèse du *continuum* épidémiologie-étiologie sont multiples. Becker est d'avis qu'il existe des étapes ou des séquences qui découpent ce *continuum* et que le passage de l'une à l'autre de ces séquences dépend de certaines variables psycho-sociales spécifiques mais pas de toutes les variables possibles à la fois. Pour chaque séquence donc, pense-t-il, il s'agit de discriminer les variables pertinentes et sa façon de procéder consiste en ceci qu'il veut isoler celles qui sont en relation avec les *modalités de l'action collective* dit-il; celles qui sont typiques des interactions sociales dans lesquelles le consommateur évolue à telle ou telle séquence de sa trajectoire de toxicomane (telle que la séquence de l'initiation du consommateur profane, celle de la confirmation de son statut de consommateur aguerri et ainsi de suite). Il critique donc la linéarité du passage menant de l'épidémiologie vers l'étiologie; plus exactement encore, la linéarité de l'action des variables psycho-sociales.

Becker ira également un peu plus avant dans son propre programme de recherche et, à l'hypothèse d'un seuil d'ordre quantitatif séparant ces deux réalités du phénomène drogue, il préférera l'hypothèse de l'existence d'un seuil d'ordre qualitatif et qu'il observe sur un autre substrat que l'organisme humain : celui de la conscience réflexive ou cognitive.

A ses yeux, il n'y aurait pas que des variables expliquant ce qui «pousse» un individu en direction des drogues et de l'assuétude du corps; mais il y aurait aussi à considérer ce qui, au départ d'une séquence de la trajectoire, «tire» le consommateur vers la suivante. Plus clairement dit, ce que le consommateur sait ou croit savoir de son état à telle ou telle étape de sa trajectoire est ce qui rend difficile tout retour en arrière; ce qui l'entraîne à évoluer dans de nouvelles interactions sociales et qui tiennent compte de cet ensemble de connaissances; au bout du compte, ce qui le confirme dans la croyance que les signes de son organisme sont bien ceux d'un toxicomane. Dans ce cas donc, il ne devrait pas être difficile de considérer que les symptômes du consommateur sont assimilés, non pas seulement à la subjectivité du consommateur, mais bien aux connaissances que le consommateur a des drogues. Ces symptômes sont les «signes» de la construction de l'identité psycho-sociale d'un toxicomane.

De façon un peu plus abstraite et sans doute caricaturale, il devrait être possible de présenter ces deux thèses de la façon suivante :

1. dans la thèse quantitative, l'individu consommateur est un objet (un capital?) somatique et neuro-psychique qui s'altère sous l'effet de ses consommations; une entité kantienne caractérisée par les traits statistiques qu'il partage avec ses pairs — son origine sociale, ses conditions d'emploi et de logement, sa scolarité ou la qualité de sa citoyenneté et ainsi de suite —; le risque de recourir à une consommation préjudiciable est corrélé avec un manque ou une faille dans la qualité de sa socialisation; les divers indicateurs de son mode de vie peuvent produire une objectivation de cette socialisation à risque; les connaissances produites avec ce schéma de travail ont une portée pragmatique prioritairement;

2. dans la thèse qualitative, l'individu est pensé comme un individu meadien; il valorise négativement ou positivement les objets qui l'environnent, en ce compris les produits psychotropes, et en tenant compte des réactions possibles de ses partenaires face à ces valorisations; sur fond de ces interactions, il donne un sens aux produits psychotropes et il leur attribue des propriétés qui seront intéressantes pour la qualité de ses interactions; cette thèse est aussi celle d'un individu qui module son identité personnelle au gré de ses pérégrinations biographiques et qui socialise les produits psychotropes, c'est-à-dire qu'il les utilise à une fin plus ou moins précise ou espérée dans le cadre de ses interactions; enfin, les connaissances produites à l'aide de ce schéma de travail ont une visée émancipatoire pour l'individu qui consomme ou qui est dépendant.

Ces deux thèses — organiciste ou quantitative d'une part et cognitive ou qualitative de l'autre — datent du début des années cinquante et, à cette époque, elles se montraient comme opposées. De nos jours, la situation pourrait bien être appréciée différemment et on songera par exemple à les mettre en connexion d'une manière ou d'une autre.

Depuis quelques années en effet, du côté des schémas médicaux de pensée et particulièrement dans le domaine de la psychiatrie et de la psychiatrie sociale, des modifications se sont produites. Pour certaines affections, telle que l'homosexualité par exemple mais aussi les dépendances, la notion même de maladie a laissé la place à celle de santé relative ou encore à celle de normalité relative. Dans certains cas donc, plutôt que de vouloir isoler des syndromes et de regrouper les signes et les symptômes d'une maladie dans un ensemble spécifique à cette maladie, on s'est dirigé dans une autre voie qui consiste à fournir une définition dimensionnelle ou déviationniste de l'affection; la santé ou la normalité devenant virtuellement une possibilité de «déviation» ou une configuration particulière de traits dimensionnels au même titre que la maladie (Pichot, 1988). En fait, avec cette conception de l'ambivalence maladie-santé, l'action thérapeutique est disjointe de l'établissement d'un diagnostic ; l'action à entreprendre est autonomisée ne serait-ce que partiellement et son élaboration tient tout autant compte de la tolérance de l'environnement social du malade à l'égard de sa maladie que de la gravité du diagnostic posé.

Cette conception n'est peut-être pas encore entrée dans la vision des choses du grand public des années quatre-vingts-dix (elle est bien présente dans les manuels psychiatriques cela dit tel que, par exemple, le «DSM-III» américain) et pourtant elle pourrait être d'une grande utilité pour les agents de la santé ou des services sociaux. Pour nous faire comprendre, la référence à la distinction anglo-saxonne entre les notions de *desease* et d'*illness* est fort intéressante ici (Moore, 1988).

Cette distinction sépare de façon nette les notions de *souffrance* et celle de *plainte*. La notion de souffrance renvoie explicitement au substrat organique qu'est l'organisme humain et sa réalité somatique et psychique ou neuro-psychique. Celle de plainte fait référence aux jeux relationnels dans lesquels un individu se trouve et, au titre d'output de ces jeux, à l'entente qui se dégage entre les joueurs pour qualifier une manifestation de normale ou d'anormale. Avec cette distinction, on sera amené à considérer différemment, en termes d'action à entreprendre, le cas d'un individu qui se montre à voir à ses partenaires comme ayant des caractéristiques qui sont celles de l'état d'un toxicomane dépendant alors même que les signes de cette maladie ne sont pas objectivés de façon manifeste, et le cas de celui qui montre de tels signes mais sans qu'il ne soit disqualifié par ses pairs. Les deux autres cas de figure étant bien entendu eux aussi possibles. Ainsi il y aurait des dépendants toxicomanes, des dépendants non toxicomanes, des individus non dépendants mais toxicomanes et enfin des non dépendants et non toxicomanes (Peele, 1982).

Quelle est l'utilité de cette hypothèse de travail ? Elle a sans conteste une orientation clinique c'est-à-dire qu'elle permet de rencontrer non plus seulement un individu abstrait ou statistique mais bien concret. Elle a donc une portée clinique manifeste. Mais aussi, cette hypothèse de travail, à être travaillée plus avant, pourrait amener des informations aux intervenants sur la manière avec laquelle l'état de toxicomane s'élabore au travers des interactions du consommateur. C'est généralement dans le cadre d'un tel programme de travail qu'il est fait référence à la notion de style de vie. L'objectif étant de ré-envisager le poids des facteurs psycho-sociaux non plus seulement comme étant l'antichambre épidémiologique de l'étiologie des dépendances mais aussi comme étant les matériaux avec lesquels les sujets construisent leur définition de la toxicomanie. Et il n'est pas interdit de croire que ces définitions collectives de la toxicomanie constituent la variable écran sur laquelle les programmes d'intervention viennent, trop souvent sans doute, buter.

Voilà ce qu'il en est de l'objet des monographies qui suivent. Que dire à présent de la problématique qui y est développée?

La notion de style de vie est de nature littéraire avant tout. Certes il y a bien un consensus parmi les sociologues pour considérer que le style de vie d'un individu rassemble à la fois les données factuelles et les données idéelles de son mode de vie; ses valeurs ou les valorisations de la réalité qu'il entreprend de faire depuis ce mode de vie (Juan, Rothier Bautzer, 1986). Mais il demeure que cette notion est encore de nature plus syncrétique que synthétique; c'est-à-dire qu'elle ne correspond pas à un concept ou à une notion tels qu'ils permettraient, par exemple, de savoir comment discriminer les informations valides pour notre objet de recherche ni comment les traiter.

Afin de nous doter d'un outil sociologique de travail et qui puisse être assimilé à la notion de style de vie, nous nous sommes inspirés de la sociologie de Georg Simmel et plus particulièrement de sa notion de forme; ou encore : la forme prise par l'association de divers individus et qui entretiennent des actions de réciprocité entre eux. Cette formulation est peut-être quelque peu ambiguë mais nous pensons que l'expression «forme de la vie quotidienne» ou encore «forme de sociation», devraient convenir. C'est également une notion plus extensive et, pensons-nous plus opérationnelle, que l'expression *modalités de l'action collective* chez Becker.

En deux mots, quelles sont ses caractéristiques?

Pour Simmel ce sont *les actions de réciprocité* qui sont le ciment de la vie en société et au jour le jour. Ces actions peuvent se présenter dans une configuration telle que leurs contenus (qu'il s'agisse de contenus de nature économique, ou psychique telle qu'une émotion, ou technologique... n'a guère d'importance à ses yeux) s'organisent les uns en regard des autres selon un principe empirique de *cohérence fonctionnelle*, dit-il (Simmel, 1987). C'est-à-dire qu'il appartient au chercheur de repérer les cas types où les divers contenus de la vie sociale des individus s'agencent entre eux de telle sorte que cet agencement prend l'allure d'une structure; d'une forme.

Par ailleurs les formes sont le substrat du mécanisme de construction de l'identité selon Simmel. Chaque forme donne accès à un certain gradient de possibilité d'individuation : depuis une possibilité minime comme avec le cas de la dyade et le poids des contenus affectifs ou pulsionnels dans cette possibilité, jusqu'à une individuation maximale ou très forte avec le cas de l'isolement social puis psychologique et la prédominance, dans ce cas, d'attitudes rationnelles.

Nous ajouterons également que la définition que Simmel donne du sujet, c'est-à-dire son épistémologie, est assez proche de celle proposée par Granger (1967), par exemple, lorsqu'il délaisse une définition unitaire de l'individu pour lui préférer les notions de champ vectoriel et de points. C'est aussi cette définition complexe du sujet qui a été à l'origine de cette intuition : nous pressentions, chez Simmel, un projet de sociologie permettant de traiter des identités en synergie, oserait-on dire, avec la façon qu'a la psychiatrie contemporaine de traiter des déviations dimensionnelles et de l'ambivalence santé-maladie (Olson, 1979; Macquet, 1991a).

De manière pratique cette fois, l'analyse simmelienne des formes peut se centrer, pour l'essentiel, sur deux types de données : les attitudes et les valeurs des individus, comme le montrent, pensons-nous, les monographies qui suivent. Le point crucial du travail de compréhension sociologique des formes réside en fait dans le repérage et dans la monstration de la causalité circulaire qui se constate, à l'occasion, entre les attitudes et les valeurs. L'identité du toxicomane, pour faire court, est suggérée dans les monographies, dès lors que la consommation, comme attitude ou comme valorisation du produit psychotrope, intègre cette virtualité d'une cohérence fonctionnelle des données.

Enfin, il nous faut encore ici signaler ces précisions : les monographies qui s'en suivent sont extraites d'un travail plus étoffé et qui a bénéficié d'une intervention financière de la part du Fonds National belge de la Recherche Scientifique. Nous profiterons donc de l'opportunité que représente cet avant propos pour remercier cette institution pour l'aide qu'elle nous a apportée. Nos remerciements vont également aux personnes suivantes : Mme Denise Weynand pour sa patience; Mmes M. Bodson, F. Grandjean, A.-M. Hubert et J. Van den Bosch pour la dactylographie et la retranscription des entretiens d'enquête; Mme A. Cornet et M.V. Libert pour leurs participations actives à l'enquête; M.J. Van Russelt pour sa disponibilité; sans oublier les 52 informateurs qui ont accepté de nous parler de leurs expériences de vie. Ce sont leurs informations qui nous ont permis de confectionner les huit monographies de cet ouvrage. Ceci étant, nous sommes également bien conscients que la notion simmelienne de forme demande d'autres précisions et commentaires; mais pour ne pas alourdir la présentation des monographies, nous en avons regroupé quelques-uns dans une annexe spéciale.

Chapitre 1

S'intégrer

ALBERT : DE L'INCLUSION *A MINIMA* À L'AUTO-EXCLUSION

**1. La détermination sociale des attitudes et des valeurs :
le milieu social d'origine comme *terminus a quo***

La famille élargie d'Albert est établie depuis trois générations à l'Est du pays, sur le hinterland oriental d'une ancienne ville industrielle limité au Nord par la frontière hollandaise, plus à l'Est par la frontière allemande et au Sud par le Grand-Duché du Luxembourg. A côté d'un secteur agricole plus traditionnel, cette région offre une diversité d'emplois qui soulignent la vocation frontalière de ce territoire : en plus d'une gare de triage des chemins de fer, des services des douanes et de police procurent également des emplois aux habitants de la région.

L'importance d'avoir une **place**

Comment, depuis son installation dans cette région, la famille élargie d'Albert a-t-elle pris l'habitude d'utiliser les ressources qui s'y trouvent ? Pendant deux générations — celles du père et du grand-père paternel d'Albert — une préoccupation majeure s'est développée parmi les membres de la famille et plus particulièrement chez les hommes en âge d'être professionnellement actifs et dont le maître mot est celui de *trouver une place*.

La valorisation des postes de travail, des *places*, correspond pour les hommes, non seulement à une contrainte et à une exigence de nature économique et qui permettent d'acquérir une certaine autonomie ou indépendance matérielle et financière, mais surtout à une condition d'*agréation et d'agrégation sociales* pour l'individu. Albert insistera lourdement sur cette fonction sociale remplie par la *place* : sa détention rend légitime aux yeux de tous le fait d'entretenir des transactions avec celui qui a cette *place*; d'entrer en interaction avec lui, de le considérer comme un partenaire à part entière et comme l'un des siens. Par ailleurs, cette fonction sociale de *reconnaissance de l'autre* est d'autant plus manifeste que l'individu concerné a quitté la sphère des activités familiales; et les lieux de cette reconnaissance sont, par exemple, les grandes familles professionnelles du secteur public ou para-étatique : la poste, les chemins de fer, les douanes, ... Ne pas en être a un sens bien précis pour Albert : le fait de ne pas avoir une *place* est peut-être assimilé à un risque économique ou considéré comme la source de difficultés matérielles, mais avant tout, il est synonyme de non-appartenance, de *mort sociale* en quelque sorte. Ainsi, en évoquant l'éventualité et le souhait qu'exprime Albert de revoir sa famille, il mettra en avant cette règle sociale de reconnaissance :

— *je dois avoir un travail avant... une place...*

Par petites touches successives, ce territoire, aux yeux des membres de la famille d'Albert, nous apparaîtra comme étant une possibilité d'*enclavement* des individus en marge du monde ouvrier.

Ce territoire n'a pas en effet pour bases des considérations strictement économiques, géographiques ou linguistiques mais avant tout sociologiques : par le biais des postes de travail, des *places*, l'individu peut espérer obtenir un marche-pieds à son acceptation dans une communauté de base, tout autant professionnelle que familiale. L'appartenance à l'une des grandes familles du travail fonde socialement la reconnaissance d'une similitude; elle transforme un lien naturel ou biologique, la filiation de famille, en un lien social.

En conférant une telle importance à la *place*, on remarquera que ce n'est pas tant un métier ou une culture ouvrière que le milieu d'origine transmet de génération en génération; ou encore la possibilité de s'identifier à un groupe organisé autour d'une activité professionnelle spécifique; ni une conscience claire et fière de son utilité sociale et reposant sur la reconnaissance par d'autres acteurs sociaux de son savoir-faire. Mais plutôt une anxiété, une *crainte* ou franchement la peur, en ne détenant pas une *place*, de n'en avoir aucune et de n'appartenir à rien. La problématique dominante qui sous-tend la vie quotidienne dans ce milieu est moins celle de l'intégration de ses membres dans un ensemble sociétal composé d'individus provenant d'univers sociaux différents ou encore celle de la préparation à la confrontation avec d'autres acteurs mais plutôt une problématique, plus primitive en quelque sorte, de l'inclusion de l'individu dans une communauté de vie. Le poste de travail est bien plus ici une condition à la sociation des individus qu'un univers de socialisation. Dans cette perspective, les postes de travail sont qualitativement équivalents plutôt qu'à la source d'une différenciation sociale des personnes ou d'une identité de classe ; ainsi Albert :

- *il n'y a pas de tradition là-dedans ; les hommes travaillent dans ce qui a de possible ;*
- *mon père a un frère et lui, il est douanier ;*
- *mon père travaille dans les chemins de fer ;*
- *mes cousins... lui il est facteur et elle, elle est cuisinière dans l'hôpital ;*
- *mon père voulait que je reste à l'armée ; il y a toujours des places là ;*
- *moi je sais pas où je pourrais avoir une place...*

Le caractère enclavé de la famille d'origine d'Albert dans le monde ouvrier peut être mis en évidence d'une autre façon. Depuis l'industrialisation de la ville toute proche, le hinterland sur lequel évoluent Albert et les siens est, avec ses emplois publics et de service, une possibilité de repli ou d'échappatoire, d'évitement de la division industrielle du travail pour ceux et celles qui occupent les positions basses du salariat et du monde ouvrier. Tel fut très précisément le cas d'Arthur, le grand-père paternel d'Albert :

- *avant les chemins de fer, il avait travaillé en usine dans la métallurgie. Il n'aimait pas ça. Alors il est allé sur les machines à vapeur. Maintenant ce serait plus possible vu que les machines elles sont plus les mêmes. Faut être ingénieur maintenant pour monter dessus.*

L'assujettissement au cadre sociétal

La manière avec laquelle Albert évoque le personnage du grand-père pendant notre entrevue pourrait faire croire à l'existence d'un personnage mystérieux ou énigmatique ; et ceci malgré le fait qu'Albert ait eu à maintes reprises l'occasion de le côtoyer et de lui parler. Ainsi, Albert ne s'explique pas vraiment les raisons ou les motifs qui animaient Arthur et qui pourraient faire mieux saisir le pourquoi de sa réorientation professionnelle ; sa décision de quitter l'usine et d'opter pour les chemins de fer comme terrain de sa reconversion. Tout ce qu'il s'autorise à dire avec certitude et sur le mode de l'évidence, c'est qu'Arthur *n'aimait pas ça* ; mais sans pouvoir ébaucher ne serait-ce qu'une esquisse de ce que le travail en usine fut, comme expérience sensible, pour son grand-père.

Mais tout en se montrant incapable de répondre à nos interrogations, Albert attirait en fait l'attention sur une autre donnée à savoir que cette reconversion pourrait bien être à l'origine d'une altération, dans le chef des hommes, du mécanisme de la transmission d'un savoir pratique d'une génération à l'autre; d'une rupture dans l'appartenance des hommes et ce depuis Arthur, à la classe ouvrière et sa mémoire collective.

En entrant aux chemins de fer, peut-être Arthur a-t-il gagné une liberté de manœuvre et une autonomie qu'il n'aurait pu espérer avoir en continuant son travail d'usine. Peut-être a-t-il amélioré ses revenus ou ses conditions de travail; mais quoi qu'il en soit des motivations et des intérêts d'Arthur ou encore de ses dispositions à agir de la sorte, les conséquences de sa décision sont elles autrement objectivables.

Quant bien même l'hypothèse de l'évitement de l'assujettissement d'Arthur aux conditions du salariat de l'époque ne serait que partiellement vérifiée, son déplacement positionnel dans le champ du travail amplifie l'assujettissement d'Arthur au cadre sociétal lui-même; en changeant de travail, il modifie la qualité de son intégration sociale : son appartenance au monde du travail se modifie dans le sens d'une inclusion en marge de celui-ci et, par exemple, de la combativité ouvrière ou de son identité de classe. Cette reconversion donnera surtout naissance à une attitude de repli; à une *distanciation* en regard du monde ouvrier et ses attitudes de classe.

Ainsi, selon Albert, son grand-père paternel serait le seul homme qui, à sa connaissance et dans sa famille, ait fait preuve d'une certaine emprise sur sa réalité quotidienne et ses contraintes; notamment en prenant l'initiative de quitter l'usine et de rechercher de l'embauche aux chemins de fer. *Il se laissait pas faire*, lui plaît-il de signaler à plusieurs reprises; et il fait bien remarquer qu'à ses yeux Arthur serait unique en son genre dans cette capacité à se défendre, à se protéger et à donner une orientation volontariste à son existence; bref, à faire preuve d'une capacité à agir dans une situation où les contraintes de l'environnement sont une source d'insatisfaction.

Une attitude de soumission volontaire

Il n'est pas interdit de comprendre cette perte d'une capacité à avoir une emprise sur la réalité environnante comme étant en lien avec une déperdition de l'identité ouvrière; mais aussi et de façon positive cette fois, comme étant reliée à l'émergence d'une nouvelle attitude synonyme d'une *soumission* à la réalité et ce à partir de la génération du père d'Albert.

En prenant ses distances avec l'organisation et la division du travail industriel, Arthur se soustrait quelque peu de ces contraintes mais aussi de ces ressources. Ce que le père d'Albert reçoit en héritage est moins un métier qu'une contrainte neuve : celle de rechercher une position et une inclusion *a minima* dans le domaine professionnel. Somme toute, en prenant de manière délibérée une distance avec l'organisation du travail industriel, le grand-père s'en va occuper une position sociale moins marquée par l'empreinte de cette organisation c'est-à-dire par le sceau de telle ou telle activité spécifique ; mais par contre, qui sera marquée du principe même de la division du travail c'est-à-dire du poids de l'impuissance de celui qui attend de la société qu'elle lui donne la possibilité d'y être inclus et d'y avoir droit au chapitre. La reconversion professionnelle d'Arthur, qu'il s'impose à lui-même à en croire Albert, est ainsi à l'origine d'un réaménagement de l'identité masculine en direction de plus de *passivité* en regard des contraintes de l'environnement.

Le but à atteindre dans l'existence est de décrocher une *place*, un marche-pieds du monde ouvrier. Les normes de comportement autant que les injonctions reçues des parents vont dans cette direction. Il en va ainsi par exemple avec la scolarisation des enfants qui doit aider cette inclusion *a minima* plutôt que de servir de tremplin à une mobilité professionnelle ascendante ou encore favoriser la reproduction d'une identité professionnelle. Ainsi selon Albert : *mon père aurait été content si j'avais eu un diplôme et du travail et puis c'est tout.*

Le réseau relationnel et une part non négligeable de la sociabilité ambiante sont utilisés afin d'atteindre cet objectif ou ce but. Mais il serait peu pertinent dans ce cas d'évoquer une quelconque solidarité à l'œuvre dans la communauté de base ; c'est-à-dire soit une solidarité qui est le fait de l'existence d'un groupe organisé autour d'une identité collective et professionnelle et que l'enfant va imiter, soit une solidarité qui est le fait d'une division du travail d'éducation des enfants et qui fait émerger un projet professionnel en propre chez l'adolescent. Il n'est pas non plus question, en parlant d'un réseau relationnel, d'un véritable capital relationnel ; plus simplement, les connaissances que l'on a servent de canal à la circulation de l'information ; information qui est utilisée selon les capacités de débrouillardise de chacun.

L'autre est un bienfaiteur

Dans tous les cas, un schéma de représentation domine qui fait que l'accès à une *place* est le fait du Prince : l'individu souhaite la bienveillance de l'autre et le bénéfice d'en être reconnu par sa bonne volonté.

Cette valorisation de l'autre comme un *bienfaiteur*, un donateur, est soutenue et portée par l'attitude de soumission et d'impuissance en regard du cadre sociétal sur lequel on pense ne pas avoir de prise. Il peut se faire bien souvent que le pourvoyeur d'une *place* n'est pas son véritable propriétaire mais plutôt un tiers — comme l'est l'élu politique — qui par son pouvoir social intercède auprès du propriétaire dans le sens de l'affectation du poste de travail à tel ou tel bénéficiaire. Entre ce Prince et le bénéficiaire du don du poste de travail s'installe un rapport social de type domestique c'est-à-dire un rapport fait de dévotion et de respect de celui qui, par le don, occupe une position haute; et ce rapport social domestique a plus de pertinence aux yeux du bénéficiaire que le rapport social de type salarial qui le lie à son employeur.

Autre façon de considérer la recherche d'une *place* dans le chef d'Albert et des siens : cette recherche ne se situe pas dans le cadre d'un marché de l'emploi. L'individu ne se loue pas et ne se vend pas; il n'est pas non plus en véritable concurrence avec d'autres qui mettent leur capacité de travail sur un marché et qui convoitent la même *place*; il ne passe pas non plus un contrat avec son employeur qu'il n'identifie d'ailleurs pas clairement. Mais il attend *d'être choisi* : l'octroi du poste revêt d'abord une valeur symbolique; il fait la preuve que le bénéficiaire est reconnu par d'autres dans ses qualités personnelles plutôt qu'il n'entérine la valeur économique ou les qualités impersonnelles de celui qui se met en concurrence sur le marché de l'emploi (la hauteur de sa scolarité, l'ampleur de son expérience, ...).

Une attitude de compétition négative

L'attitude de soumission ou d'impuissance en regard du cadre sociétal où l'on évolue, la valorisation de l'autre au titre d'un bienfaiteur de qui on attend un don et une reconnaissance personnelle, outre le fait qu'elles refrènent toute velléité de mobilité, ont pour conséquence de favoriser ce que l'on pourrait appeler une attitude de *compétition négative*. Lorsqu'on est plongé dans une situation où un bien se fait rare, la confrontation avec les autres, qui tentent également à avoir accès à ce bien, ne se règle ni par la concurrence, ni par la compétition ou l'émulation mais plutôt par un retrait du champ de bataille. En clair, on considère que l'on a moins de chances que les autres mais qu'à ce titre on a droit plus que les autres aux restes du bien convoité. Autrement dit cette attitude de compétition négative est à l'origine d'une représentation particulière du marché de l'emploi. Il se développe une croyance qu'au départ de la position, défavorable, que l'on occupe, il doit bien y avoir une *place* quelque part; une croyance qu'au-delà d'un certain seuil d'exigence prescrit pour accéder à un poste enviable — par exemple le niveau inférieur de l'enseignement moyen —, les autres candidats à une *place* et les mieux armés pour y parvenir, délaisseront les postes de travail qui se situent en-deçà du seuil ; une croyance donc que les postes les plus bas sur l'échelle, reviennent naturellement aux moins armés.

Cette représentation en termes de compétition négative fonde une sorte d'immobilisme social et une conviction qu'il n'est pas nécessaire de se battre ou de se préparer à la concurrence mais bien que les critères de recrutement pour le poste à pourvoir sont aussi des critères d'affectation. Ainsi Albert :

– *ma tante, que son mari est aussi à la poste, elle m'avait dit que les chemins de fer cherchaient des garçons de course. J'y suis allé et ils m'ont pris...*

– *mais il devait bien y avoir d'autres candidats... tu en parles comme si ton recrutement avait été automatique... il y avait des épreuves...*

– *oui si on veut. Mais tout le monde est formé maintenant et donc pour être coursier, des types comme moi on a plus de chances.*

Une attitude qui consiste à ne pas se singulariser

On notera également qu'avec l'adoption de cette attitude de compétition négative, les hommes n'ont pas besoin de mettre en avant ou en évidence ce qui pourrait être leurs qualités personnelles ; qu'il s'agisse des éléments de leur *curriculum*, de leur savoir-faire, de traits de caractère ou même leurs idées sur tel ou tel sujet. Ils ne soignent pas leur image de marque et ils accordent peu de poids ou de valeur à la perspective de devoir se présenter ou de se mettre en scène ; de capitaliser leurs atouts personnels et de se constituer une personnalité singulière qui les ferait se dégager du lot.

Le peu d'occurrence des conflits

Par contre, l'expérience sensible de l'assujettissement au cadre sociétal ainsi que l'expérience sensible de l'impuissance et de l'attente de la reconnaissance par l'autre, par le fait de cette faible attitude d'individuation, sont tempérées sur le plan de leurs répercussions subjectives ou émotionnelles. Les manifestations de plainte et de réprobation, les occasions d'un conflit, sont plutôt rares dans la mesure où les prétentions individuelles et leurs déceptions éventuelles, sont de faible amplitude.

Il n'est pas inutile de remarquer que le milieu social d'origine ainsi décrit au travers de ses attitudes et de ses valeurs prégnantes, connaît un principe fort de cohérence interne. Autrement dit, le croisement d'une attitude particulière avec une valeur, considérée indépendamment de l'attitude qui lui a donné son orientation propre, peut avoir pour conséquence de rendre plus légitime encore l'adoption d'une seconde attitude et ainsi de suite. Il en va par exemple ainsi avec la dernière valorisation ; plus exactement, de la faible valorisation des qualités personnelles et du peu de pertinence du processus d'individuation. Lorsqu'elle est croisée avec une attitude de repli et de prise de distance d'avec les autres partenaires sociaux, elle renforce l'attitude de soumission et l'évitement des conflits. Ainsi :

– *(en famille...) rien du tout... pas de syndicat ou de fanfare... mon père est fort timide aussi. Il ose pas se montrer en public. Quand on fait des courses par exemple, il reste dans la voiture. Il veut pas se montrer ;*

– *ma mère me disait : « tu verras quand tu travailleras ! Travaille d'abord, tu verras après ». Mon père me disait le même genre de trucs... Ca coupait court à tout.*

Ou encore, le fait de croiser une attitude de soumission avec la croyance en la bienveillance de l'autre aboutit concrètement à rendre d'autant plus vraisemblable une attitude faite d'immobilisme et d'évitement des conflits. C'est en particulier ce qui se vérifie lors de l'intervention en famille des agents du contrôle social :

– *quand les flics venaient, ils* (les parents) *payaient et puis c'est tout. Il se passait rien en fait ; ils préféraient payer et avoir la paix.*

La fermeture familiale

En suivant à la trace les informations qu'Albert voulait bien nous transmettre lors de notre entretien, c'est principalement sur le terrain des activités domestiques que ce principe de cohérence, de renforcement circulaire des attitudes et des valeurs, provoquait notre curiosité. Il permet en effet de rendre compte de la fermeture de l'univers domestique en regard du monde extérieur et du cloisonnement des diverses pratiques ; également de leurs effets.

Le poste de travail est surtout indicatif de la position occupée par l'individu en marge de la classe ouvrière bien plus que de la réalisation d'une tâche professionnelle précise et qui donnerait un contenu ou une allure particulière à la personnalité du travailleur. Transposée dans la sphère domestique, la *place* n'est guère source de prestige ou d'autorité. Il est difficile d'y faire valoir un savoir-faire masculin ainsi que l'exercice de l'autorité qui en émane. Aussi la sphère des activités domestiques est-elle avant tout le territoire des femmes qui s'activent dans des charges ménagères. Par la détention d'une *place*, le lien biologique est transformé en lien social mais le lieu où se constitue ce lien est externe à la vie en famille ; à l'intérieur de cette vie de famille, l'affirmation des filiations masculines est ténue. Quand bien même donc l'organisation pratique de la vie en famille tiendrait compte des contraintes professionnelles des hommes (de leurs horaires par exemple), le domaine des activités domestiques se montre relativement imperméable à la sphère professionnelle et, plus en général, à ce qui se passe à l'extérieur de ses frontières. Aussi la famille n'est-elle guère un lieu d'apprentissage ou d'acquisition de connaissances sur les institutions sociales; d'habiletés sociales. (D'un autre côté, on pourrait également remarquer que le faible impact, en famille, des filiations masculines confirme et renforce la sujétion des garçons aux femmes plus âgées; et cette soumission des garçons au pouvoir domestique des femmes et qui n'est pas contrebalancée par les filiations sociales et masculines, est en fait de la même nature que celle du travailleur remerciant le Prince de lui avoir trouvé ou concédé une *place*. La reconnaissance du garçon par sa mère et la reconnaissance du travailleur par l'autre-bienfaiteur sont ainsi deux modes de reconnaissance en situation d'homologie; qui se renforcent l'une l'autre). Albert signale à sa façon cette fermeture familiale et le peu d'insistance de la part de ses éducateurs sur l'acquisition d'habiletés sociales :

– *la seule fois que mon père m'a parlé c'est quand j'ai eu l'accident de voiture. J'étais déjà grand à cette époque puisque j'avais mon permis. Il m'a dit : « tu sais que tu avais la priorité de droite. Ne l'oublie pas si on te pose des questions au tribunal ».*

– *Chez mes parents, on ne pose pas de questions. D'ailleurs on savait que si on posait des questions, il y avait pas de réponses.*

L'évocation de cet épisode de l'histoire familiale d'Albert résume les traits centraux du style de vie proposé à Albert par son milieu de vie : 1. Albert est dans son droit; 2. l'institution qu'est la justice n'est pas considérée comme une ressource lui permettant d'y faire valoir ses droits ou comme un lieu institutionnel de médiation des différends; 3. l'évocation d'un droit est une opération subsidiaire servant à attirer la bienveillance du juge à l'égard de quelqu'un qui d'emblée adopte un profil d'accusé ou de perdant; 4. comme le souligne le second extrait rapporté, on ne se prépare pas à l'éventualité même d'être mis en contact avec les institutions sociales.

2. La trajectoire sociale : l'échange social comme *terminus ad quem* des attitudes et des valeurs

Tant qu'à présent, en tentant de cerner l'origine des attitudes et la genèse des valeurs à l'œuvre dans le milieu social d'origine ainsi qu'en repérant la capacité de ce *set* à se reproduire ou à s'auto-entretenir, nous avons adopté un *a priori* de travail qui consiste à considérer l'identité d'Albert comme un objet construit par l'imitation ou par l'identification aux autres; également par l'intériorisation des valeurs de ce milieu. La construction de cette identité repose donc sur l'*a priori* de l'éducation ou de la socialisation d'Albert dans son milieu d'origine.

Cette procédure de travail est sans doute apte à rendre compte du milieu de vie; du style de vie dans lequel Albert évolue à sa naissance. Mais elle laisse deux questions en suspens : 1. Comment ces attitudes et ces valeurs peuvent-elles effectivement être tenues pour pertinentes dans le cas d'Albert? Comment ce complexe qui lui préexiste et qui trouve son origine dans l'histoire socio-familiale d'Albert, parvient-il concrètement à donner une orientation à son existence? 2. Une fois cette question satisfaite, quelles valorisations des éléments de la réalité sociale et qu'il participe à créer, Albert va-t-il développer au fil de sa vie? L'interrogation plus générale qui sous-tend ces questions est celle-ci : expliquer 1. que l'identité sociale d'Albert est conditionnée par ses origines; et quels sont les contenus de cette détermination? 2. Dans le même temps, en quoi cette détermination lui est-elle singulière et non identique à celles de ses frères et sœurs par exemple.

Pour tenter de répondre à cette interrogation et en accréditant les informations fournies par Albert, nous avons fait une exploration plus avant sur le terrain des pratiques domestiques. Nous nous sommes posé la question de savoir ce qu'il en était des termes de l'échange social en famille; que remarquer au sujet des actions réciproques et qui faisaient vivre ensemble Albert et les autres membres de sa famille?

La solidarité coloniale

Le terrain des activités domestiques est avant tout l'affaire des femmes et nous avions tenté d'expliquer cette caractéristique du style de vie en relevant ces deux éléments propres au milieu social d'Albert : 1. le cloisonnement des diverses pratiques et la fermeture de la famille sur elle-même; 2. le fait que le père d'Albert n'est pas le transmetteur d'une identité professionnelle spécifique et forte; qu'il n'est pas le dépositaire d'un capital culturel tel que l'organisation pratique de la vie en famille devrait s'adapter à des exigences de reproduction de ces acquis ou de cet héritage.

En adoptant le point de vue d'Albert — c'est-à-dire non pas son discours à propos ou sur sa famille mais bien le point de vue qu'il nous est possible de formuler en interaction avec lui et au départ de la position qu'il occupait ou occupe encore sur la scène familiale — ces deux éléments de la réalité sociale d'Albert peuvent être mis en connexion avec le fait que, pour lui, la division du travail domestique repose avant tout sur les phases et les contraintes du *cycle familial* et bien moins sur une définition normative des rôles de chacun.

Albert, parce qu'il est l'aîné d'une série de cinq enfants, doit seconder sa mère ; lui servir d'aidant et prester le même type de tâches en cas d'absence ou de maladie de sa mère. L'échange social dans lequel Albert intervient, n'a pas pour finalité de contraindre Albert à adopter des comportements qui soient conformes à la définition d'un rôle d'enfant ou d'adolescent par les parents ; ni de construire par apprentissages successifs une identification au personnage de son père. Comme premier enfant né de l'union de ses parents, Albert est littéralement *colonisé* par sa mère : il est l'exécutant secondaire ou au principal de l'ensemble des tâches domestiques.

Albert ne se prononce guère pendant l'entretien et de façon réflexive, au sujet de l'expérience sensible qu'il a pu faire dans le passé de cette définition structurelle de sa place en famille. Même s'il évoque les conséquences du sort inégal qui lui fut réservé par sa mère — si l'on compare sa position à celles de ses frères par exemple —, ce qui attirait notre attention était sa façon passive, morne, évasive et calme d'évoquer ses insatisfactions. La question que nous nous posions alors était celle de savoir comment, au départ de cette position d'aîné, Albert pouvait anticiper le caractère stable ou fixe des rôles d'enfant, d'adolescent ou d'adulte ; comment il pouvait anticiper la possibilité de les négocier ou d'en changer ; bref, d'intervenir sur le déroulement de l'échange social. L'hypothèse de travail qui se faisait jour devenait la suivante : les difficultés et les avatars de l'existence et qu'Albert relatera dans l'entretien, gagneraient à être éclairés par cette position structurelle d'aîné plutôt que d'être assimilés ou interprétés comme des signes ou des symptômes d'une déviance, d'un manque de socialisation ou encore d'une révolte personnelle qui échoue.

La distribution et l'affectation des tâches domestiques ne reposent pas sur un principe d'équivalence des personnes face à la perspective d'être chargé de la réalisation de telle ou telle prestation. Il serait donc difficile ici d'évoquer une solidarité interne à la famille et de type «mécanique» dans le cas des enfants par exemple ; difficile également de retenir l'hypothèse d'une imitation des garçons entre eux. Ainsi :

– *j'étais gentil... je faisais tout à la maison. Maintenant que je suis parti, ma mère doit tout faire elle-même. Personne d'autre que moi ne l'aidait. Les autres ne font rien.*

Cette division du travail ne repose pas non plus sur un principe de complémentarité entre les personnes et leurs caractéristiques propres. Il serait tout aussi difficile de retenir l'existence d'une solidarité «organique» faisant qu'Albert reçoit la collaboration des autres là où ses caractéristiques personnelles sont une faible ressource pour mener à bien sa tâche; et réciproquement, faisant qu'Albert met ses caractéristiques personnelles au service des autres lorsque ceux-ci sont limités par leurs ressources propres.

A l'inverse des deux cas de figure évoqués, la colonisation d'Albert par sa mère entraîne chez ce dernier une *méconnaissance des personnalités* que sont les autres membres de sa famille. Les tâches étant affectées une fois pour toutes à Albert, il n'a pas cette possibilité, par imitation ou par le jeu des complémentarités, de connaître l'autre. Par le fait de cette solidarité de type «colonial» donc, Albert n'entre pas en contact avec les autres pour, par exemple, donner une définition des tâches et plus globalement, Albert est maintenu à l'écart ou à côté de ses frères.

Tout en ayant une conscience claire du sort inégal qui fut le sien, il a une prescience également, à tout le moins pendant notre entretien, qu'il ne se situe pas sur le même plan d'équivalences-différences que ses frères; ou encore sur le registre d'une identification-singularisation d'avec son père et qu'il dit être le cas chez ses frères. Au départ de cette position structurelle, nous pouvons raisonnablement penser qu'Albert fait un double constat : 1. la proximité naturelle entre individus — celle d'une fratrie par exemple — n'est pas une condition suffisante pour accéder à l'entraide ou pour bénéficier d'une solidarité, d'une réciprocité. 2. Le manque de réciprocité entre individus est imputé à leurs différences personnelles.

Pour étayer le caractère hypothétique mais réaliste de ces deux expériences, on notera qu'une fois quitté la sphère domestique, Albert n'aura de cesse de vivre en couple, hétérosexuel ou non; mais qui à chaque fois se caractérise par un souci de gommer les différences, de supprimer ce qui serait à l'origine d'une altérité entre les deux partenaires. Albert fera ainsi preuve d'une préférence pour une *sociation duelle* : il valorisera le couple parce qu'il est une possibilité d'effacer les différences individuelles. De manière inverse pourrait-on dire mais congruente cependant avec ce qui précède, Albert utilisera divers moyens — des tatouages; des vêtements de cuir et cloutés; une posture en biais lors de l'entretien et qui, en laissant tomber ses cheveux sur l'ensemble de son visage, rendait difficile un contact direct, en face à face;... — qui ont pour effet de saper l'édification d'un échange avec des partenaires par trop différents de lui. Lors de notre entretien par exemple, ces marqueurs des différences-ressemblances, ces «trucs» utilisés par Albert pour se situer à une distance sécuritaire de nous, n'avaient pas comme effet d'agresser ou de provoquer son interlocuteur mais plutôt de le situer mentalement comme un individu ayant renoncé à signifier son individuation singulière.

Une attitude de retrait des mêmes et de ségrégation

La division des tâches domestiques dans la famille d'Albert, de type colonial si nous adoptons son point de vue, autorise une attitude de *ségrégation* dans le chef d'Albert; de fort retrait si l'on veut et une prise de distance d'avec les autres membres masculins ou de la même génération. Au départ de cette attitude, pensons-nous, Albert en arrive à associer la possibilité d'une réciprocité sociale et la valorisation négative des différences; la valorisation positive de ce qui ressemble. Dès lors on comprendra que pour Albert, une ségrégation, pour source d'insatisfactions qu'elle puisse être, n'est pas nécessairement à l'origine d'une revendication. Ainsi :

> – *on avait un tourne-disque à la maison mais moi je pouvais pas aller à la médiathèque ni ramener des livres de la bibliothèque de l'école. Les autres, oui. Mais bon... je restais assis sur un banc... parfois je parlais un peu avec le père. Sinon, je m'occupais dans le ménage. J'avais toujours mes choses à faire.*

L'évitement des conflits et l'anonymat

Par ailleurs, cette attitude de ségrégation dans le chef d'Albert, autant que la fermeture familiale dans son ensemble, peuvent faire mieux saisir et comprendre le caractère relativement calme ou paisible et l'absence de conflits ou d'affrontements en famille. Par des voies quelque peu différentes, les membres de cette famille partagent la valorisation de l'anonymat; la même volonté de *passer inaperçus* dira Albert ou encore de *ne pas se faire remarquer*.

La vie en famille comme structure d'interdiction

L'évocation de la division des tâches domestiques sur la base du cycle familial est un élément de fermeture — au sens large d'une structure d'interdiction — qui se surajoute dans le cas d'Albert au caractère socialement déterminé du repli de la famille sur elle-même, de l'enclavement de la famille et ce pour l'ensemble de ses membres. Cette évocation est également l'occasion de faire une remarque concernant les temps sociaux dans cette famille.

A l'inverse de ses frères, Albert est comme non concerné par cette donnée. La colonisation par sa mère opère une sorte de mise entre parenthèses des temps de l'enfance, de l'adolescence; du temps de la sortie de la famille par le mariage ou par le travail. Tendanciellement, le temps, pour Albert, est une donnée «plate» et les jours se suivent en se ressemblant. Albert est d'abord identifié par sa position structurelle d'aîné colonisé alors que les autres garçons sont plus sensibles à l'évolution du contenu des rôles et leurs redéfinitions successives lors d'événements clés comme le début de la scolarisation ou l'entrée dans la vie active par exemple. Pour Albert la vie en famille est bien moins synonyme d'un apprentissage, d'un façonnement de sa personnalité ou d'une initiation à des rôles psycho-sociaux qu'une limitation de son individuation. Ainsi :

– *mon frère savait ce qu'il voulait. Il pouvait sortir quand il le voulait. Moi je devais travailler à la maison et m'occuper des plus jeunes : les langer, les conduire à l'école. M'occuper des lapins;*

– *tout ça parce que je ne travaillais pas. Mon frère a commencé à travailler à 14 ans. Moi je suis allé à l'école jusqu'à 17 ans. Mon frère avait des avantages que je n'avais pas parce qu'il travaillait; sorties, voitures, ... Mais lui il s'est jamais laissé faire comme moi. J'ai rouspété parfois mais alors ma mère elle savait crier et alors je me taisais...*

– *elle voulait que je reste près d'elle pour travailler. Une fois parti ça aurait été fini. Elle râlait souvent parce que nous étions sept garçons et elle aurait voulu une fille je crois pour qu'elle soit avec elle... et j'étais l'aîné des sept.*

Les possibilités d'individuation d'Albert sont donc faibles; et cette faiblesse est à mettre en connexion avec sa position d'aîné dans cette famille. Par ailleurs le temps plus long de sa scolarisation est un frein à la mise en route d'une autonomie individuelle tout autant d'ailleurs qu'à celle d'une filiation sociale des hommes.

Le détour par la question des temps sociaux peut également faire mieux comprendre ce qui pourrait être une double valorisation en famille de la cellule familiale elle-même. Les frères d'Albert, son père et sa mère sont unanimes sur ce point : la solidarité interne ne saurait se prolonger sans fin. En particulier lorsqu'un enfant quitte le milieu familial, c'est qu'il est prêt à faire ce pas; mais aussi, il se voit déchargé, lui-même autant que ses proches, d'une série d'obligations et de droits comme, par exemple, celle d'être soumis au regard contrôlant des parents. La sortie de la famille correspond à une sorte de rupture de la fidélité ou de l'allégeance au groupe domestique; et l'obtention d'une *place* est une possibilité de construire une nouvelle allégeance, de remplacement en quelque sorte mais plus sociale que naturelle.

Il en va autrement pour Albert. Sa position d'aîné colonisé n'offre pas cette virtualité de remplacer une allégeance familiale et biologique par une autre formule, plus sociale, de fidélité à ses proches parents. La reconnaissance qu'il peut attendre des autres, à l'extérieur de sa famille, dépend ainsi et assez naturellement à ses yeux, de la possibilité qu'il y aurait de renouer avec d'autres partenaires une forme d'existence déjà éprouvée : sa colonisation. Par ailleurs, une fois sorti de sa famille et malgré peut-être l'espoir de libération que cette sortie représente idéellement, Albert fait l'expérience sensible d'une perte ; la perte de sa reconnaissance et de l'échange social comme l'indiquent ces informations :

> – *après, chez mes parents, je savais plus... je revoyais par exemple mes parents au bout d'un mois... bon, ils me versaient bien une tasse de café mais c'était tout. Ils m'avaient prévenu d'ailleurs que si je partais ce serait fini avec eux ; ce serait plus comme avant.*

Quelques conséquences du peu d'individuation d'Albert

Si nous réfléchissons en termes d'héritage, nous dirions que la position d'Albert au sein de la division du travail domestique fait de lui un dépositaire privilégié des attitudes et des valeurs dans ce milieu socio-familial d'origine. Le peu d'individuation de sa personne tend, pensons-nous, à ce que le futur dans le cas d'Albert soit anticipé comme le retour du passé et de l'expérience qui y fut faite de sa reconnaissance sociale. Mais plus précisément encore, nous dirions qu'au départ de sa position d'aîné colonisé, Albert fait quatre expérimentations, nous semble-t-il, de la façon dont il lui est possible de vivre en société une fois sorti de sa famille d'origine : 1. la première expérience concerne la manière avec laquelle il est possible à ses yeux de *sortir* d'une forme de sociation ; 2. la seconde concerne l'usage possible de *l'argent* que l'on détient ; 3. la troisième concerne la valeur des *relations sociales* et 4. la place stratégique de la consommation *d'alcool*.

Le mode de sortie d'une forme de sociation

Pour Albert, il est qualitativement plus difficile de sortir du système des interactions familiales que ce n'est le cas pour ses frères. Le temps de sa scolarisation cependant sera l'occasion de faire l'apprentissage et la valorisation d'un mode particulier de sortie hors d'une forme de sociation. Certes sa scolarisation est *difficile* et cette caractéristique — l'échec scolaire — pourrait être expliquée par le fait que ses parents sont distants de l'institution scolaire et qu'ils ne considèrent pas l'école de manière stratégique pour l'avenir de leurs enfants. Mais vu du point de vue d'Albert, son contact avec l'institution scolaire s'éclaire quelque peu différemment.

Au fil des années, Albert fera les *quatre cents coups* avec l'un ou l'autre de ses copains. En relatant ces faits, il ne donne pas vraiment des renseignements qui permettraient de le différencier de ses frères par exemple. A l'en croire il était à l'image des autres élèves de sa classe et ses larcins ne lui procuraient pas de véritables bénéfices autres que son inclusion parmi ceux de sa classe. Ainsi :

> – j'ai rarement volé... c'est arrivé parfois chez moi ; 100 francs ou 200. Les parents s'en apercevaient et me retenaient plus que d'habitude sur mon argent de poche. Il y avait pas d'avance quoi et puis on faisait tous ça...

Par contre :

> – à l'école, pour sortir, on s'arrangeait pour que le prof nous mette dehors. C'est comme ça qu'on sortait. Et chez moi personne ne ramenait personne...
> – tu attendais ou tu souhaitais qu'on te mette dehors ?
> – oui... encore maintenant... d'habitude, c'est pas moi qui pars.

C'est sur le mode du *rejet* ou de l'*exclusion* qu'Albert apprend à sortir d'un système d'interactions et, plus globalement à gérer les termes de l'échange social au départ de son point de vue.

L'usage de l'argent

Pour les parents d'Albert, l'épargne et l'accumulation d'un capital financier sont les véritables préparatifs à la sortie de la famille. Il en est allé ainsi dans le cas particulier d'Albert quoique dans ce cas l'épargne ne soit pas une opération totalement désintéressée dans le chef des parents :

> – l'argent... c'est elle qui l'avait. Elle avait préparé une épargne pour ma majorité ; 100000 francs. Mais mon frère a bien eu cinq ou six cent mille. Ca faisait sept ans qu'il travaillait lui. Elle épargnait mon argent mais il faut dire qu'avec cet argent elle a acheté trois bagnoles. Des occasions mais quand même elles étaient pas à moi ; à mon père.

Nous n'irons pas jusqu'à dire que pour Albert l'épargne est associée à un risque de spoliation. Bien au contraire, deux autres éléments de compréhension peuvent être avancés ici :

– la détention et la jouissance de ses biens signifient le risque de devoir sortir de sa famille ; une sorte d'auto-exclusion de la famille. Ainsi :

> – c'est toi qui est parti de chez eux ?
> – A 21 ans. Je rentrais tout mon salaire. Mais je n'osais pas prendre cet argent. Ç'aurait été partir et partir... Vers la fin, c'est mon père qui m'a proposé de partir ; très souvent. Peut-être qu'il voyait que ça pouvait plus durer comme ça. Alors un jour il m'a apporté le livret d'épargne avec l'argent qui était dessus. Alors j'ai dit que j'avais un appartement et je suis parti. Mon frère lui, il est parti pour se mettre en ménage ; c'est comme ça qu'il est parti. Moi j'avais personne...

– Dépenser ou offrir ses avoirs, c'est pour Albert acheter de la proximité aux autres ; monnayer l'échange social et la reconnaissance. L'argent, pour celui qui voit dans la distance à l'autre ou dans les processus d'individuation des personnes un risque de ne pas être reconnu par l'autre, devient un moyen d'obtenir cette reconnaissance. Il sert à acheter de la solidarité :

> – *j'ai vécu plusieurs fois en appartement et j'ai laissé tomber. Mes copains reprenaient l'appart et moi après, je rachetais de nouveaux meubles...*
>
> – *tu t'es fait rouler en quelque sorte...*
>
> – *ben, pas vraiment; je pense pas... Mon copain par exemple, je lui ai laissé l'appart quand je suis entré en prison. Lui, il est rentré dedans avec sa copine. Ils ont tout gardé même que j'étais sorti de boîte. Ils ont tout gardé : appart, télé, ... Après j'y suis retourné. J'ai pas eu besoin de me faire à manger, de faire mon linge. En échange ils demandaient parfois de garder les gosses. Je leur faisais des cadeaux aussi. Disons que quand je suis là, j'essaie de me rendre utile. C'est un plaisir pour moi de lui faire plaisir. Alors...*

La préférence pour la relation dyadique

Lorsque Albert tente d'inscrire une relation dans le temps et la durée, c'est le plus souvent sous la forme de la dyade qu'il y parvient. C'est avec cette forme de sociation qu'il peut au mieux adapter ou faire cohabiter sa recherche de solidarité, de reconnaissance d'une part et d'autre part l'évitement des différences personnelles, de la distance horizontale. Rapidement cependant, au sein de cette forme, il se trouve confronté au peu d'individuation de sa personne :

> – *je suis pas vraiment à l'aise avec les filles par exemple. Côté sexualité ça marche pas tout seul. Quand je suis en ménage avec une fille, ça va au début mais après un temps, je sais pas ce que je pourrais lui dire ou faire avec. Bon alors, après trois ou quatre semaines, je la touche plus. Quand j'ai bu ça va mieux d'ailleurs; avec l'alcool, c'est mieux. Je sais pas... je suis plus un homme avec ça; plus sûr.*

Albert ne va pas jusqu'à comprendre que la forme de sociation à deux qui lui est satisfaisante au début d'une relation, se retourne contre son propre confort émotionnel par la suite. Son souhait en effet est de gommer les différences entre les deux partenaires mais aussi d'avoir le bénéfice d'une différenciation sexuelle.

Après diverses tentatives qui se soldent par un échec, Albert s'orientera vers un mode de vie plus communautaire ou familialiste :

> – *j'aimais bien comme forain. J'avais 15 000 francs et j'étais nourri et logé. Je voyageais avec eux; j'avais pas à payer ça et ça et avec 15 000 francs j'avais assez pour quand je rencontrais une fille ou des copains pour sortir avec.*

Ce mode de vie où Albert est largement dépendant des autres a de quoi le satisfaire : il y retrouve une possibilité d'être proche des autres mais sans que cette rencontre soit une confrontation entre des individus aux intérêts divergents par exemple; la sexualité est plus occasionnelle et sans qu'il s'ensuive un engagement plus durable.

Mais en ne misant plus sur l'espoir de trouver une *place*, c'est de façon lente et insidieuse un processus de bannissement familial qui s'installe. Ainsi :

> – mon frère, il m'a presque pas reconnu. Il y a quelque temps, sur une kermesse, je travaillais avec les scooters et il venait acheter des jetons. Il m'a demandé une cigarette. Je l'avais pas reconnu et lui non plus. Ce sont mes copains qui travaillent avec moi et qui connaissent bien mes frères qui m'ont dit : « c'est ton frère ».

La place de l'alcool

Enfin, la quatrième expérience que fait Albert concerne la consommation de l'alcool.

3. La fonctionnalité des produits psychotropes

La consommation de l'alcool dans le milieu social d'origine d'Albert est une pratique largement diffusée et fréquente. Sa consommation est quotidienne et prend place en famille, sur le lieu de travail ou encore lors des moments de détente et des fêtes. Elle est avant tout un attribut des hommes professionnellement actifs qui, par cette pratique, se distinguent des plus jeunes, des femmes et des retraités.

La première fonction sociale que remplit la consommation d'alcool est ainsi d'identifier, de distinguer et de rendre visible aux yeux de tous ce qu'il y a de commun entre les hommes adultes : ils appartiennent ou vivent dans un temps social bien particulier ; celui des activités professionnelles. Ainsi :

> – (un oncle) *il a une quarantaine d'années. Il boit tous les jours... Il y a aussi mon parrain qui est le mari de la troisième sœur de ma mère ; il boit aussi lui. Mon grand-père Arthur il a bu jusqu'à sa retraite comme presque tous les hommes d'ailleurs.*

Les attributs masculins

A l'exception de certaines figures individuelles, telle que celle du grand-père paternel, les hommes ont développé une stature personnelle, un ensemble de traits de personnalité où domine une certaine discrétion ; un effacement, avions-nous dit. Albert se montre pratiquement incapable de parler des personnages masculins de sa famille élargie selon leurs attributs ; d'énoncer des qualités ou des défauts, des goûts ou alors des aversions... Globalement, la faible individuation des hommes interdit d'en parler en des termes psychologiques ; chacun se voit identifié par la *place* professionnelle qu'il occupe et par celle, plus formelle, au départ de laquelle il évolue sur la carte des relations familiales.

Comme attribut masculin, la consommation d'alcool permet de dépasser en quelque sorte cette identification formelle des hommes ; de tempérer leur ressemblance par le travail ou encore le caractère impersonnel de leur position d'alliance sur l'échiquier familial et ce grâce à des caractéristiques plus personnelles acquises dans la consommation de l'alcool.

Considérée du point de vue des femmes ou de celui des enfants, la consommation de l'alcool par les hommes affirme l'existence d'un groupe autonome ; des différences de sexe et d'âge. Considérée du point de vue des hommes cette fois, cette consommation remplit une fonction plus complexe : d'un côté elle permet aux hommes d'atténuer le poids de leur isolement impersonnel et de reconstituer les bases d'un groupe naturel ; d'un autre côté c'est-à-dire à l'intérieur de cette communauté masculine reconstituée, l'alcool autorise des singularisations individuelles ainsi d'ailleurs que leurs contrôles communautaires.

Ce qui aux yeux d'un observateur extérieur au milieu pourrait être considéré comme une manifestation du caractère dysfonctionnel de l'alcoolisation, revêt ici une autre signification. A l'occasion de ces manifestations dérangeantes, on se transmet entre les hommes des savoirs-faire, des conseils ou des injonctions ; un savoir pratique et de sens commun que d'autres (et à commencer par les femmes) ne partagent pas. Il n'est pas interdit par ailleurs de considérer que ce savoir communautaire est congruent avec une attitude de repli en regard des institutions globales et en particulier sanitaires ; ainsi :

– (au sujet d'un éventuel implant) *mon grand-père Arthur m'avait dit de ne pas le faire. Ca me rendrait malade qu'il disait et aussi que ça me servirait à rien. C'est pas bon pour moi qu'il disait.*

Alcoolisation et contrôle communautaire

Les avatars de la consommation de l'alcool, tout comme ceux de l'adolescence, sont également l'occasion de développer un contrôle interne au groupe des hommes qui repose bien plus sur l'expérience acquise par les aînés que sur des responsabilités filiales directes ou des rôles parentaux par exemple. L'objectif poursuivit, encore une fois, concerne l'anonymat, la discrétion ou l'effacement des personnalités :

– *C'est Arthur qui me faisait la morale. « Va couper tes cheveux ; enlève tes tatouages » qu'il me disait. Il me donnait de l'argent pour que j'aille chez le coiffeur. Il me courait après avec des ciseaux pour me les couper.*

L'alcoolisation n'est pas un problème mais un état social

La fonction sociale de la consommation de l'alcool, ainsi décrite comme marqueur d'une communauté masculine et comme adjuvant d'une attitude globale de discrétion, pourrait faire comprendre que cette pratique n'ait pas à proprement parler le statut d'un problème (de nature médicale ou même psychologique) aux yeux des individus.

L'objectif du contrôle ambiant n'est pas de bannir ou d'interdire l'alcool; non plus d'en promouvoir un usage ritualisé ou modéré; de garder un contrôle individuel sur ses consommations propres. La seule véritable limite à la consommation de l'alcool réside dans la résistance, entre autres physique, du consommateur. Cette limite s'impose par l'évidence en quelque sorte et elle n'est pas mise en valeur par le biais d'une expertise médicale. Plus exactement encore cette limite est synonyme d'une usure du corps; plus particulièrement cette usure est évaluée en regard non pas de critères de santé ou de maladie mais bien en regard de l'état de travailleur du consommateur. Ainsi :

> – ils (les parents) *savent bien que je bois. Mais ils posent pas de questions; non plus sur pourquoi je bois. Ils cherchent pas à savoir... Arthur, il pense que ça sert à rien de faire une cure et tout ça. Lui aussi il a bu. Il a arrêté maintenant; c'est parce qu'il est devenu malade après sa pension. Il cherche pas à savoir ce qu'il y a derrière.*

Les déboires de l'alcoolisation comme occasions de solidarité

Non seulement la consommation de l'alcool est un moyen de constituer une communauté masculine mais les ennuis éventuels causés par cette consommation sont aussi des opportunités pour la solidarité; pour l'échange social.

La consommation non problématique en quelque sorte ou anodine (sur les plans de la santé, de la justice et ainsi de suite) regroupe les hommes et au sein de ce groupe elle permet à chacun de se singulariser selon ses capacités de résistance personnelle. Mais les ennuis ou les déboires causés par l'alcool rétablissent une proximité entre les individus par-delà ces premières singularisations; ainsi :

> – (un des frères d'Albert) *il suit mes traces... si je le vois, je lui dirai de faire attention; de ne pas devenir comme moi. Mes parents aussi ils ont peur que j'ai une mauvaise influence sur lui comme ils avaient peur que mes copains ils ont une mauvaise influence sur moi. Mais ils sont pas au courant des bêtises qu'il fait maintenant. Moi je le sais par mes copains qui zonent aussi. Il fait le zouave. Je le comprends bien...*

La représentation de ce qui, vu de l'extérieur du milieu, serait désigné comme un alcoolisme, ne fait pas vraiment une place centrale à la notion d'alcoolisme-maladie ou même à celle d'alcoolisme-déviance. Certes ces éléments de représentation ne sont pas absents du tableau d'ensemble que dresse Albert mais le noyau dur de la représentation de l'alcoolisme réside dans la valorisation de l'échange social qui peut, de façon paradoxale à première vue et pour l'observateur extérieur, être rendu possible ou réactivé par les effets négatifs de la consommation d'alcool. A ce titre, lutter contre l'alcoolisme ou l'alcoolisation excessive serait synonyme d'une lutte contre la solidarité et l'échange social :

– (les services de probation de la justice) *ils avaient mis une série de conditions pour ne pas me condamner : ne plus voir mes copains, ne plus aller dans les cafés, me faire mettre un implant...*

La valorisation de l'alcool par la forme de sociation

Tout en fournissant un ensemble d'informations qui permettent de cerner la détermination sociale d'Albert à consommer de l'alcool — une logique sociale présidant à ses consommations autant que la façon dont ces consommations renforcent la cohésion du groupe des hommes —, Albert fournit aussi des informations d'une autre nature ; des informations qui lui sont plus personnelles et qui concernent la manière, qui lui est singulière donc, qu'il a d'intégrer l'alcool dans le cadre des actions réciproques qu'il entretient avec d'autres individus et plus particulièrement encore avec les femmes.

L'alcoolisation lui permet en effet d'interférer sur la qualité de sa propre individuation comme homme ; d'améliorer la qualité de ses relations sexuelles : *avec l'alcool, ça va un peu mieux*, dira-t-il à diverses reprises. Bien qu'il n'utilise pas le terme d'alcoolique pour nommer sa situation, Albert souligne le caractère de plus en plus anachronique de ses consommations d'alcool ; les effets souhaités et attendus ne sont plus obtenus :

– *maintenant j'ai un problème pour jouir... des relations trop courtes. Ca me dit plus rien... parfois il y a des rapports et parfois pas* (après avoir bu).

Arrivé à ce moment de notre entretien où Albert lève quelque peu le voile sur son «jardin secret», il fait l'aveu que pour lui l'alcool *a toujours été un problème au fond*. Certes en consommant, il a été confronté à des difficultés avec l'institution de la justice ainsi qu'avec des réactions de réprobation de la part de ses employeurs par exemple ; mais le véritable problème à ses yeux réside dans son identité d'homme sexué et cette vérité personnelle s'affirme d'autant plus que la consommation de l'alcool ne parvient plus à en corriger l'agencement. Ce n'est pas tant la réalité (objectivable par une série d'expertises) d'une dépendance physiologique ou psychologique — une assuétude et l'appétence répétitive pour l'alcool — qui pour Albert est la preuve de son alcoolisme ; mais bien le fait de ne plus pouvoir en retirer l'effet escompté. L'alcool est nommé comme problème, par Albert, à partir du moment où sa fonctionnalité n'est plus éprouvée dans les transactions de la vie quotidienne. C'est également cette épreuve sensible et révélée dans le présent de l'entretien, qui sert maintenant de principe identitaire pour l'ensemble de la biographie d'Albert; ses autres faits et gestes, présents et passés, seront réévalués en regard de cette caractéristique identitaire et qui sert d'étalon à son existence.

De façon plus réflexive cette fois, Albert envisage d'autres pratiques personnelles à l'aune de la fonction remplie par l'alcool pour l'échange social. Il en va ainsi de sa déviance :

> – maintenant pour avoir de l'argent, je vais voir le curé ou je fais les troncs; je vole quoi... Je me fais 500 francs comme ça. Ca c'est pour l'alcool aussi. Quand j'ai de l'argent je le dépense dans les cafés. Je paie.

Considérée globalement cette fois et non plus seulement dans le cadre de ses seuls rapports sexués, la consommation de l'alcool est un opérateur central de la sociabilité d'Albert c'est-à-dire du type d'échange social qu'il entretient avec d'autres. Mais son alcoolisation ou son alcoolisme ne veulent pas encore dire toxicomanie pour Albert; en clair, le récit qu'il livre dans l'entretien est celui d'une certaine tension entre d'une part l'alcool considéré comme une pratique d'intégration, une possibilité de ressembler aux autres hommes de son environnement immédiat et, d'autre part, l'alcool considéré comme une caractéristique plus personnelle, une singularisation, sur fond d'un drame personnel somme toute, de ses différences identitaires. Dans cette partie du récit, Albert se découvre à la fois comme étant une duplication des autres hommes et dans ses écarts personnels à ce standard masculin.

Avec l'apparition de la consommation des médicaments cette fois, nous aurons l'occasion d'observer le remaniement identitaire qui s'opère chez Albert. De façon simple, nous dirions ici que ces médicaments empêchent cette tension entre l'identification et la singularisation; ils «fixent» Albert sur le second pôle de cette dimension et nous allons décrire comment et avec quelles conséquences.

4. L'entrée dans la toxicomanie

La première rencontre que fait Albert avec les médicaments psychotropes peut elle aussi être considérée sous un angle fonctionnel. A ce moment Albert est incarcéré pour différents vols et il constate qu'il lui est impossible de se procurer de l'alcool en prison. Par contre il y reçoit le conseil, de la part d'autres détenus, de remplacer l'alcool par des somnifères ou des calmants. Vue sous cet angle, la consommation de médicaments a la caractéristique d'un substitut fonctionnel à l'alcool. Mais substitut fonctionnel de quoi ?

Plus de distance que de proximité

Albert souligne ce fait : la consommation de médicaments dans le milieu carcéral fait partie de l'échange social entre les détenus d'une part et le personnel de la prison de l'autre. Ainsi :

> *– en prison, mes copains me disaient : « il y a pas d'alcool ici. Demande un petit somnifère ; ils te le refuseront pas ». Alors comme ça, tu t'y prends à quelques fois et puis tu les prends. Tu dis que tu sais pas dormir et ils te les donnent et quand tu dors, tu leur fous la paix. Ca les gardiens ils savent bien et ils aiment autant. Moi je prends du Vesparax, du Roche-4 ; du Valium quoi!*

A la différence de l'alcool, le système des actions de réciprocité dans lequel Albert évolue en prison donne une toute autre orientation à la consommation des médicaments. A l'extérieur de la prison et avec l'alcool, il pouvait s'attendre à obtenir une proximité accrue avec les autres consommateurs, une reconnaissance ; l'alcool permettait plus d'échange alors qu'à l'intérieur de la prison, la consommation met plus de distance. Les médicaments diminuent le volume de l'échange social ; ils poussent à l'isolement et hypothèquent la reconnaissance de l'individu.

D'une attitude de repli ou de soumission à une attitude suicidaire

Au sein du milieu carcéral, ces produits sont tout sauf des médicaments. En particulier pour l'identité d'Albert, cette nouvelle donne du vivre-ensemble en prison qu'est la possibilité de s'endormir artificiellement et de s'absenter du jeu social, donne naissance à une nouvelle attitude : les attitudes de repli, de discrétion, de soumission du cadre sociétal, croisées avec cette valorisation des médicaments comme paix sociale grâce à l'endormissement, débouche sur une attitude suicidaire.

Alors que l'alcool était un produit largement congruent avec l'identité d'Albert c'est-à-dire qui lui permettait tout à la fois de s'identifier à un groupe d'hommes et de se percevoir dans sa singularité, la consommation des médicaments altère cette ambivalence : l'attitude plus générale de retrait se transforme en une attitude faite d'absence volontaire ; le peu d'individuation en évanouissement de sa personne ; l'échange social marqué par l'enclavement d'Albert devient exclusion, coma. Albert note ces effets de glissement sur son identité :

> *– J'ai commencé à l'extérieur de la prison avec les médicaments aussi. J'étais sorti de prison et je prenais un café dans un bistrot. J'étais seul et c'était l'anniversaire du*

jour où j'étais entré en prison. J'ai pris des médicaments. Je suis allé prendre une boîte d'Obral dans une pharmacie et une autre boîte dans une autre pharmacie. Et j'ai pris du Cédocard avec ça. Je suis rentré chez moi et je suis tombé dans le coma pendant trois jours. C'est la fille avec qui j'étais à l'époque qui m'a emmené en clinique... Mais là je me suis senti mourir...

Indicateur parmi d'autres d'un changement de sens de la consommation des produits psychotropes chez Albert : il constate que s'il lui arrivait de voler afin de pouvoir se payer et payer aux autres de l'alcool, dans le cas des médicaments, le vol ne concerne que l'obtention des produits sans plus; *maintenant les médicaments je les pique directement où je peux*, dira-t-il. Globalement, la consommation des médicaments n'a plus pour objectif d'alimenter les interactions d'Albert — «publiques» lors des consommations dans les cafés et «privées» comme dans le cas des activités sexuelles — mais, virtuellement d'y mettre fin :

– *avec les médicaments, tout est fini pour moi. Les médicaments, c'est différent de l'alcool; ça me tue. Depuis les médicaments, c'est plus grave qu'avant; j'en prends trois boîtes parfois et l'alcool en plus.*

Pour parler de ces consommations de médicaments, Albert n'utilise pas le terme générique de toxicomane mais par contre il donne à sa situation un *label* non équivoque de candidat au suicide. Ainsi :

– *le directeur* (d'une maison d'accueil) *m'a dit d'aller voir un psychiatre. J'ai pas aimé. Lui il disait rien et moi j'y allais parce que je me suicidais; parce que j'avais rien à dire justement.*

La toxicomanie comme identité

De manière quelque peu métaphorique, on pourrait concevoir que si l'alcool et sa consommation sont des données socialement déterminées dans le cas d'Albert, la consommation des médicaments *est* son identité personnelle au moment de l'entretien; ou encore que l'alcoolisation est le résultat de son identité sociale mais que les médicaments sont cette identité devenue sienne dans le présent. Pour la compréhension des faits révélés par Albert dans le cas des médicaments, la recherche d'une causalité fonctionnelle de ces psychotropes semble devoir céder le pas à la recherche d'une causalité plus structurelle.

La question que l'on pourrait se poser ici est celle de savoir comment le rapport d'homologie entre l'enclavement social d'Albert ou son inclusion en marge du cadre sociétal d'une part et d'autre part sa tendance à l'exclusion, son attitude suicidaire — l'homologie entre mort sociale et mort physique — peut se mettre en place et par quel mécanisme?

La consommation des médicaments — et leurs possibilités d'endormissement, d'effacement et ainsi de suite — qui débute dans le milieu carcéral ne donne pas naissance à une nouvelle attitude au sens propre du terme «nouveau»; mais plutôt à un déplacement d'Albert sur la dimension individuation et ce en direction de moins d'individuation encore. Ce déplacement entraîne l'altération d'autres modalités positionnelles; l'attitude suicidaire, *in fine*, n'est pas seulement un épisode factuel de la biographie d'Albert mais un nouveau principe de cohérence de son identité.

Ainsi, pensons-nous, l'effacement d'Albert par la prise de médicaments entraîne une amplification de la distance séparant Albert d'autres partenaires éventuels. Il s'ensuit entre autres une soumission accrue à la réalité environnante et une difficulté accrue elle aussi à agir et à avoir prise sur les termes de l'échange social; les interactions. L'autre n'est plus seulement un bienfaiteur mais il devient un prévaricateur; parce qu'il ne donne plus de reconnaissance, il devient un ennemi. La mise entre parenthèses de la confrontation avec l'autre fait place à une révolte rentrée; l'expression du conflit se solde par une transformation de l'inclusion sociale a minima en une auto-exclusion :

– *ce qui a beaucoup maintenant... je veux dire que c'est quelque chose d'assez nouveau... j'ai des problèmes avec les gens; avec tous les gens même. J'ai encore senti ça le week-end dernier. J'avais été sur le marché et... il y a quelque chose que... je hais les gens; tous les gens que je vois. C'est comme si je les considère pas parce que les choses sont dirigées contre moi quoi. Je pourrais les tuer...*

En résumé

Dans le cas d'Albert, les éléments de typification, du franchissement d'un seuil de nature qualitative et séparant la consommation anodine ou abusive des produits psychotropes d'une part et d'autre part la toxicomanie proprement dite, pourraient être les suivants :

– la distance verticale est forte. La famille élargie est soumise à un effet de classement au sein du monde ouvrier qui la maintient dans une position d'*enclavement*. La division des tâches domestiques installe une distance horizontale entre Albert et les siens qui le maintient dans une dépendance structurelle aux autres. En particulier il a peu de possibilités de se singulariser et/ou de s'identifier aux autres membres masculins de son entourage;

– il fait l'expérience qu'il ne peut y avoir d'échange social avec d'autres que s'il *évite* la confrontation et les conflits ouverts. Il adopte une attitude largement fusionnelle et un mode dyadique de sociation;

– cette option renforce une attitude plus générale de *soumission* à la réalité environnante faite entr'autres de l'attente du don de l'autre et du «troc» de ses singularités personnelles contre la reconnaissance ou la possibilité d'être proche des autres. Dans cette perspective, l'alcool est un opérateur de sociation pour Albert;

– sous l'effet de la consommation des médicaments, la dépendance d'Albert aux autres se transforme en *exclusion consentie*; en *trou noir*, dira-t-il également.

JEAN : DE LA BANDE AU COUPLE, DU SECRET AU CONTRÔLE

Comparés avec le cas singulier d'Albert, les ingrédients de base de la réalité sociale de Jean sont globalement ceux qu'Albert connaît en aboutissement de sa carrière de consommateur de produits psychotropes ; plus précisément, la situation sociale du père et de la famille de Jean sont largement similaires à celle d'Albert devenu toxicomane ; et en première approximation, le maître-mot est donc celui de *rupture* ou encore de *ségrégation de la famille de Jean en-deça de l'échange social*.

Mais en première approximation seulement car dans le cas de Jean la pente de sa trajectoire est en sens contraire de celle d'Albert ; ascendante plutôt que descendante. Pour ce dernier nous avions pu comprendre que son entrée dans la toxicomanie était tout à la fois une conséquence et une cause de la transformation de son identité ; de la transformation d'une problématique d'enclavement dans la marge du monde ouvrier en une problématique d'exclusion des formes de sociation. Dans le cas de Jean par contre, le point de départ de sa trajectoire est indissociable de la position de ségrégation que connaît sa famille ; mais nous verrons que l'entrée dans la toxicomanie peut ici se comprendre comme une conséquence mais aussi comme une condition d'un essai d'inclusion sociale d'un autre type : son *intégration* dans la société et *l'espoir* mis par Jean dans cette possibilité de *«normalité»*.

1. La détermination sociale des attitudes et des valeurs

Qu'entendre exactement par les termes de ségrégation en-deça de l'échange social ; par celui de rupture ?

Au seuil de la seconde guerre mondiale, le grand-père paternel de Jean était *patron dans une grosse ferme* dans l'Ouest du pays, non loin de la frontière française. Dès le mois de mai 1940, le père de Jean est amené à chercher refuge dans la région de Dunkerque et ce sans être accompagné du reste de sa famille.

Jean se dit incapable de fournir plus de renseignements sur les circonstances de cette fuite en solitaire vers la France. Quel âge avait son père ? Pourquoi part-il seul et sans ses parents, ses sœurs et son unique frère ? Quelles étaient les conditions du travail et le statut social du grand-père : exploitant de terres en fermage, intendant du propriétaire de l'exploitation, fermier indépendant... ? Comment se dessinaient à l'époque les conditions de la succession éventuelle du grand-père et le partage de l'exploitation entre les deux fils et leurs sœurs ? Voila autant de questions pour lesquelles Jean reste sans réponses.

La rupture avec l'histoire familiale

Par contre, Jean se montrera particulièrement loquace sur les conséquences de la fuite de son père. En tout premier lieu, le départ du père vers la toute proche région du Nord-Pas de Calais est synonyme d'un arrêt de la transmission de l'histoire familiale d'une génération à l'autre ; et, pour Jean d'une méconnaissance de sa propre filiation socio-familiale. Ecoutons-le évoquer son embarras :

– il y a également un homme sur ton dessin... Adolphe, oui ? C'est un frère de ton père ?

– *Oui. Je l'ai jamais connu. Je connais personne d'ailleurs. Je suis embêté de mettre des noms sur le dessin que je connais pas ; je sais même pas combien ils sont dans cette famille. En fait, je connais juste une grand-mère. Je pense que c'est celle du côté de ma mère parce que ma mère en parlait parfois mais je suis pas tout à fait sûr. Charles* (un des grands-pères) *je suis pas certain non plus de qui il est le père ni ce qu'il faisait dans la vie...*

– mais cette grand-mère dont tu parles et Charles, ils vivaient ensemble ?

– *ben tu vois... ça non plus je peux pas dire ni oui ni non.*

Réfugié en France, le père de Jean n'aurait jamais cherché à reprendre contact avec les siens. Ce n'est que bien plus tard — vers 1960 ; Jean a une petite dizaine d'années à ce moment — qu'il reviendra s'installer avec sa famille dans la région de son enfance. Selon Jean, son père souhaitait être plus proche, géographiquement parlant, de ses sœurs et ce pour pouvoir opérer un certain contrôle sur l'héritage des biens de ses parents ; d'autant que les conditions salariales de l'époque rendaient l'existence difficile :

– *le travail de mon père était pas bien payé à cette époque-là en France. Je pense aussi que l'usine, enfin l'atelier où il travaillait a fermé ses portes ou ça allait être fait. Ils ont voulu partir pour une question d'héritage. Il voulait se rapprocher du reste de la famille dans le cas de l'héritage... et ben, il est passé à côté de la plaque car il a rien eu. Je crois qu'il a dû revoir une fois ses sœurs et c'est tout.*

La notion de rupture utilisée plus haut pour évoquer de façon quelque peu ramassée et synthétique la position sociale de Jean et de sa famille, correspond donc à cette situation où le père de Jean, pour des raisons largement inconnues de lui, met un terme à son appartenance familiale : l'héritage de sa part du patrimoine lui échappe ; les liens entre les personnes s'estompent au point que Jean ne sait plus ni leurs noms, ni leur nombre, ni quelles alliances les tenaient ensemble.

La même situation — la même ignorance de l'histoire socio-familiale — semble être également une dominante du côté maternel. Dans les immédiates années d'après-guerre, le père de Jean — marié pendant la guerre avec une française et ayant obtenu cette nationalité — entraîne sa famille dans une aventure migratoire partagée par quantités d'autres hommes et femmes qui, dans les lendemains de la fin des hostilités, désertent leurs régions de province pour aller s'installer dans les cités HLM parisiennes. Pour des raisons elles aussi inconnues de Jean, ce départ vers Paris, le déracinement provincial et le plongeon que fait sa famille dans un prolétariat de banlieue, anonyme, et les HLM populaires, coïncident avec une mise en veilleuse de la filiation maternelle :

– la grand-mère, je sais qu'elle avait une maison dans le Nord-Pas de Calais mais si elle vit toujours, ça je sais pas. Je connais pas son nom de famille non plus. De toute façon ils sont tous morts de ce côté-là et puis je les ai jamais vus. Je sais qu'en 68-69, elle vivait encore parce qu'elle m'envoyait de l'argent. Je l'écrivais pour en avoir. Parfois 1 000 francs par mois qu'elle m'envoyait; et français! J'étais en Allemagne à cette époque; dans l'armée française quoi. C'est pour ça qu'elle envoyait de l'argent et avec ça je me payais le taxi... Mais sinon, non... jamais eu des contacts avec elle et les autres.

L'immersion dans un prolétariat de banlieue

Si la notion de rupture rend compte à la fois d'une interruption des échanges familiaux inter-générationnels, d'un arrêt de la transmission d'un patrimoine matériel autant que culturel et permettant aux membres de cette famille de se situer historiquement sur la carte des rapports sociaux ou des identités collectives, l'expression « ségrégation en-deçà de l'échange social » pourrait quant à elle faire saisir le poids et les conséquences de l'immersion de la famille de Jean dans les milieux populaires d'accueil; le mode de vie éprouvé par cette famille dans les cités HLM.

Pour Jean, le trait dominant de ce milieu de vie, à l'en croire, est l'inorganisation de la vie collective c'est-à-dire ici la rareté de l'échange et des actions réciproques entre les résidents des cités; la *quasi* absence d'interactions et qui relèveraient d'une formule positive du vivre-ensemble; et surtout la *fragilité de leur sociation* au titre d'une communauté tant ouvrière qu'urbaine.

Quelles pourraient être les particularités de ce mode de vie collective défini ainsi en des termes négatifs? Pour l'essentiel c'est la métaphore du *ghetto* qui sera proposée en ce qui concerne l'environnement de la famille de Jean et, pour cette famille elle-même, celle de la *tribu* c'est-à-dire ici un assemblage de personnes dont les interactions se fondent avant tout sur l'opportunité de leurs natures biologiques plutôt que sur la complémentarité de leurs fonctions; plutôt que sur la structuration des relations inter-personnelles et un classement catégoriel des individus.

Pour être plus proche des données fournies par Jean et tenter de dégager les dimensions attitudinales de ce mode de vie, nous nous attarderons donc sur ces deux métaphores : la *rareté de l'échange* et la métaphore du ghetto; l'*assemblage* des individus et la métaphore de la tribu.

a) La *rareté de l'échange social* dans l'environnement des HLM en premier lieu : Jean nous met d'emblée en garde lors de l'entretien, en regard de la compréhension de l'altérité de ce milieu de vie; ni ensemble fonctionnel organisant l'interdépendance des tâches ou des rôles de chacun, ni véritable communauté d'intérêts ou de valeurs :

> – *on vivait dans des grands immeubles; dans un autre milieu... il y avait par exemple des voisins qui entendaient les bagarres des parents puis téléphonaient aux flics. Puis il y en avait un qui venait, puis repartait... l'aîné disait alors au père de se calmer mais on savait très bien que le flic reparti, ça recommencerait. Alors le père il en avait après nous; il se défoulait sur nous quoi et sans que personne ne bouge dans l'immeuble bien sûr.*

La paix publique

L'objectif prioritaire du contrôle social dans le voisinage de la cité est de rétablir la paix publique plutôt que d'y promouvoir un ordre social qui lui serait propre. Bien avant qu'il ne soit question d'intégrer les individus en forçant l'intériorisation de valeurs communes par exemple, ou encore d'imposer des standards de comportement collectif, le but poursuivi par les agents du contrôle social est de faire la police en sens premier du terme c'est-à-dire de policer l'effervescence de la vie quotidienne; d'empêcher la contagion du milieu par la violence ou encore d'encadrer l'imprévisibilité des rapports interpersonnels et intra-familiaux. Le contrôle social interne au milieu de vie, au voisinage, ne repose guère sur l'éventualité d'une sanction — comme par exemple le renvoi ou l'expulsion — c'est-à-dire sur le traitement communautaire du déviant; mais bien plus primitivement en quelque sorte, sur l'exercice d'une intimidation par la force physique et publique.

Cette caractéristique infra-communautaire peut aussi se laisser comprendre d'une autre façon : le contrôle social ambiant a besoin de faire appel aux agents de la force publique et qui s'en viennent de l'extérieur du milieu. Plutôt que de se méfier de ceux-ci ou de s'en protéger afin de préserver un style de vie singulier et des valeurs propres, une autonomie communautaire, le fait que le milieu fasse appel à des ressources externes souligne bien l'absence de ressources internes; mais aussi, corrélativement, le fait que les contraintes internes à la vie collective sont rares permet un faible contrôle des agissements individuels et donc une liberté de chacun.

La liberté individuelle

Jean détient en effet d'autres informations et qui pourront mettre en évidence cette dernière facette de la vie collective : la latitude de manœuvre de chacun. Ainsi, non seulement l'organisation sociale interne au milieu de vie est-elle de type infra-communautaire mais aussi les agents externes du contrôle social entretiennent, par les interactions qu'ils ont avec cette population, l'altérité qui la marque. En clair, ils s'abstiennent d'agir au-delà de la préoccupation qui consiste à rétablir la paix publique. Ils s'abstiennent d'y faire régner un ordre communautaire ou collectif; comme si, dira Jean, *nous étions trop différents* et à l'écart de la société globale et de son ordre. Ainsi :

– *vers 10 ans, avant la Belgique, toute la famille était ensemble. En France, je sais pas pourquoi, la justice n'a jamais bougé. Les flics venaient souvent pourtant... mais ils n'ont jamais fait un rapport détaillé au juge je crois... En Belgique, là on a été séparé.*

Et :

– *ça criait et ça tapait... mon père généralement quand il avait bu, les flics étaient appelés par quelqu'un et puis ils l'embarquaient parfois pour la nuit mais le lendemain il revenait et ça recommençait.*

Cette évocation, par Jean, du mode de vie dans les cités ouvrières parisiennes dans les années 1950-1960, pour partielle qu'elle soit, permet cependant de cerner de plus près la cristallisation ou encore la fixation de certaines attitudes collectives.

On remarquera ainsi que pour Jean, le caractère infra-communautaire de cette population et sa situation faite de ségrégation dans le cadre de la société globale, ne sont pas uniquement des causes ou des manifestations de la désorganisation d'ensemble mais aussi des indicateurs de ce que ce milieu est foncièrement un espace de liberté; un espace où les ressources de l'environnement sont certes faibles mais où les contraintes le sont tout autant. Ainsi Jean :

– *c'était dur de les voir se taper dessus mais comme ça on faisait ce qu'on voulait. On sortait avec les copains... même que je me souviens d'un week-end où ils avaient pas bu et alors on pouvait pas bouger de l'appartement. Alors parfois on avait envie qu'ils recommencent à picoler. On prenait l'excuse qu'ils se tapaient dessus et qu'il fallait se protéger des coups et aller se cacher dehors...*

b) L'*organisation de la vie familiale* et l'analogie avec la tribu en second lieu ; négativement, c'est toujours le thème de l'inorganisation qui domine : les alliances matrimoniales ne sont guère pertinentes ; les couples se font et se défont ; les barrières inter-générationnelles sautent parfois... Plus précisément, les individus ne sont pas soumis à des principes de classement c'est-à-dire et tout à la fois, à une structure sociale d'interdictions d'une part et d'opportunités d'autre part et qui dicte les conditions avec lesquelles il faut compter pour être en situation d'interagir avec d'autres. Mais cette structure est de nature biologique et elle sépare les hommes et les femmes en deux *clans* qui s'échangent leurs membres. Les exemples fournis par Jean abondent :

> *– le père, il était omnibulé par mon grand frère. Il croyait que ma mère elle couchait avec lui. Donc, c'était des histoires de lit tout ça. La même chose avec ma sœur Odette... Disons qu'avec mon autre sœur Yvette, il l'a pas eue parce qu'elle était encore trop jeune... Yvette, je l'ai toujours un peu mal située. Disons que je sais pas dans quel clan il faut la mettre. Mais ça c'est sûr, ma mère elle était jalouse et d'Odette aussi puisqu'elle croyait que les filles elles y passaient chez le père.*

Et :

> *– notes qu'il y a eu aussi un autre frère mais qui est mort. Disons qu'on habitait encore à Paris alors et il y a une autre femme que mon père il frayait avec et puis donc ma mère elle s'est pas laissé faire et elle s'est pris un autre homme aussi. Et alors, quand elle a été enceinte, mon père il lui tapait dessus et mon frère il est mort de ça dans le ventre de ma mère. Il était entre mon frère et moi ; il s'appelait Jean-Marc je crois ; parce que c'est ma mère qui en avait décidé ainsi. Va savoir si c'était pas des prénoms du type... !*

Négativement toujours, les différences entre les personnes — de sexe, de génération, ... — sont peu socialisées. L'absence de contraintes et la faiblesse du contrôle social interne et externe, l'immersion de cette famille dans un milieu de vie tenu à l'écart de la société globale, la rupture de la famille avec sa propre filiation socio-familiale sont autant de facteurs pouvant servir l'explication de cette réalité : le fait que les différences entre les individus ne sont guère organisées entre elles dans un système de classement différentiel de leurs attributs et le fait qu'il est peu pertinent d'évoquer ici un ordre social instituant et légitimant les conditions autant que les exigences d'une relation nouée entre deux individus particuliers.

Promiscuité et proximité

De prime abord donc, les interactions entre les membres de la famille de Jean se déroulent dans un cadre largement similaire à celui d'un marché libre et non réglementé mais où les individus, du fait de leur vie domestique en commun, sont proches les uns des autres.

Rien n'interdit par ailleurs de considérer que les manifestations de violence physique qui se déroulent dans le cadre de ce marché sont des conséquences de son inorganisation; mais rien n'interdit non plus de comprendre que ces manifestations instaurent un ordre *a minima*, des différences et des limites, ne serait-ce que temporaires, aux agissements de chacun. C'est par la violence physique, les coups de force, qu'un ordre social peut être imposé pour un temps.

Dans cette dernière perspective, on comprendra aussi que l'échange social, lorsqu'il est possible grâce ou par la présence de l'acte violent et fondateur d'un ordre, repose sur une condition de proximité entre les individus. Aussi, la promiscuité qui règne dans cette famille peut-elle être, d'une part, expliquée par l'absence de différenciation des individus membres de cette famille mais d'autre part la proximité tant physique qu'émotionnelle de ces individus peut aussi se comprendre comme étant une condition pour qu'un ordre même temporaire soit instauré entre eux et par eux. De façon quelque peu imagée et abrupte, nous dirions, en adoptant le point de vue que Jean décrit comme étant celui des membres de sa famille, qu'il ne peut y avoir un ordre que s'il y a un désordre. La proximité dans ce cas n'est pas tant le résultat d'un calcul ou la conséquence d'une rationalisation des choix interpersonnels ; mais elle sert de substrat — les clans des hommes et des femmes par exemple — à des mouvements de sympathie ou d'antipathie. Autant à certains moments cette proximité est à la source de dangers, autant à d'autres elle est synonyme de chaleur humaine, de sécurité voire de solidarité. Exemple :

> – ma marraine... enfin c'est pas ma marraine, c'était celle de Jean-Marc ; enfin, celle de Jean-Marc s'il était venu au monde. Elle était une amie aussi bien de ma mère que de mon père... c'est elle qui s'occupait de nous parfois. Elle était chez nous comme chez elle si tu veux et elle avait aussi un œil sur nous.

La bande comme mode de sociation

En dressant ainsi et par touches successives, un tableau d'ensemble du mode de vie de Jean et de sa famille, la question que l'on est amené à se poser est celle-ci : de façon négative, nous pouvons expliquer que la rupture survenue dans la transmission d'une histoire socio-familiale, l'immersion de la famille dans les cités HLM et ainsi de suite, sont des données qui entravent l'émergence d'un ordre social particulier ; la participation à une vie communautaire par exemple ou encore l'adoption d'une identité de classe et ouvrière dans ce cas. Mais dans de telles conditions défavorables, quel est le type de sociation qui s'offre aux individus ?

Pour Jean, l'organisation de la vie en commun se fait très tôt sous la forme de *bandes* plutôt que sous celle d'une famille, d'une communauté ou encore d'une classe sociale et, à diverses reprises, il évoquera les caractéristiques structurelles de la bande c'est-à-dire les attitudes et les valorisations qu'elle autorise.

Se protéger et éviter l'humiliation

Une première caractéristique de la bande est d'instaurer une possibilité de reconnaissance sociale en mettant un terme à la ségrégation de ses membres. Pour Jean cette possibilité est d'autant plus cruciale ou urgente que les conditions de sa vie en famille sont à ses yeux et par l'usage que les autres pourraient faire de leurs connaissances, une source de disqualification potentielle de sa personne; une hypothèque qui pèse sur sa dignité d'homme.

A ce titre, la fratrie de Jean est valorisée ou socialisée comme une unité de sociation dont l'objectif est moins de célébrer une filiation et une appartenance familiale communes que de fournir une *protection* face au risque d'une disqualification de sa personne; d'atteinte à son amour-propre. Ainsi Jean :

> – *les autres gosses étaient contents de rentrer chez leurs parents. Nous, on avait quand même une crainte de rentrer. Il faut dire aussi qu'on essayait de cacher ce qui se passait à la maison; ça, c'était pour notre fierté.*

Seconde caractéristique introduite par Jean avec cet extrait : très concrètement, dans cet espace peu contraignant et libre des cités, Jean fait très tôt l'apprentissage des contacts humains et sans que ces mises en situation ne soient médiatisées par l'acquisition ou par l'imposition préalable d'une grille de lecture de la réalité humaine qui l'environne. Plutôt que d'y vérifier la pertinence d'une identité de classe par exemple, les rencontres et les observations qu'il fait des contacts humains sont d'emblée une source d'expériences sensibles et émotionnellement fortes où la violence, la peur et l'iniquité des rapports interpersonnels sont la règle générale. Pour Jean, la motivation de base et servant de prétexte à la sociation avec d'autres, n'est pas tant la recherche d'une communauté d'intérêts (la sauvegarde ou la promotion des singularités familiales comme avec l'exemple de la fratrie); non plus d'ailleurs la fusion des identités personnelles dans une identité collective mais plus prosaïquement, la *protection par le groupe de ses singularités individuelles*. A en croire Jean, chacun dans la bande y trouve l'occasion de dissimuler, de garder secret et pour soi ce qui, aux yeux des autres, pourrait être utilisé comme une arme de disqualification; une moquerie et une humiliation. Ainsi :

> – *On était un trio à l'armée. Il y avait un catcheur; celui-là, quand il avait bu il était comme fou. Il y avait un autre mais plus calme. On a essayé de nous séparer; à la cantine par exemple. Mais nous on sortait comme des princes : bras-dessus, bras-dessous. Donc ils savaient pas nous séparer en fait.*

> – Tu n'as jamais cherché la compagnie d'autres qui ne buvaient pas ?

– Non. Ca m'intéressait pas. Je n'étais pas tellement branché sur les autres qui étaient d'un niveau supérieur.

– Mais tu étais ajusteur, non ? C'est tout de même un métier...

– Non, c'est pas ça que je veux dire... Pour moi, c'était comme vis-à-vis des autres du trio que je connaissais. Ç'aurait été comme une trahison. J'aurais pas été à ma place avec des autres. D'ailleurs c'est quelque chose que j'ai encore en tête maintenant... J'avais de la haine si tu veux ; parce que les autres miliciens avaient une autre formation que moi ; une autre vie si tu veux. Et mes copains, ça ils se rendaient pas vraiment compte. C'est aussi pour ça que je me suis rapproché d'eux. Parfois j'avais plus facile de leur raconter de mon enfance. Parfois j'avais pas besoin de leur raconter comme je le fais avec toi. J'étais sûr qu'ils pourraient comprendre et ça suffit ça parfois. On avait fait un serment dans le trio : ce qu'on savait des autres on n'allait pas aller le raconter ailleurs. Ce qui était encore plus important, c'est que chacun, on était comme on est : on se posait pas des problèmes les uns les autres à se poser des questions et tout ça. On avait vécu plus ou moins les mêmes choses et ça suffisait. Bon... la seule différence qu'il y avait, c'est que moi, c'est mon père et ma mère qui buvaient et là c'était eux. Et puis on pouvait compter dessus. Le premier-là c'était le gars le plus fort de la compagnie ; il n'avait peur de personne ni de rien. Et puis quand il n'avait pas bu, il était très gentil et sympa... J'avais de la haine que les autres avaient été couvés par leurs mères et préparés à la vie et que moi après en Belgique, après les institutions où j'avais été placé... Je n'ai pas été préparé sauf à me prendre des coups et à les éviter. J'étais vulnérable quoi !

L'exemple fourni par Jean de la bande à trois lors du service militaire permet de cerner d'un peu plus près l'avantage de cette sociation. Jean a une conscience claire et aiguë de ses singularités ; des ingrédients qui interviennent dans le processus de son individuation comme personne singulière. Cette dernière est le fruit de la liberté de mouvement dont il bénéficie étant enfant et adolescent (mais aussi comme nous le verrons, des expériences qu'il connaîtra dans les institutions de placement) ; la somme des expériences sensibles qu'il fait dans la vie de tous les jours plutôt que la résultante d'un apprentissage ou d'une socialisation particulière. Dans le cas de la bande, le mécanisme de sociation qui s'y déroule n'a pas pour objectif d'annuler ou de niveler les singularités individuelles de Jean ; non plus d'ailleurs de les exacerber ou de les activer. L'objectif est plutôt de fonder une reconnaissance minimale de chacun *malgré* leurs particularités ; la bande permet à des personnes différentes par leurs histoires singulières de se reconnaître solidaires en gardant caché ou secret, le noyau dur de leurs identités personnelles.

Garder le contrôle de la connaissance de soi

Concrètement, la bande permet à Jean de se protéger des dangers venant de l'extérieur et ce en s'assurant de la présence d'un second qui par sa force physique en imposera si besoin est aux autres et fera régner son ordre.

Mais elle offre également, en son sein, une protection d'une autre nature : Jean peut conserver un contrôle de la connaissance de ses singularités; il contrôle ce qu'il est prêt à dévoiler ou non de sa personne aux autres membres de la bande.

Ce type de reconnaissance mutuelle à l'œuvre dans la bande est donc à l'origine d'une attitude particulière faite d'un auto-contrôle sur l'information concernant la personnalité de chacun; mais aussi, elle est à l'origine d'une méfiance à l'égard des pratiques d'introspection psychologique par exemple. Secondement — nous y reviendrons plus en détail également ci-après — la bande est à l'origine d'une valorisation de la vie publique *versus* l'intimité de la vie privée ou domestique. Pour Jean l'intimité est associée au risque de devoir faire des confidences sur soi à l'autre; de parler de soi.

Le contrôle exercé sur la diffusion de l'information personnelle et la valorisation de la vie publique procurent également une impression ou le sentiment de maîtriser le déroulement de son existence; d'être libre. En tenant secret ou en dissimulant à l'autre ses singularités personnelles mais dans le même temps en se tenant physiquement proche des autres, les distances horizontales et les différences interpersonnelles deviennent des équidistances. Nous ne mettrons pas en question ici qu'il y ait, dans la bande, des hiérarchies et reposant entre autres sur le *leadership* de celui qui est le plus fort physiquement; mais il est utile de souligner que la proximité physique, la faible distanciation horizontale et la discrétion psychologique, débouchent sur une attitude de tolérance en sens large du terme; sur l'acceptation des différences.

Cette acceptation des différences dans la proximité physique permet enfin à chacun de considérer que, avec ou grâce à la sociation qu'est la bande, la façon qu'il a d'orienter son existence personnelle n'est pas une offense ou une attaque des autres et de la façon dont ces derniers envisagent le déroulement de leurs vies personnelles. Les membres de la bande se protègent ainsi de l'éventualité des conflits qui pourraient éclater entre eux (les hiérarchies verticales ayant sous doute et en partie le même effet); ils n'entrent guère en concurrence ou en opposition sur la question de savoir quel sens il s'agit de conférer aux événements de la vie quotidienne.

Ces caractéristiques attitudinales et ces valorisations pourront mieux être observées encore en suivant le décours de la trajectoire de Jean.

2. La trajectoire sociale

Pendant la «période parisienne» de son enfance, Jean est quelque peu à l'écart des disputes familiales. Les suspicions qui alimentent les péripéties de la vie quotidienne en famille et qui portent sur les relations sexuées entretenues par les parents avec leurs enfants concernent surtout les aînés. De sa position de cadet, Jean est en quelque sorte le témoin ou l'observateur privilégié des événements en famille. Cette position de cadet est tout à la fois source d'avantages et d'inconvénients.

Les avantages tout d'abord : *ma mère avait Serge, mon frère plus âgé et mon père avait les filles*, dira Jean laconique ; *moi, j'étais tranquille*, poursuit-il (non sans que nous ayons l'impression, venant de sa part, qu'il nous appartenait aussi de le laisser *tranquille*, sur cette question, dans la suite de l'entretien). Bien mieux que ses frères et sœurs, Jean a la possibilité ou l'opportunité, de sa position de cadet, d'éviter de *prendre des coups* ou de devoir choisir son *clan* ; celui de sa mère contre celui du père ou celui des frères contre celui des sœurs.

De cette position de cadet, Jean apprend à valoriser une certaine *neutralité* dans les conflits interpersonnels :

> – *moi j'étais bien placé entre mon père et ma mère... quand ça criait, j'essayais de me protéger entre mes frères et mes sœurs. J'étais un peu le préféré de tout le monde. Le plus jeune aussi à cette époque. Je prenais pas parti pour l'un ou l'autre. Peut-être parce que j'étais trop jeune...*

Préféré de tout le monde, Jean, grâce à sa neutralité, pouvait également compter sur la bienveillance et sur une sorte de reconnaissance minimale — bien qu'étrange peut-être ; parce qu'impersonnelle — de la part de son père. *Je crois que mon père, c'est pas qu'il voulait me chouchouter mais il préférait m'oublier tout en sachant bien que j'étais là*, dira Jean. Sa neutralité, de prime abord, lui vaut une sorte d'indifférence émotionnelle ou personnelle de la part du père mais cette distance ou cette impersonnalité qui caractérise leurs relations et qui les situent en marge des avatars familiaux, se double cependant de la possibilité d'une attention plus rationnelle de la part du père et portée à la façon dont Jean se prépare au futur de son existence ; *c'est lui seul qui me suivait de loin à l'école*, dit Jean.

Au fil des interactions familiales donc, Jean apprend de façon sensible et à l'expérience, à apprécier différentes attitudes possibles dans la vie en commun : *ne pas prendre position lors d'un différend entre personnes, garder une position de neutralité et recevoir la bienveillance de l'autorité, ne pas choisir son camp,* ... toutes attitudes qui trouveront ultérieurement, par la formule de la bande, un terrain de reproduction et surtout d'ajustement réciproque vers un principe de cohérence identitaire. Par ailleurs la bienveillance et l'attention du père sont à l'origine de la valorisation d'*un projet d'ascension sociale*; l'idée de *s'en sortir*. Certes ce dernier — comme nous l'avons ci-avant signalé — feint de l'ignorer lors des disputes mais *quand j'allais à l'école, ça allait*, dit Jean; *il était fier de moi et en plus je pouvais montrer à la maison ce que je faisais comme pièces. J'étais le seul à la maison à pouvoir faire ça : montrer mes pièces. Je pouvais grimper un peu l'échelle que je me disais.*

Au chapitre des inconvénients ensuite :

> – *parfois ça me faisait mal du comportement du père avec les frères et de la mère envers les sœurs. Je savais pas de quel côté me ranger; comme un spectateur... Je voulais me ranger avec mon grand frère pour me protéger mais alors mon père... si j'allais du côté de mes sœurs, je risquais d'avoir ma mère sur le dos.*

La position de neutralité de Jean lui confère une place à part dans sa fratrie : ne sachant ou ne voulant opérer un choix, son assimilation au groupe des garçons est plutôt ténue; difficile ou partielle et dans tous les cas elle mine le bénéfice de la solidarité fraternelle qui pourrait y prendre place. D'autre part, le rapprochement personnel avec le père en est également affecté : l'identification de Jean à la personne du père est elle aussi difficile d'autant que la reconnaissance qu'il en reçoit valorise un projet d'ascension sociale pour Jean et le fait d'être professionnellement et socialement différent, détaché et supérieur à lui.

La valorisation de l'argent

Dans ce contexte des interactions familiales où le bénéfice de la solidarité fraternelle n'est pas entièrement acquis et où les conditions à remplir pour en être le bénéficiaire sont la source d'un inconfort dans le chef de Jean (qui se verrait forcé de rompre sa neutralité dans cette hypothèse), ce dernier est amené à valoriser l'argent d'une façon bien particulière.

Certes pour Jean, l'argent est un signe matériel, extérieur et manifeste, de la réussite d'un projet d'ascension sociale mais aussi et bien avant cette connotation, l'argent permet de juguler les confrontations; d'acheter de la solidarité. Ainsi :

> – *on prenait de l'argent aux parents. Ils s'en apercevaient pas puisqu'ils avaient bu la plupart du temps. S'ils s'en rendaient compte, c'est Serge qui prenait les coups et qui encaissait... On donnait un peu aux sœurs pour qu'elles se taisent.*

Et :

> – *l'argent c'était très important pour nous : un moyen d'évasion surtout. Les filles on les avait comme ça : elles osaient pas aller dans le porte-monnaie mais nous oui; mais on les payait aussi pour qu'elles se taisent; elles avaient leur part comme ça si tu veux.*

La trajectoire institutionnelle : de la liberté à la haine

Peu de temps après l'installation de la famille de Jean dans la province du Hainaut — Jean a onze ans à cette époque — et à l'inverse de sa situation en France, la famille est littéralement dispersée sous le coup d'une décision judiciaire. La consommation d'alcool par les parents autant que le climat familial violent sont jugés comme préjudiciables pour les enfants et Jean débute de cette façon une carrière d'enfant de home :

– *cela c'est mal passé, très mal. A part des études A4 que j'ai pas mal réussies... les éducateurs buvaient eux aussi... il faut dire qu'en famille je n'ai jamais pris des coups mais dans les homes... Je l'ai dit au juge et il ne m'a pas cru. J'ai eu comme ça des histoires avec les éducateurs. Quand on allait au cinéma, eux ils allaient au bistrot et lorsqu'on allait les rejoindre après le film, ils étaient quasi pleins et l'éducateur de gymnastique m'a démoli trois fois la mâchoire... et puis le directeur qui prenait le parti des éducateurs et qui voulait pas d'histoires avec le juge...*

De onze à dix-sept ans et jusqu'au moment de son entrée à l'armée, Jean fait l'expérience sensible, tour à tour de la *violence* physique et institutionnelle, de l'abandon par les parents également, du caractère quelque peu *illusoire* ou lointain de la possibilité d'une ascension sociale et professionnelle aussi (mais la pertinence de ce projet est renforcée par la moralisation de la famille de Jean par les agents du contrôle social), de la privation d'une forme particulière de *protection* surtout. Successivement, ces expériences pénibles sont assimilées à des échecs personnels, à un manque de qualités personnelles et de reconnaissance sociale ; et elles alimentent le ressentiment de Jean et sa haine :

– as-tu travaillé comme ajusteur ?

– *Non ; juste une fois comme tourneur dans une usine et à la chaîne. Un tour c'était... mais trop moderne. Dès le début il y avait un décalage entre les machines de l'école et celle de l'usine. Le diplôme là-dedans et l'école, ça a juste servi à vivre un échec.*

Et :

– (aux environs de ses seize ans, le juge) *il était prêt à me laisser retourner chez mes parents parce que mon père était tout de même un bon travailleur il faut le dire... bon, je me suis retrouvé chez eux mais là ils m'ont foutu dehors ; ils voulaient plus de moi. Ma mère elle m'a abandonné quoi. Au lieu de s'occuper un peu plus de nous, elle donnait de l'argent à n'importe qui ; même acheter des manteaux à des gens qu'elle ne connaissait pas mais nous... Je pourrais encore leur cracher dessus...*

3. La fonctionnalité des produits psychotropes

Quelques mois avant son service militaire (et après avoir essuyé le refus de ses parents de pouvoir réintégrer le milieu familial), Jean vit dans un foyer d'accueil pour jeunes travailleurs : usine le jour et internat en soirée ainsi que les jours de congé. Les interactions qui s'y déroulent et la position occupée par Jean au sein de ces dernières sont quasiment la réplique de la situation connue des années auparavant par Jean pendant sa période «parisienne» :

> – à Bruxelles, au foyer des jeunes travailleurs, c'était un foyer de semi-liberté. On travaillait à l'extérieur le jour et on rentrait la soirée et la nuit. Le directeur était chouette ; j'étais dans ses bonnes grâces. Il y avait lui et le cuistot... Mais il me faisait des reproches parfois ; il me demandait si je voulais devenir comme mon père. Quand il me parlait ainsi, c'était la haine qui venait.

Dans le cas présent, la reconnaissance que Jean reçoit de la part du directeur de l'institution d'accueil — le fait d'être *dans ses bonnes grâces* — se paie d'un prix fort par Jean : celui qui consiste à avaler la couleuvre des humiliations et de la violence symbolique que lui impose ce détenteur de l'autorité. Et puis :

> – les autres buvaient aussi et si je buvais pas avec, j'aurais été un manche à balle vu déjà qu'il me préférait aux autres. Boire... alors je savais que les autres jeunes ne me laisseraient pas seul. Mais on buvait pas trop parce qu'il y avait tous les mois un rapport envoyé au juge.

Le début de la consommation d'alcool par Jean prend place au moment où, au sein du foyer, son ambivalence est réactivée : ou rester dans le camp du directeur et bénéficier de ses faveurs mais aussi devoir supporter péniblement et sans défenses ses allusions violentes ; ou opter pour le groupe des pairs et se sentir protégé par ce groupe mais alors ne plus bénéficier de la reconnaissance du directeur et donc ne plus être considéré comme un individu qui pourrait s'en sortir et connaître une ascension et une réussite sociales qui le distingueraient de ses origines socio-familiales.

L'amertume des premières expériences professionnelles et le passage par l'armée vont trancher dans cette ambivalence et ce pour plusieurs années :

> – puis j'ai quitté le foyer pour aller à l'armée. Là on a bu plus qu'on se faisait condamner. J'avais rencontré mes copains ; des forts. Eux, ils buvaient ; alors moi aussi. C'était un peu mes défenseurs. Après l'armée, je suis allé vivre au-dessus d'un café où on se retrouvait à plusieurs ; l'«état major» qu'on l'appelait le café. On vivait là...

Et :

> – entre-temps, j'avais laissé ma place à l'usine. J'ai retrouvé une place rapidement chez un grossiste en vins. Là j'étais bien tombé ; c'était aussi un peu comme à l'armée. Les chauffeurs, ils pouvaient choisir leur convoyeur et alors, j'étais souvent choisi par eux... par ceux qui picolaient bien sûr.

L'égalitarisation des différences

Au fil du temps, l'alcoolisation de Jean devient quelque chose — une réalité — de plus qu'une stricte conduite d'adaptation ou d'imitation; qu'un critère d'agréation par les autres consommateurs. Elle a certes comme fonction manifeste pour Jean, de pouvoir être reconnu, accepté ou choisi par d'autres hommes; mais aussi de se prémunir de devoir entrer dans un rapport d'autorité avec d'autres et qui serait une source éventuelle de critiques, d'attaques personnelles, d'évaluation de sa personne; d'humiliations et de confrontations.

Il n'est pas interdit de comprendre en effet que l'alcoolisation joue un rôle d'*égalitarisation* ou de neutralisation, dans le chef de Jean, des différences comme nous le suggère l'exemple des rapports chauffeur-convoyeur. L'interdépendance qui relie Jean aux chauffeurs et qui garde comme finalité la réalisation d'un travail collectif de livraison de marchandises, ne génère pas ou ne débouche pas sur la constitution d'un rapport hiérarchique; sur un classement des personnes qui prestent des tâches différentes. En clair, Jean peut avoir le sentiment qu'il n'est pas choisi par les chauffeurs pour ses qualités professionnelles de convoyeur ou de manutentionnaire; mais bien pour son état — partagé avec les chauffeurs — de consommateur. Les choix de personnes, selon Jean, reposent ainsi sur l'affirmation d'une qualité commune et ce malgré les contraintes de la division du travail. Tendanciellement, en valorisant de la sorte ce commun dénominateur entre les chauffeurs et lui, les qualités plus personnelles et l'adéquation de ces dernières à la nature des tâches à prester ne sont guère soumises à une évaluation de la part des chauffeurs. Autrement dit, la différenciation des individus par le fait de la division du travail reste faible ou contrecarrée par l'alcoolisation.

Pour Jean, les conséquences de ce mécanisme de neutralisation du processus de la différenciation individuelle par la division du travail sont sécuritaires. Il protège ainsi sa vie privée; son histoire singulière et il conserve ce faisant un contrôle personnel sur les critiques ou sur les remarques qui pourraient raviver ses plaintes et ses récriminations; sa colère et sa haine.

Ainsi, que ce soit dans les moments de détente, au sein des groupes de pairs ou dans le champ des activités professionnelles, l'alcool permet tout à la fois d'être accepté et choisi; d'être reconnu socialement et, dans cette reconnaissance, de *réinstaller une frontière* ou une barrière entre lui et les autres. Cette fois, l'alcoolisation permet à Jean de garder un contrôle sur son intimité et sur sa vie émotionnelle.

L'alcoolisme quantitatif

L'établissement d'un diagnostic d'alcoolique, dans le cas de Jean, a lieu relativement tardivement compte tenu de l'ampleur de ses pratiques consommatoires. *Je picolais sept jours sur sept,* dit-il, *et du matin au soir et cela a duré trois ans sans arrêt.* C'est un peu par hasard qu'un médecin le mettra en garde :

> *– il faut dire que je suis donneur de sang... j'ai même un diplôme de ça et si j'aurais pas rentré ici en post-cure, j'allais recevoir une médaille... Bon; d'abord quand tu donnes ton sang à X (hôpital public de Bruxelles) tu as droit à tous les soins gratuits; même les radios, les scanners... c'est gratuit. Disons qu'ils paient le sang comme ça. Puis tu pouvais aussi donner un sang complet; un plasma. Mais c'est plus long. Il y avait aussi les plaquettes. Ça, c'est presque quatre heures; toute la matinée sans bouger. Même tarif mais là on pouvait aller manger et boire en-bas; à la cantine avec les infirmières et pour rien... Après avoir donné mon sang, je me sentais mieux; c'était comme un soulagement que je sais pas décrire. Je me sentais bien dans ma peau et quand j'allais dire ça au toubib, il voulait pas me croire. C'était comme une saignée : ils m'enlevaient l'alcool quoi! C'est là l'explication : c'était une sorte de sevrage. Mais quand le toubib il a compris ça, alors il m'a conseillé de me faire soigner. Je buvais trop qu'il disait.*

Jean n'est pas vraiment demandeur ni d'ailleurs réfractaire à cette proposition de se faire soigner. Il entre dans un service de médecine interne de manière banale à ses yeux : en rétribution de ses prestations de donneur de sang. Mais l'entrée dans ce service hospitalier est, à ses yeux toujours, le début de ses vrais ennuis comme toxicomane :

> *– pour moi, ça a mal tourné quand j'ai commencé à prendre des médicaments. C'est ça qui a été scabreux... c'est quand je suis arrivé à X pour faire un premier sevrage.*

4. La toxicomanie comme seuil qualitatif

Qu'est-ce qui pour Jean peut être tenu pour l'élément déclenchant ou pour le facteur clef de son basculement dans la toxicomanie ? En quoi son passage par l'hôpital a-t-il pu se présenter dans sa trajectoire comme un événement accidentel, involontaire, tant dans son propre chef que dans celui du médecin qui incidemment fait le constat d'une consommation problématique d'alcool; mais aussi comme un événement remodelant la suite de son existence et l'évaluation qu'il peut faire de sa situation, de sa vie en société ? Comment son étiquetage comme alcoolique se transforme t-il en une thématique personnelle ?

Certes à l'hôpital, Jean découvre de nouveaux produits psychotropes et il les apprécie sans autre commentaire que l'effet de détente et de bien-être qu'ils procurent :

– ils m'ont donné du Valium et la première fois que j'en ai pris... c'était vraiment... j'en avais quatre de 10 mg par jour. Ca a commencé comme ça et j'ai aimé.

L'évocation par Jean de son passage par l'hôpital ne fait guère de place à ce qui a trait à ses contacts avec le personnel soignant, les pratiques et l'idéologie médicales. Par contre ce qui retient son attention et son intérêt, c'est la présence dans les murs de l'institution d'un groupe «AA». Très vite en effet, Jean va utiliser ce groupe bien moins pour ce qu'il prétend être, à savoir une formule d'aide complémentaire aux actes médicaux plus classiques; ni d'ailleurs pour ce qu'il propose comme objectif à ses membres, à savoir la consolidation de l'abstinence; mais bien pour certaines de ses caractéristiques structurelles : les attitudes que les individus adoptent dans ce type d'association sont proches de celles de la bande que Jean a fréquentée par le passé mais avec cette double différence que sont la présence des femmes d'une part et d'autre part la possibilité de substituer les médicaments psychotropes à l'alcool.

Le parallélisme entre la bande et le groupe «AA»

Un principe de base du fonctionnement des groupes d'anciens consommateurs est celui de l'*anonymat*. En fait, les individus qui participent aux réunions se connaissent, ne serait-ce que parce qu'ils sont en contact direct les uns avec les autres mais une relative discrétion est de règle en ce qui concerne les indices de l'identification de chacun. En ce qui concerne la connaissance par le groupe de ce qui fait le fond de la personnalité de l'un ou de l'autre, on y valorise, bien plus que la discrétion parfois, le secret et le *black-out*. Les ingrédients qui ont alimenté l'individuation de chaque membre — qu'il s'agisse d'événements familiaux, des conséquences ou des contraintes du monde du travail et ainsi de suite — ne sont pas tenus pour essentiels ou pour responsables de l'alcoolisme des gens et à ce titre ils sont gardés dans l'ombre. Qui plus est, on y affirme cette idée que ce type de connaissance personnelle va à l'encontre de la solidarité communautaire qui se développe dans le groupe : l'étalage de ce qui fait la singularité de chacun va à l'encontre du processus d'identification des nouveaux membres, par exemple, au modèle type, non pas de l'alcoolique, mais de l'alcoolique-abstinent. Par contre on y insiste sur la commune faiblesse biologique et morale de chacun face aux pouvoirs du produit et sa toxicité; et ce commun dénominateur transcende en quelque sorte les différences de rôles et de statuts, de prestige ou de richesse, les qualités personnelles des membres du groupe d'entraide. Ce commun dénominateur est le véritable *credo* du groupe et c'est là une seconde raison de garder dans l'ombre les horizons valoriels de chacun; les différences individuelles.

Cette idéologie démocratique et égalitaire — c'est-à-dire l'adoption d'une valorisation qui transcende les différences personnelles et sociales qui sont elles-mêmes tenues pour peu pertinentes pour s'expliquer l'état de l'abstinence envers les boissons alcoolisées —, l'affirmation d'une égale et commune faiblesse de l'individu face à l'alcool, est bien congruente avec l'identité que Jean s'est forgée au fil du temps de ses interactions. Concrètement, plutôt qu'idéellement, l'affirmation de ce point commun donne naissance et rend légitime aux yeux des membres du groupe, une attitude de réserve et de discrétion en ce qui concerne la vie privée de chacun ; elle éloigne les individus d'une culture psychologique où chaque membre serait préoccupé par ses pratiques d'introspection et par la recherche de ses singularités personnelles et qui le différencient des autres membres.

Cette idéologie démocratique et égalitaire peut encore se comprendre par une autre voie d'accès : le *leadership* et l'exercice de l'autorité sur le groupe sont partagés à tour de rôle. Il n'y a pas à proprement parler de monopolisation du pouvoir que ce soit par un coup de force ou sur la base du charisme de l'un ou de l'autre ; ni non plus par délégation de l'exercice de l'autorité. Mais chacun est amené à présider les rencontres et le récit public que chacun fait à haute voix des avatars de sa carrière d'ancien consommateur (et éventuellement de ses échecs dans l' abstinence) célèbre en fait les points qui sont communs à tous ; le sort que chacun a connu ou connaîtra dans le proche avenir. Ces confessions publiques sont comme une barrière dressée face à la professionnalisation de l'un ou de l'autre membre ; elles scellent également un identique destin d'ex-alcoolique. Aussi, cette proximité qui existe et qui rassemble les membres du groupe dans une communauté de destin ne débouche pas sur une confrontation des différences individuelles et ce grâce à l'attitude de discrétion ; mais de plus il s'y développe une attitude *consensualiste* : en partageant de cette façon le *leadership* du groupe, un conflit, s'il devait survenir, n'opposerait pas deux personnes et leurs valeurs ou intérêts mais chaque individu avec lui-même ; chaque individu et ses propres velléités de se singulariser dans le groupe, de ne pas croire à son efficacité et ainsi de suite. Ainsi, l'opposant devient-il un dissident en quelque sorte ; il n'est pas, potentiellement, face aux autres pris chacun séparément mais face au groupe ; son inclusion dans le groupe n'est ainsi pas une affaire d'intérêts ou même de valeurs personnelles mais une question d'adhésion, de croyance *quasi* religieuse. Dans ce prolongement toujours, le groupe «AA» n'est guère un terrain d'affrontements interpersonnels ou de différenciation des individus. Mais tout au contraire, les conflits sont intériorisés en quelque sorte ; chacun est le siège du déroulement des oppositions ou des confrontations ainsi d'ailleurs que celui de la résolution des conflits grâce à une attitude de *tolérance* ou d'acceptation de l'autre. Par ses prises de paroles et ses confessions publiques, chaque membre a l'occasion d'exposer ses troubles profonds ; la confiance-défiance qu'il met dans le groupe ; l'effet salvateur d'avoir la foi en lui et les errements du sceptique.

Autre particularité de ce type de sociation d'anciens consommateurs et que l'on pourra mettre en liaison avec l'attitude de tolérance des singularités personnelles de l'autre évoquée ci-avant : la croyance qu'il n'est *pas possible de changer toute la réalité extérieure*. Le prosélytisme interne au groupe et qui concerne l'évitement de l'alcool-poison, n'a d'égal peut-être qu'une acceptation d'intensité équivalente du poids des contraintes de l'existence et de la réalité de chacun. L'objectif du mouvement «AA» n'est pas de développer une vision propre à ce mouvement de ce qu'est ou de ce que devrait être l'existence humaine. Son objectif n'a pas de portée prométhéenne au sens d'apporter une réponse en termes d'une modification, radicale parfois, de l'organisation de la vie quotidienne ; mais plutôt, sa réponse est une rédemption, une réconciliation au quotidien avec les drames de l'existence et ce grâce à l'abstinence. Le mouvement se veut être d'une portée spirituelle mais non pas à l'image d'un acteur social comme pourrait l'être une classe sociale par exemple c'est-à-dire porteur d'un projet de société et que l'on projette dans le futur. Par son côté pluraliste et le recrutement de ses membres dans l'ensemble des positions sociales, le mouvement concède en quelque sorte le droit pour chacun d'avoir sa propre vision des choses mais il affirme que pour l'essentiel, ces visions particulières sont intangibles ; l'une n'a pas plus d'importance que l'autre si l'on veut.

Le message que le mouvement propose à ses membres n'est ni de nature activiste ou un message de révolte ; ni un message de soumission à la réalité des choses sans plus. Il propose une *sagesse* qui consiste à intervenir et à changer certains aspects de l'existence quotidienne de chacun lorsque cela s'avère raisonnablement possible et, pour le reste, de s'en accommoder ou de se réconcilier avec la réalité des choses. La propédeutique de l'abstinence de l'alcool repose en fait sur cette idée qu'il serait illusoire de se battre contre des éléments que l'on ne saurait vaincre parce qu'on ne les maîtrise pas ; que si l'on peut agir sur certaines données de la réalité des choses, on ne saurait orienter différemment le cours de l'histoire, son destin personnel.

Le bénéfice de cette sagesse réside dans une sorte de rémission des faiblesses ou des «manques» individuels qui ne sont causés ni par le pouvoir de l'autre ni par une «mauvaise» réalité des choses. Cette attitude particulière, non pas de stricte soumission mais plutôt de *résignation* face aux aspects non-maîtrisables de la réalité extérieure et cette façon singulière de concevoir la manière avec laquelle on est à même d'agir sur son environnement mais pas sur le destin de l'autre, est à souligner sur ce point : transposée dans le cadre d'une vie à plusieurs, ceci peut faire comprendre que les personnes qui entrent en interaction les unes avec les autres n'éprouvent guère le besoin de s'affronter pour faire triompher telle ou telle définition de leur sociation. Cette attitude est ainsi congruente et renforce une attitude d'*évitement des conflits* ou, plus généralement encore, une attitude de *neutralité*. Transposée dans le cadre d'une vie à dominante plus communautaire et où les singularités personnelles des individus sont en cause — on songera ici entre autres au couple ou à la famille comme communauté de vie ; nous y reviendrons plus avant dans le cas de Jean — cette attitude peut aussi faire comprendre cette «illusion-vérité» communautaire, c'est-à-dire qu'elle rend vraisemblable l'invraisemblable (selon l'expression de Luhmann, 1990) : des individus différents par leurs valeurs, par leurs origines culturelles et leurs positions sociales, par leurs expériences sensibles de l'existence et ainsi de suite, peuvent asseoir leur sociation dans le temps sur un modèle de communauté ou de proximité sans qu'il y ait de valeurs communes partagées et débattues si ce n'est celle d'une commune résignation de chacun à l'égard de ses propres contingences. Ainsi, les agissements ou les intérêts égoïstes de l'un ne sont pas opposés ou contradictoires des intérêts d'une seconde personne ; chacun est reconnu ou perçu comme déterminé par sa propre réalité et de cette façon, «AA» peut se présenter comme une association d'allure communautaire mais regroupant des individus foncièrement différents.

La présence des femmes

A plusieurs reprises par le passé, Jean s'était essayé à une vie de couple mais sans grand succès. Selon lui, cette formule de sociation était incompatible avec la fréquentation des bandes d'amis et de copains. *Grosso modo* Jean oppose ces deux styles de vie et ces deux formes de sociation en associant « vie privée » et « couple » d'une part et d'autre part « bande » et « vie publique » :

> – *pour moi, c'est logique que ça a pas marché. Elle me disait de rester à la maison et je partais quand même... Ca c'est vraiment détérioré quand j'ai demandé qu'elle vienne passer un week-end avec mes copains à Blankenberghe. Je voulais y aller aussi avec elle et ses deux enfants. Elle a pas voulu suivre...*

Par contre, ce type d'opposition devient moins pertinent avec la rencontre de sa compagne dans le groupe «AA» de l'hôpital :

> – *il y avait un groupe «AA» dans l'hôpital et c'est comme ça que j'ai connu la bonne femme avec qui j'ai vécu après.*

De façon pratique cette fois, la manière avec laquelle s'organise la vie de couple est à l'image des attitudes à l'œuvre dans le milieu où les deux partenaires se rencontrent. *C'était pas le grand amour*, dira Jean comme commentaire à ce sujet ; et au moment où il s'installe dans son appartement, Jean ne sait quasiment rien d'elle. *Elle buvait et elle prenait des médicaments aussi...*, poursuit-il, *du Pertranquil*. Ce n'est que plus tard qu'il apprendra que pendant qu'il travaillait, *elle se faisait monter par des arabes... parce qu'elle se faisait payer aussi*. Mais ajoutera Jean, *je travaillais aussi six jours sur sept et elle aussi ; parce qu'il fallait de l'argent*. Au fond et selon Jean, *c'était pas de la jalousie* qu'il éprouvait face à une telle situation ; juste la volonté de garder intacte sa *fierté* ; de ne pas être trahi par le fait qu'elle impose sa propre vision des choses ou ses intérêts personnels à Jean. Le couple vivra ainsi, calmement et dans la tolérance réciproque des agissements de chacun, jusqu'au jour où sa compagne *s'est mise à dépenser plus que ce qu'elle gagnait*. Mais même à ce moment où les bases matérielles de leur vivre-ensemble sont compromises, Jean reste convaincu qu'il n'avait *pas le droit de réagir ; pas le droit non plus de se battre avec les types qui venaient la voir* et achetaient ses services :

> – *je voulais pas en parler. Pour une fois, c'était ma vie privée. Je l'avais connue, elle et les médicaments, aux «AA» ; là il y a un secret sur tout... Ca devait pas être divulgué.*

La consommation de médicaments psychotropes

La consommation d'alcool se tasse quelque peu au début de la période de cette vie en couple. Par contre, dès la *trahison* de sa compagne — c'est-à-dire dès le moment où Jean doit combler ses dépenses personnelles — Jean reprendra occasionnellement de l'alcool en cachette. *J'avais fait un serment*, dit-il ; *de ne plus boire... Mais j'ai repris en cachette ; je me serais senti coupable si elle l'avait su*, poursuit-il.

Somme toute et en accord avec les attitudes de base de ce *couple-bande*, Jean endosse l'inconfort de la situation et *avec l'alcool parfois, je me calmais*, dit-il laconique. Pour le couple cette fois, et bien plus que pour chacun des partenaires pris séparément, les médicaments seront d'une utilité bien spécifique alors que la tension monte de plus en plus entre Jean et sa compagne :

> – *les médicaments, c'était aussi un peu vivre avec elle comme elle était. Connaître une femme et s'en sortir... Au début, je n'avais pas confiance dans les médicaments. C'était*

un autre monde pour moi ; moi, c'était l'alcool comme mes parents et mes copains. Les médicaments, je les connaissais pas... c'était l'inconnu. A X, là j'ai pu apprendre le Valium. Je croyais en sortir de cette vie avec le Valium ; par ce moyen...

Certes, Jean apprend à *connaître* comme il dit, les médicaments par l'intermédiaire du corps médical ; il apprend ainsi à circonscrire leurs effets curatifs et en particulier la sérénité chimique qu'ils procurent. Mais plus globalement encore, la première tâche à laquelle il est confronté consiste à leur conférer un sens, une valeur dans la mesure où ce ne sont pas des objets familiers et inscrits de longue date dans son style de vie.

Jean, en consommant ces médicaments, leur confère une valeur et ce en accord avec ses attitudes et plus exactement, en accord avec les attitudes qui prévalent dans le cadre des interactions du couple-bande. Arrivé au stade où un conflit n'est plus évitable, les médicaments psychotropes sont tout autant des médicaments au sens strict du terme que des *opérateurs de normalité* ; un espoir de *s'en sortir*, dit-il. En stabilisant les humeurs (et la colère de Jean) de l'un comme de l'autre, les médicaments seront un moyen de réussir le couple malgré tout ; de rendre vraisemblable l'invraisemblable. De la même façon peut-être qu'un diplôme peut donner accès à une profession et à une intégration sociale, les médicaments sont valorisés par Jean dans le sens d'une voie d'accès à la stabilité du couple dans le temps ; comme une voie d'intégration sociale de Jean c'est-à-dire comme voie d'accès à une certaine normalité ou conformité sociale.

Le prix à payer pour donner le change à une telle conformité ou normalité et pour inscrire le couple dans le long terme est de *maintenir une nouvelle distance dans l'intimité* ; rendre tolérable ce qui est inacceptable et ne pas être en situation où les deux partenaires auraient à s'expliquer sur leurs points de divergence et de conflit éventuel. Ainsi et tour à tour :

> *– elle avait un copain que son beau-frère travaille chez Y. J'avais les médicaments que je voulais ; à la pelle et gratuitement ; sans ordonnances ni médecins. Elle les prenait aussi... elle a fini par se suicider avec ça... J'ai pris aussi de l'Epipropane pour l'épilepsie ; mais ce que je veux plus toucher, c'est le Pertranquil. L'Epipropane fait un effet terrible mais l'autre est franchement dégueulasse. C'est une question psychique ça ; je voyais aussi l'effet sur elle... Un Valium et l'Epipropane, ça faisait encore plus d'effet. Moins de dose mais pire que le Pertranquil : calme pour l'éternité !*

Et :

> *– sexuellement aussi ça a changé : vidé que j'étais avec ça ; sans énergie. Avant, avec l'alcool, j'aurais pu commencer un acte où tu veux... au travail même... Le monde dans lequel j'espérais entrer, au fond c'était comme un grand trou noir surtout. Là je changeais de route. Je le souhaitais ; quand tu penses à d'où je viens. Je souhaitais changer de vie mais quelle route pour y arriver !*

La normalité de la vie et la soumission au contrôle

Comment comprendre que cet effet de sape des médicaments, la perte ou la dilution de l'énergie de Jean, puisse être associés avec son auto-labellisation comme toxicomane ? Et comment comprendre entrée dans la toxicomanie ?

L'étiquette d'alcoolique — si ce n'est le diagnostic d'alcoolisme — a quasiment depuis toujours été affublé au personnage de Jean : par les institutions de l'aide sociale, par ses copains et amis, par ses compagnes... Mais de façon quelque peu paradoxale peut-être, cette étiquette n'était pas quelque chose d'inquiétant pour lui. Ne serait-ce qu'indirectement, ses consommations d'alcool peuvent aussi être vues comme un adjuvant d'une attitude où il protège sa personne du regard des autres. Que ce soit comme condition d'agréation par des pairs ou comme possibilité de neutraliser autant que de supporter émotionnellement le poids de la critique et de l'autorité de l'autre, Jean sait d'expérience que cette étiquette d'alcoolique lui colle à la peau en quelque sorte. Elle est tout autant une violence symbolique que lui assènent les agents du contrôle social ; une disqualification humiliante de sa personne et de son style de vie ainsi que de ses origines socio-culturelles, qu'une protection pour Jean ; un moyen de trouver à s'associer avec d'autres en bandes et une façon de garder un contrôle sur les données de sa vie privée.

Pour les agents du contrôle social, nous l'avons dit, l'alcoolisation de Jean est pratiquement une donnée « naturelle » et qui, de ce fait, ne demande pas de véritable correction. Que ce soit au titre de l'inorganisation de sa famille d'origine, de sa faible scolarisation ou encore au titre de ses handicaps culturels, son alcoolisation a un statut d'évidence mais il n'en va pas de même avec les médicaments. Ainsi :

> *– l'assistante sociale du CPAS de X, quand j'ai commencé les médicaments, elle l'a remarqué... J'étais plus lent... Elle a mal pris ça surtout parce que je voulais pas en parler. Il y a un secret sur tout aux « AA » mais elle était pas d'accord avec ça. Ca devait pas être divulgué même pas à l'assistante sociale. Alors elle a fait un rapport sur mon compte à la direction. Après la mort de ma femme, dans les maisons d'accueil, ils ont commencé aussi à me poser des questions et des pourquoi je prenais des médicaments. Comme ils avaient ce rapport, ils m'ont même changé de maison parce qu'il y en a plusieurs dans le pays et que c'est la même organisation. Là, ils m'ont mis directement le rapport sous le nez et ce qu'il y avait dedans... J'étais irrécupérable qu'ils écrivaient dedans et j'avais une étiquette de drogué ! A ce moment-là j'ai compris que tout avait foiré. Alcoolique, ça va encore ; mais drogué aux médicaments, tout est foutu maintenant...*

L'alcoolisation de Jean, pour stigmatisée qu'elle soit, n'en est pas moins considérée comme « normale » compte tenu de ses origines et de sa trajectoire sociale. Mais les médicaments pour leur part sont tenus pour l'indice d'une anormalité chez cet homme qui avait un seul véritable souhait : être normal. L'échec du couple et de cet essai de normalisation sociale de Jean devient en fait le signe que *quelque chose ne va pas dans la tête* de Jean. Plus précisément encore, le passage de l'alcool aux médicaments correspond chez Jean à une diminution de la capacité à garder un contrôle sur les éléments de sa vie privée. Ainsi :

> – *il me faut de la protection. Avant, c'était l'alcool ou même au début les médicaments. Mais avec les médicaments, c'est le vide autour de moi... Les médicaments, j'ai aussi toujours voulu les cacher... Maintenant j'ai perdu la place que j'avais dans la société et j'ai une étiquette de drogué sur le dos... C'est vrai qu'ils savent tout de moi maintenant...*

Mais au fond, un des prix à payer à la normalité et à l'intégration sociales n'est-il pas d'être sommé de s'expliquer au sujet de sa normalité psychologique ou personnelle; de devoir rendre des comptes publics et d'accepter que sa vie soit également l'objet d'un contrôle? La sanction attribuée à celui qui échoue dans son projet de réussite et d'intégration n'est-il pas d'être taxé de perdant; de candidat tout désigné à l'échec?

MARTHE : DE LA VIOLENCE INSTITUTIONNELLE À LA PROTECTION PAR LES FEMMES

Avec la monographie de Marthe, nous sommes face à cette tâche qui consiste à devoir rendre compte, positivement, d'un mode de sociation — la famille mais élargie sur la base de l'autorité et surtout de la *protection de la mère* et des femmes plus en général —; d'un style de vie également où domine le *machisme des hommes* et ce dans la perspective d'une femme d'origine populaire.

Comme pour les autres monographies, les interrogations que soulève celle de Marthe sont entre autres les suivantes : sur quelles données repose l'échange social et quels sont les termes de la réciprocité entre les individus? Quels sont les effets de cet échange sur le processus d'individuation comme personne? Quel type d'individu — de *Typus Mensch* — produit-il et quelle solidarité? Quelle place les produits psychotropes peuvent-ils prendre dans un tel contexte sociétal et, dans le cas de Marthe, comment comprendre qu'elle en arrive à privilégier ce mode de sociation?

Le lieu géométrique de ces questionnements est peut-être celui-ci : l'élément sans doute le plus tranchant ou marquant de l'histoire sociale de Marthe — qu'il s'agisse ici de sa propre trajectoire ou de celles de ses parents — est à rechercher dans le *refus*, particulièrement explicite chez Marthe, affiché à l'encontre d'une éventuelle *appartenance au monde ouvrier*.

Ce refus pourrait certes être expliqué, négativement, en établissant la corrélation suivante : entr'autres données ponctuant sa trajectoire, Marthe ne détient aucun titre de scolarité; elle passe tout le temps de l'obligation scolaire dans la filière de l'enseignement fondamental et spécial et, de ce fait, elle saurait ou elle anticiperait que son intégration dans le monde ouvrier se solderait par son affectation à des tâches faiblement valorisées et ingrates. De cette façon, on expliquerait son refus comme étant un mécanisme subjectif ou personnel mais conditionné par sa position sociale dominée; et de nature conservatoire : comme un procédé par lequel Marthe opère un retournement de sa détermination sociale en une option personnelle afin d'éviter de devoir occuper une position basse au sein du monde ouvrier considéré comme une classe c'est-à-dire ici comme le lieu social où se concentrent les tâches les plus dominées ou dépendantes de la division du travail.

Cette explication nous semble insatisfaisante et ce pour deux raisons :

1. Elle repose sur l'*a priori* que Marthe aurait appris à valoriser les positions basses du monde ouvrier comme étant des positions ingrates et qu'elle serait déterminée à devoir occuper; et donc à éviter. *A contrario*, rien dans sa trajectoire ne permet de laisser augurer d'une telle valorisation négative et, par exemple, on ne trouve nulle part trace d'un projet d'ascension et de réussite sociales dont elle tenterait de différer l'échec. Certes Marthe et son compagnon tentent de *gagner leur vie* et de s'assurer une certaine aisance financière et matérielle mais cette préoccupation n'est guère assimilable ici à un souci d'élévation sociale. Par contre comme nous le verrons plus en détail dans la suite du traitement des données fournies par Marthe, on trouve dans son histoire de vie la valorisation d'une certaine forme d'*indépendance* si l'on veut bien comprendre par cette expression un souci d'*éviter les contraintes sociales*. Ce qui nous semble caractéristique du refus de Marthe d'intégrer le monde ouvrier est bien plus cette attitude qui vise à se soustraire, à vivre à l'écart des contraintes de la division du travail et d'une vie découpée en fonctions, que l'impossibilité ou la difficulté qu'elle aurait à avoir accès à l'une d'elles; d'avoir accès aux ressources de l'environnement collectif (impossibilité qui nous semblait être la marque d'Albert tandis que cette difficulté était surtout remarquable chez Jean).

2. Cette explication sur le mode négatif et sur base du paradigme des classes sociales n'épuise pas par ailleurs l'entièreté de l'information fournie par Marthe. Marthe ne manifeste pas seulement un refus du monde ouvrier considéré comme une classe c'est-à-dire et pour l'essentiel comme un lieu d'affectation des activités professionnelles les plus ingrates; mais aussi un refus du monde ouvrier considéré comme une communauté de vie, de valeurs ou de traits de personnalité. Nous tenterons de montrer que ce que Marthe refuse dans cette communauté, c'est une certaine formule d'individuation : un égoïsme des individus qu'elle y repère, ne serait-ce que de façon ténue et qu'autorise une solidarité fondée sur le découpage fonctionnel de la vie quotidienne. En clair, aux yeux de Marthe, le monde ouvrier n'est pas (ou n'est plus) vraiment une communauté c'est-à-dire un ensemble de personnes où règne une solidarité de base; un ensemble d'individus altruistes ou capables de tolérer l'autre quel qu'il soit par ses traits personnels mais plutôt une collection d'individus à la recherche de leurs intérêts propres et utilisant à l'occasion les autres à cette fin. Plus concrètement, nous verrons que Marthe n'a de cesse pendant l'entretien d'opposer son style de vie à celui du monde ouvrier (en la personne de ses frères et sœurs) en soulignant la *quasi* impossibilité qu'a ce dernier d'offrir à Marthe ce qu'elle recherche avant tout : la *protection de sa personne par les autres*, grâce

notamment à une forte proximité émotionnelle avec eux (plutôt qu'une protection *face* aux autres comme dans le cas de la bande avec Jean et ses efforts pour contrôler les éléments de sa vie privée). De manière apparentée à cette recherche d'une protection par les autres et dans leur proximité, nous verrons aussi que la reconnaissance que Marthe attend des autres et qu'elle est prête à leur octroyer en retour repose avant tout sur un *code d'honneur* ou de moralité plutôt que sur l'idée d'un contrat social; nous verrons ainsi que Marthe évolue socialement dans le cadre d'une logique du *pardon* plutôt que dans celle d'une évaluation comptable des mérites de chacun.

Quel est par ailleurs l'intérêt de cette monographie pour notre objet de recherche?

Le cas de Marthe devrait nous permettre de mettre en évidence une figure singulière, une typification de l'entrée dans la toxicomanie au départ de la *dimension conflictuelle* du mode de sociation.

Tout comme chez Albert, le processus d'individuation est de faible amplitude chez Marthe; nous avions pu comprendre cette réalité, chez Albert, en considérant dans son cas le peu de différenciation sociale à l'œuvre et plus précisément encore sa position colonisée en regard de la structuration des interactions familiales. Nous avions également pu comprendre, chez Albert, que sa recherche de fusion et la forme dyadique de sociation qu'il privilégie étaient congruentes avec cette faible individuation. Enfin, que son entrée dans la toxicomanie, instrumentalisée par les consommations de médicaments psychotropes, s'apparente à une conduite suicidaire non accidentelle c'est-à-dire qu'elle correspond à une diminution accrue de ses possibilités d'individuation et qui trouve son origine dans sa mise à l'écart de l'échange social; son rejet.

S'il nous était possible de quantifier dans l'un et l'autre cas cette amplitude du processus d'individuation, nous serions peut-être amenés à coter de façon égale l'individuation d'Albert et celle de Marthe. Ainsi Marthe, comme Albert, adopte des comportements suicidaires et comme lui elle fait preuve de beaucoup de difficultés à circonscrire ses besoins plus personnels. Mais la configuration générale de ses attitudes diverge de celle d'Albert. A l'inverse de ce dernier, les interactions dans lesquelles Marthe évolue sont de nature fortement conflictuelle. Nous tenterons de montrer que pour Marthe ces affrontements sont autant d'occasions d'opérer des classements des individus et le repérage de ceux avec lesquels elle est prête à interagir; et par ce biais, d'induire des différences dans sa communauté de vie en distinguant par exemple les bons des mauvais, les protecteurs des agresseurs et ainsi de suite. Par cette dimension conflictuelle de l'échange social, Marthe trouve une réponse à certains besoins plus personnels et plus précisément encore elle parvient à associer ses besoins de protection et l'action protectrice de telle ou telle personne.

Nous tenterons également de montrer que la violence qui caractérise sans conteste l'échange social peut se comprendre tout autant comme une conséquence du peu de différenciation à l'œuvre dans sa communauté de vie que comme une possibilité d'asseoir une réciprocité — entre les femmes surtout —; et l'entrée dans la toxicomanie, dans le cas de Marthe, s'opère dès le moment où ses consommations hypothèquent cette attitude conflictuelle et cette réciprocité ; dès le moment où *l'ordre chimique des médicaments l'emporte sur le désordre de la sociabilité* et la solidarité active entre les femmes.

1. La détermination des attitudes et des valeurs

Si l'on se réfère à des travaux tels que ceux de Donzelot (1977) ou encore de Verdes-Leroux (1978), il ne fait guère de doute que pour ces courants de sociologie critique et qui prennent sous leur loupe la notion de contrôle social, le maître mot qui chapeaute le style de vie de la bourgeoisie est celui d'ordre.

Dans une même direction d'idées, *dans la société bourgeoise*, dit Sahlins (1980), la production matérielle est le lieu dominant de la production symbolique; et *le caractère unique de la société bourgeoise consiste non pas dans le fait que le système économique échappe à la détermination symbolique mais dans ce que le symbolisme économique est structurellement dominant*. L'ordre bourgeois serait à *dominance fonctionnelle* et, en séparant ou en segmentant la vie quotidienne en *sphères fonctionnelles* et *organisées isolément en systèmes à finalités particulières* mais subordonnées aux exigences de l'économie, la bourgeoisie imposerait son ordre — celui de la rationalité de l'agent économique au sens large du terme — à l'ensemble des sphères d'activités et des classes sociales, jetant ainsi un voile sur la connaissance des *différences de projet institutionnel* et des *modes différents de production symbolique*.

D'entrée de jeu lors de notre entretien, Marthe et de façon bien concrète cette fois, nous met en garde face à l'altérité de son style de vie et qui est bien distant de la modélisation dominante décrite par Sahlins :

> *— j'adore ça. J'adore la caravane. Je vais pas dire camping parce que vous comprendriez pas. J'adore voyager. Maintenant on bouge plus depuis un an et demi. Avant on a vécu dix ans dans une maison mais on partait beaucoup avec la caravane. On allait à une place puis à une autre. Mais pour la petite ça s'arrangeait plus parce que c'était pas bon de la changer d'école à école que l'assistante sociale elle nous disait et on a*

resté dans la maison pour être plus stable; pour que la petite elle peut continuer tranquillement ses études. Mon compagnon il était entrepreneur sur les toits et on faisait les villages et comme il était directement sur le travail à faire et sans attendre... Il cherchait après le travail et faisait le travail tout de suite. Commandé; et rouf, c'était fait! Et tous les jours il partait et il avait comme ça du travail chez les gens. On appelle ça chiner chez nous autres. Son frère Paul allait chercher le travail à l'avance et mon compagnon il le faisait avec le beau-fils de son frère; c'est-à-dire que c'est le fils de la deuxième femme de son frère quoi.

Et :

– je savais pas où j'aboutissais moi quand je suis allée vivre chez lui. Quelle ambiance au début... Il fallait aller vite parce que leur système de vie va plus vite que n'importe quoi. Comment expliquer ça ? Allez; pour commencer, ils déjeunent jamais ces gens-là. Prennent pas le temps de faire ça. Puis à midi, on se mange une petite tartine. Enfin; quand on a faim. Puis c'est le ménage sans arrêt; il y a toujours quelque chose à faire. Tout est toujours tout retourné hein! Pas d'horaire non plus; on vit carrément au jour le jour. C'est ça que je veux dire : si j'ai faim, je vais dans le frigo et je me mange une tartine à n'importe quelle heure. Il y a pas d'heures fixes. Pas d'heure pour aller dormir non plus mais on se levait pas à n'importe quelle heure non plus; ça faut dire! L'heure du lever était toujours là. Quand mon compagnon travaillait à l'usine... on se levait à cinq heure mais l'usine ça a pas duré longtemps hein! Il aimait pas ça; pas libre assez et toujours quelqu'un sur le dos... C'est le style forain ça; on a toujours laissé nos papiers à la vadrouille et on s'occupait de rien sauf de ce qui nous regarde. On payait ou on ne payait pas...

Un espace social de liberté

Autant la prétention à l'excellence sociale chez des informateurs comme Pierre, Robert ou encore Muriel — nous le verrons ultérieurement — était forte, autant dans le cas de Marthe la candeur avec laquelle elle évoque ces éléments de son style de vie était importante. Mais outre l'exotisme peut-être de ce milieu de vie et pour marginal et hors normes qu'il soit, comment ne pas constater qu'il est aussi un *espace social de liberté* : une scène de jeux où les contraintes d'une intégration fonctionnelle de ses acteurs sont grandement desserrées.

S'agit-il d'un milieu populaire; d'un milieu de vie défavorisé en ce qui concerne la détention ou l'accès aux moyens dont légitimement on ferait usage dans l'hypothèse de la compétition socio-économique ? Sans aucun doute; mais qu'importe puisque aux yeux de ces personnes, le jeu de la compétition est d'abord l'affaire des autres et que l'on ne se considère pas comme partie prenante dans le bras de fer et la confrontation sociale qui les opposent.

Marquer ses différences

Un des premiers objectifs pour les individus évoluant dans ce milieu de *forains*, est de se singulariser des autres acteurs sociaux; d'indiquer les lignes de démarcation les séparant comme un sous-ensemble et qui se tient à distance de la compétition sociale.

Ce procédé de marquage du territoire de Marthe et des siens — ce procédé de différenciation sociale — se déroule principalement face à d'autres qui, occupant les fractions les plus basses du monde ouvrier, entrent en concurrence avec le milieu de Marthe ; plus exactement encore, avec ceux qui, pour l'observateur que nous étions, font encourir à Marthe un haut risque d'amalgame. Par ailleurs la proximité positionnelle de Marthe et le risque d'amalgame de son univers social avec les milieux ouvriers populaires rendent difficile cette différenciation au départ de considérations strictement matérielles ; au départ des modes de vie si l'on comprend par cette expression les conditions d'habitation, l'utilisation de certains marqueurs tels que les vêtements ou la profession exercée et ainsi de suite. Pour Marthe, les différences les plus tranchées se marquent avant tout par une certaine stylisation des existences quotidiennes et elle mentionne à sa façon ce qu'elle a pu observer et éprouver comme différences entre ces deux styles de vie : des différences dans la vitesse des temps sociaux, leurs spécialisations et leurs standardisations comme par exemple celui des repas et des travaux ménagers. Enfin, ce sont aussi des différences en terme de moralité sociale qu'elle signale également et on notera aussi que le peu de moralité que Marthe met au passif des milieux ouvriers et populaires a à voir avec le découpage fonctionnel de la vie quotidienne ; l'ordre de la fonctionnalité qui y règne, celui qui émane de la segmentation des activités de la vie de tous les jours, est à l'origine d'un désordre dans la solidarité communautaire :

> – *avec mes frères et mes sœurs, il y a des ententes et des mauvaises ententes hein! Disons que j'ai pas le même caractère qu'eux déjà. J'ai une autre mentalité... De toute la bande, je suis la seule à être retombée chez les forains. Parce que tous les autres ils se sont mariés avec des ouvriers ; des ceux-ce qui restent sur place. Y a que moi qui est revenue dans le même milieu que mon père. J'ai connu mon père qu'il était dans les ferrailles mais il était forain. Moi je suis foraine aussi. On garde ce nom-là hein! Gitan ; je dirais pas parce que je n'aime pas trop ça. Mais mon père il est d'une descendance de gitan ; mais très loin. Mais il est forain vu que il a toujours été dans des cirques et dans des foires. Au cirque par exemple, il était fakir et ma mère le suivait partout de patelin en patelin...*

> – *(parlant de ses sœurs) Madeleine ; elle travaille dans une usine. Ouvrière qu'elle est et son mari Joseph qui est dans une carrière lui ; qu'il casse des gros blocs de pierre. Josiane ; elle travaille pas et que son mari est entrepreneur à son compte ; il est soudeur à l'arc de l'aluminium. Liliane ; elle tient un hôtel de passes. Je sais pas comment vous voulez qu'on appelle ce métier-là? Moi, j'ai toujours dit qu'elle « faisait la vie » ; c'est toujours été le nom que je lui ai donné à Liliane. Ca fait toujours des problèmes ça quand moi j'y vais. Lucien lui ; il a marié mon autre sœur et il est dans une usine ; des papiers d'aluminium qu'il fait... je sais pas comment on appelle ce qu'il fait mais, enfin, il est ouvrier aussi quoi... Alors, il y a aussi Claudine et son Jean qui font rien. Enfin*

ils font aussi dans la ferraille mais ils sont pas comme nous autres! Font ça tout seuls à eux deux... Jacqueline; qu'est ménagère et que son mari est maçon à son compte comme le mari de Josiane. Jacqueline elle fait la vie aussi. Même qu'elle et Liliane, malgré qu'elle a son mari qui travaille, elles sont tout le temps ensemble; parce qu'elles font leurs coups ensemble. C'est leur métier quoi. Si elles avaient pu me pousser dans le métier qu'elles font, il y a bien longtemps qu'elles l'auraient fait et pour l'argent encore bien! J'avais pas à peine dix-huit ans qu'elles essaient déjà de m'avoir...

– tu n'as pas l'air de les apprécier beaucoup...

– *ah! non alors. Ils vivent tous pour eux. La Liliane, il suffit que son mari il lui tourne le dos parce qu'il part travailler à l'extérieur et alors elle fait ce qui lui passe par la tête. C'est ça que j'aime pas. Avec Josiane, ça va pas non plus. Quand on se voit, ça fait toujours des bagarres et avec Janot son mari aussi... Et puis il faut dire qu'ils ont une dette de je sais pas combien qu'ils doivent à mon ami et ça a été la catastrophe quoi vu qu'ils savaient pas le rembourser. Ils nous ont pas respectés quoi; une parole c'est une parole pour nous autres; pas pour eux. Alors Liliane je m'entends pas avec vu qu'elle a déjà un langage qui est plus le même que le nôtre; c'est déjà plus le même si vous voulez. Elle est plus vulgaire; elle met son nez dans les affaires des autres et qui la regardent pas. Nous aussi on fait parfois ça mais c'est pas pareil vu que chez nous on se fait pas des cachotteries et tout ça; tout le monde sait de tout le monde et ça c'est pas le même non plus. Parfois on sait pas pour qui ils se prennent; parfois qu'ils me faisaient la morale parce que ils ont une vie qu'est plus en ordre mais c'est quand même chacun pour soi; voilà là.*

La réciprocité : autorité des femmes — machisme des hommes

Que retenir de ces longs extraits et comment comprendre les bases sociologiques des différences qu'évoque Marthe par son récit?

Si l'on prête son attention, dans un premier temps, au contenu même de l'information fournie par Marthe, on constatera tout d'abord qu'à ses yeux c'est-à-dire selon l'évaluation qu'elle fait du style de vie des autres membres de sa fratrie, le monde ouvrier est largement dévalorisé; les qualités qu'elle concède aux individus sont de nature négative.

Dans un second temps et bien que Marthe ne soit pas tout à fait explicite sur cette question, on pourra constater que ce que Marthe reproche au monde ouvrier, qu'elle connaît par l'intermédiaire de sa fratrie, c'est le fait de ne pas ou de ne plus être un partenaire crédible de l'échange et de la réciprocité. Certes ce reproche est net dans le cas de la dette que ne rembourse pas le couple constitué par Josiane et Janot. Mais nous tenterons de montrer qu'il est possible de comprendre que ce reproche concerne également la prostitution des deux sœurs; et plus généralement encore, ce qui est choquant, pensons-nous, aux yeux de Marthe et l'objet de sa désapprobation, c'est bien moins la nature de leurs activités sexuelles ou les écarts à la fidélité conjugale, qu'un décalage, une «anomalie» dans la manière avec laquelle les personnes s'associent entr'elles dans ce milieu et en regard de ce qui se passe dans celui de Marthe.

Notre première préoccupation sera donc de mieux cerner les fondements sociologiques de l'indignation de Marthe à l'encontre de sa fratrie. Nous pensons pouvoir comprendre ces réprobations et les différences que Marthe souligne, comme étant le résultat de la forme de sociation adoptée dans le milieu de forains où Marthe évolue. Cette forme de sociation repose notamment sur une *réciprocité entre l'autorité des femmes et le machisme des hommes* c'est-à-dire et dans la perspective de la femme qu'est Marthe, sur une relation de forte complémentarité entre la protection et l'autorité morale des femmes d'une part et d'autre part la force physique et la violence des hommes — forme qui, dans l'observation que Marthe fait du monde ouvrier, y est défaite ou altérée dans le sens d'une moindre complémentarité entre les sexes et d'une plus large autonomie des hommes comme des femmes.

Le groupe des femmes comme structure d'affiliation

Nous avons déjà montré à voir que dans le milieu de vie de Marthe, l'intégration fonctionnelle des individus n'est pas à proprement parler une exigence ou une contrainte de la vie sociale. En se tenant à l'écart ou en marge de la société globale c'est-à-dire à l'écart de la division du travail, de la compétition inter-classes autant que de la rationalisation bourgeoise des faits et gestes de la vie quotidienne, il apparaît comme peu valide de considérer pour acquise ou pertinente, la réalité d'une définition normative des rôles psycho-sociaux ainsi d'ailleurs que la segmentation de l'existence individuelle en rôles autonomes; sauf bien sûr, au nom de cette rationalité, à considérer le milieu de vie de Marthe comme dé-structuré ou a-structuré, a-nomique. Reste cependant qu'en échappant à une solidarité de type organique, collective et fondée sur la spécialisation de chacun, se pose la question de savoir comment s'établit concrètement une solidarité entre les individus et quels sont les termes de l'échange social, du processus nomique, de leur sociation?

En accréditant les informations fournies par Marthe, une première tâche consiste à bien circonscrire le sens que peuvent prendre les liens de parenté dans ce milieu. Les liens biologiques et de filiation d'une part et les alliances matrimoniales de l'autre sont valorisés de façon fort semblable; ces liens débouchent en fait sur deux communautés distinctes : celle des hommes et celle des femmes. Dans ce cas donc, les liens de parenté, au sens large du terme, sont bien moins une structure d'interdiction, une façon de circonscrire ou de clôturer l'échange social autour d'un nombre plus ou moins défini d'individus et selon leurs états, qu'une structure ouverte ou d'affiliation; et ce, particulièrement pour le groupe des femmes. Ecoutons Marthe évoquer cette ouverture et cette possibilité d'affiliation :

> – (la mère de son compagnon de vie) *justement... c'était une des seules personnes qui était toujours chosée avec moi... à qui je pouvais avoir confiance... elle avait eu six enfants et perdu trois autres... je suis un peu sa fille si vous voulez...*
>
> – *j'aime bien ma mère parce que c'est ma mère mais pas de la même façon...avec ma belle-mère, j'étais là pour tout hein! J'avais son téléphone et j'habitais pas loin de chez elle puisqu'on avait la caravane dans sa cour. Elle m'appelait pour tout; j'étais là. Tout ce qu'il lui fallait, c'était moi qui pouvait le faire et personne d'autre parfois. Et je vais carrément dire : j'avais une préférence sur ma belle-mère que sur ma mère!*

Certes, Marthe a une position quelque peu privilégiée auprès de la mère de son compagnon; mais la proximité géographique entre les deux femmes ne devrait pas faire perdre de vue un principe structurant leurs relations : les liens de parenté sont bien moins ce qui autoriserait et ce qui interdirait la reconnaissance entre femmes, qu'un canal possible et par lequel les femmes sont mises en contact et en arrivent à apprécier les qualités personnelles de l'une ou de l'autre. Une fois cette mise en contact réalisée, les relations entre les femmes ne sont guère conditionnées par les liens de parenté; elles peuvent exister après un divorce ou une séparation par exemple ou, à l'inverse et comme dans le cas de Marthe, s'instituer malgré, pourrait-on dire, ou avant la consécration officielle d'un lien de parenté par le mariage. En fait, les liens de parenté sont peut-être moins des traits de structuration de la vie quotidienne et qui dictent les contacts à avoir avec telles ou telles personnes dans ce milieu social, qu'une opportunité parmi d'autres sans doute; et, une fois mises en présence les unes aux autres, la reconnaissance entre femmes se fonde sur un ensemble de sympathies ou d'antipathies plus personnelles; sur un principe de *symétrie* entre les femmes : une reconnaissance mutuelle des mêmes goûts ou des mêmes traits de tempérament et ainsi de suite.

Marthe donne des exemples pendant l'entretien où cette symétrie, cette reconnaissance des mêmes, est à l'œuvre comme principe structurant les interactions entre les femmes. Ainsi, avec les extraits qui suivent, ce sur quoi insiste Marthe, est bien moins l'éventuelle complémentarité d'une relation mère/belle-fille par exemple; ou encore une «normalité» ou une rationalité, entre autres de nature psychologique et qui réglerait une collaboration et une division des tâches entre la femme qui soigne et élève sa fille et cette dernière qui respecte cette position haute; mais bien cette symétrie de la reconnaissance inter-femmes dans le présent des interactions :

> *— ma belle-mère je l'aimais beaucoup vu déjà qu'elle me donnait assez bien d'affection...*
>
> *— c'est une chose que je m'explique encore bien tiens! Je n'ai jamais su ce que c'était d'aimer vu que j'ai été placée dans des homes et qu'on m'a placée que j'avais deux mois. J'ai été placée toute ma vie. C'est quand j'ai eu ma propre gamine que là j'ai pu dire : «ah ben c'est ça!»; sinon je ne savais vraiment pas;*

Et :

> *— pour finir, je crois même qu'elle aimait encore mieux ses belles-filles que ses propres filles... Par exemple, avec ma deuxième belle-sœur, je veux dire avec la deuxième femme de mon beau-frère, ce n'était pas... enfin, ça allait... mais il y avait tout de même quelque chose qui n'allait pas parce qu'elle n'a pas toujours été gentille avec ma belle-mère. Elle lui faisait des reproches parfois qu'elle buvait de trop; or ma belle-mère se buvait des bières pas parce qu'elle était alcoolique mais pour pouvoir manger vu qu'elle avait un cancer du fumeur dans la gorge. C'était pour s'aider à manger mais ça elle le croyait pas ce qui fait que quand mon beau-frère rentrait le soir, c'était des «maman a bu» et des histoires. Si vous voulez, elle faisait des reproches qu'elle aurait pas aimé recevoir à sa place; ça va pas ça.*

L'exposition de soi aux qualités de l'autre

Ce principe de symétrie et qui fonde la solidarité entre les femmes — et que l'on repère clairement dans les données fournies par Marthe : je te donne ce que tu me donnes; j'éprouve ce que tu éprouves pour moi et je te réciproque tes sentiments et ainsi de suite — est bien un principe plus communautaire que collectif dans la mesure où il rend possible des mécanismes d'identification ou d'imitation des femmes entre elles. Il se distingue ainsi d'un principe de complémentarité — l'addition ou l'imbrication fonctionnelle des différences individuelles — et qui règle plus typiquement, selon Marthe, la solidarité entre les hommes : *ils sont parfois moins vicieux*, dira-t-elle des hommes, *vu qu'ils travaillent déjà plus ensemble.*

Ce principe de symétrie du côté de la communauté des femmes est sans doute une clef importante et permettant de comprendre comment se distribuent les attitudes adoptées par les femmes ainsi d'ailleurs que pour la compréhension de la répercussion émotionnelle de certains épisodes de la vie quotidienne.

Une première conséquence de cette symétrie est de n'autoriser qu'un relatif ou *faible contrôle* des faits et gestes de chacune. Plus exactement, la possibilité de contrôler une situation d'interaction se borne ou se limite à la réciprocité symétrique; si ce principe de symétrie n'est pas respecté, l'action ou la critique de l'autre s'apparente à une violence ou à une attaque personnelle et directe. Somme toute, les femmes et Marthe en particulier, n'ont guère le bouclier ou la carapace des rôles psycho-sociaux pour se protéger des autres. Marthe signale ce type de conséquence avec l'exemple de la relation entretenue par sa belle-mère et une autre belle-fille : à la sollicitude ou à la gentillesse de l'une devrait correspondre la sollicitude ou la gentillesse de la seconde et l'évaluation de cette réciprocité devrait laisser dans l'ombre la question d'un éventuel contrôle normatif qui n'est d'ailleurs pas isolé dans sa pertinence. Du moment que la réciprocité symétrique est vérifiée et respectée, la question de la standardisation ou de la normalité des faits et gestes de chacune devient secondaire aux yeux de Marthe ; qui plus est — comme avec cet exemple où la belle-mère est dénoncée par sa belle-fille dans ses pratiques de consommation de l'alcool — le contrôle normatif risque de miner tout autant la réciprocité que l'équilibre émotionnel des femmes.

Marthe, à d'autres moments de l'entretien, mentionne des informations qui corroborent cette compréhension. Ainsi en début d'entretien, elle dira qu'elle *a peur de se tromper* dans les réponses qu'elle donne à la suite de nos questions et qui concernaient les caractéristiques de telle ou telle personne ; parce que *quand on a fait une gaffe*, dit-elle, *on sait pas parfois comment faire pour se réparer*. A l'inverse du principe de la complémentarité des différences individuelles, celui de la symétrie ne permet guère de faire des erreurs ; non plus de mettre en place des procédures de correction, d'adaptation ou encore d'ajustement normatif aux rôles qui doivent être tenus. A d'autres moments et tout particulièrement lorsqu'elle évoquera le personnage de sa mère et le peu d'affection et de reconnaissance qu'elle en a reçu par le passé, Marthe ne lui fera pratiquement pas de reproches ; elle ne l'accuse ni ne l'excuse d'ailleurs mais dans un moment de colère, elle dira en haussant le ton qu'elle *n'est plus sa mère* et le contentieux est ainsi clos pour Marthe autant que la relation d'ailleurs. Enfin à d'autres moments encore — et nous comprenions mieux ici ce qui fonde à ses yeux l'évaluation négative qu'elle faisait du style de vie de ses sœurs — Marthe disqualifie et porte un jugement de désapprobation à l'encontre de celles qui *se mêlent des affaires des autres* et qui, par là, contrôlent les faits et gestes des autres et donc les attaquent personnellement en lieu et place de réagir avec sollicitude.

Effacer les fautes plutôt que corriger les erreurs

Une seconde conséquence de cette symétrie de l'échange social entre les femmes : elle inaugure ce que l'on pourrait appeler une *logique du pardon* (de la même façon qu'il serait fait allusion à une logique du ressentiment dans le cas des classes moyennes qui se voient comme brimées dans leur projet de *leadership* sociétal). Qu'est-ce à dire ?

Pour une femme qui entre dans la communauté féminine, non seulement se soumettre aux règles de l'échange social mais aussi le fait d'arriver à entrer dans cette réciprocité symétrique c'est-à-dire d'arriver à percer la connaissance de ce à propos de quoi il convient de ne pas réagir négativement et avec réprobation, est parfois une opération difficile. Ce sont des mécanismes d'imitation et d'identification qui dominent dans ce cas plutôt que la prise de connaissance des standards de comportement et dont on peut être informé par quelqu'un qui introduit la nouvelle venue dans la communauté.

Cette révélation de la symétrie (plutôt que son initiation ou son apprentissage) se fait pas à pas et demande du temps. Comme le fera remarquer Marthe, être au fait de ce que suppose ce type de réciprocité est à la source d'inévitables faux-pas tels qu'*on sait pas se réparer*. Dans ce cas donc, la symétrie de l'échange social n'est pas acquise d'emblée ou rapidement et s'il fallait sanctionner les erreurs faites, la réciprocité risquerait d'être reportée aux lendemains.

Il faut donc compter avec le *temps* pour que l'incorporation d'une nouvelle partenaire dans cette forme de sociation se fasse ; et l'on comprendra ainsi que la sollicitude ou que la gentillesse affichée à l'encontre d'une nouvelle venue soient non seulement des sentiments ou des affects personnels mais aussi des formules du pardon des erreurs faites par la novice ; une attitude structurelle rendant ce type de réciprocité possible tout autant — et si pas plus, dans notre perspective d'analyse — qu'une disposition psycho- culturelle propre aux milieux populaires (leur permissivité foncière, l'absence d'une loi symbolique ou encore le caractère maternant des matrones populaires).

Cette logique sociale du pardon est par ailleurs une aubaine pour les jeunes qui sont encore soumis aux pratiques éducatives des aînés puisqu'elle autorise une déviance « à la marge » en quelque sorte ; récurrente et à tout le moins le crédit, même devenu adulte, de l'erreur et du faux-pas. Autre particularité du pardon des erreurs : ce sont bien moins des actes c'est-à-dire le contenu normatif de tel ou tel comportement qui seront pris sous la loupe du contrôle, ni des propositions de correction ou de réparation qui seront faites en réponse aux faits déviants mais bien le souhait de voir le déviant s'amender et s'excuser du fait d'avoir oublié les principes de symétrie de l'échange tel que par exemple le respect de l'autre, le sens de l'honneur filial ou de l'esprit de famille. Une fois amendé et pardonné, la réciprocité pourra être restaurée mais c'est l'ensemble de la communauté qui fera les frais ou qui paiera le prix de l'erreur individuelle.

Une proximité émotionnelle

Ce mode de sociation communautaire des femmes et qu'institue une reconnaissance sociale fondée sur la symétrie de l'échange, conduit les femmes à adopter une position interactionnelle faite d'une proximité émotionnelle forte.

Ce n'est pas exactement d'une attitude fusionnelle dont il est ici question dans la mesure où l'on ne nie pas qu'il existe des différences d'individuation et d'expérience de vie entre les femmes (Marthe dira ainsi de sa belle-mère que cette dernière l'appréciait d'autant plus par ce qu'elle *avait vécu par le passé dans les homes*); mais ces différences sont laissées à l'arrière plan des échanges au bénéfice de ce qui, dans le présent des interactions, est commun et symétriquement échangé. Encore une fois et au risque de nous répéter, la cohésion du groupe des femmes repose moins sur une solidarité entre personnes différentes et complémentaires que sur la reconnaissance mutuelle des points communs. De façon plus générale, on restitue en actes et à l'autre ce que l'on reçoit de l'autre; qu'il s'agisse de la sollicitude, de marques de gentillesse ou d'agression, de tendresse et de violence d'ailleurs. Marthe donnera divers exemples qui soulignent cette proximité émotionnelle; ainsi :

– *quatre jours après la mort de ma belle-mère, j'ai fait une tentative de suicide. Je l'avais pas supportée sa mort.*

– *Avec Lucien* (un beau-frère) *j'ai un bon terme... Même de trop je crois... On a eu un petit peu des amourettes si on veut. Ca devait arriver de toute façon. Mais ça va tant que mon ami il sait rien. Parce qu'il l'a jamais su. Disons que j'étais malheureuse à cette époque-là et j'ai eu l'occasion de... d'être un peu avec lui quoi. Quand j'étais petite, j'étais déjà souvent avec lui et il m'a jamais repoussée en étant enfant et pour finir, et bien, il y a eu cette liaison.*

C'est aussi au nom de cette proximité et de la symétrie de l'échange que Marthe disqualifie les agissements sexuels de ses sœurs; en étant payées par leurs partenaires sexuels, elles mettent un terme à l'échange.

Matrilocalité et autorité des femmes

Pourquoi parler de l'autorité des femmes? On constatera d'abord que, à en croire les propos de Marthe, ce sont les femmes qui détiennent la véritable maîtrise de l'environnement; sur la façon dont va la vie. Ce sont les femmes qui d'ordinaire règlent les différends par exemple et nous ne reprendrons ici que deux cas évoqués par Marthe et qui montrent combien les femmes gèrent et contrôlent la réalité sociale; ils révèlent aussi le caractère matrilocal du milieu de vie de Marthe :

> – c'est la mère de Guillaume, mon compagnon, qui était dans le coup avec mon père pour nous faire rencontrer et nous mettre ensemble. Elle croyait que j'étais bonne pour lui.

Et :

> – après dans le couple, ça a été des coups et des misères. On se battait pour finir à coups de tasses et de tout ce qui avait sous la main. Ca devenait catastrophe et il y a à peine cinq ans que Guillaume il s'a calmé. Depuis, il boit plus. Depuis qu'il a passé un procès. Pas un procès ; mais il a passé au tribunal pour coups et blessures contre moi et comme il a des années en sursis, il a jamais plus touché...
> – tu avais porté plainte contre lui ?
> – non ; disons que... je sais pas d'où ça vient mais il s'a calmé tout d'un coup. On aurait dit que le ménage se raccommodait là. Mais sûr qu'il y a quelqu'un qui s'est chargé de faire aller les choses un peu mieux. Quelqu'un qui s'occupait de nous pour nous raccommoder. C'est quelqu'un de la famille mais cette personne-là elle va pas dire : « c'est moi qu'a fait ça pour que ça va mieux »... Ma belle-mère elle s'y mettait aussi à parler avec Guillaume et à lui faire voir comment il fallait qu'il est avec moi.

Mais comment comprendre l'origine ou le substrat sociologique de cette autorité des femmes ? Certes et de façon négative, on pourrait avancer cette explication : le fait, pour les hommes, de se positionner en retrait de la société globale et de ne pas entrer dans le jeu de la compétition socio-économique ne leur confère pas d'autorité ou du pouvoir. Il nous semble cependant et positivement cette fois, qu'il est possible de formuler une autre compréhension de l'autorité des femmes : comme étant l'autre face d'une même pièce de monnaie ; comme étant le pendant féminin du machisme des hommes. Mais avant de prendre en considération cette hypothèse compréhensive, nous constaterons d'abord la pertinence du machisme masculin.

Violence physique, labilité émotionnelle et protection des hommes

En fait avec cette expression — le machisme des hommes —, nous voudrions rendre compte de l'existence, dans le chef des hommes, d'une attitude virile un peu particulière : faite de brutalité et d'imposition de leur force virile d'une part mais aussi d'une certaine vulnérabilité ou fragilité émotionnelle d'autre part. Ainsi selon Marthe :

> – une chose qui a changé ma mère sûrement, c'est qu'elle a marié un forain et la vie n'est pas la même. Elle venait d'un monde d'ouvriers et elle a redescendu dans un monde de cirque... Alors quand elle a connu mon père, ... elle était enceinte de six mois quand elle s'a mariée puis il y a eu 17 enfants en 17 ans. Sans arrêt! Mon père est à blâmer hein! parce que ma mère en avait peur. Il l'a battait souvent et plein, il chosait après et si elle voulait pas il la maquait carrément.

Et :

> – Guillaume, depuis qu'il boit plus, il pleure souvent.

Comme le signalera Marthe, le milieu de vie, sous l'influence des hommes, est un milieu rude où les agressions physiques sont monnaie courante ; mais, et c'est là l'autre facette du machisme, le pardon des femmes suivra leurs humiliations et surtout les excès masculins sont aussi des protections à l'occasion. Ainsi :

> *– dans la famille de Guillaume, je me suis endurcie ; beaucoup même. Ils sont durs et ça cogne parfois. Mais ils se laissent pas faire et marcher sur les pieds ! Ils m'ont appris à me débrouiller et à pas me laisser faire parce que quand j'ai connu Guillaume, j'étais fragile, timide et n'osant rien dire. Et sur quelques années de temps, je devenais une vraie crapule... méchante hein !*

La cohérence du machisme des hommes et de l'autorité des femmes

Ce que nous voudrions éclairer avec ce point, c'est un certain style de la vie quotidienne et qui préside aux relations entre les femmes et les hommes dans le milieu de vie de Marthe. Nous pensons en effet que cette stylisation de la vie de tous les jours est remarquable par la façon dont la consommation d'alcool peut s'intégrer et prendre place dans ce milieu de vie (nous y reviendrons ultérieurement).

Mariages d'amour, mariages arrangés ou de raison ? Il est bien difficile de mettre une étiquette sur la façon dont les partenaires se rencontrent et ce sur quoi repose leur sociation en couples. Mais on remarquera, avec Marthe, que cette sociation, plutôt que d'être instituée pour le long terme par le biais de l'institution du mariage et par celui de la valorisation de la fidélité conjugale, se doit plutôt d'être ré-alimentée ou ré-activée au quotidien par les jeux croisés des femmes et des hommes ; et la façon dont le couple de Marthe et de Guillaume est présenté fait plus songer à la répétition au jour le jour d'un couple identique à lui-même et tel qu'il était à ses origines, qu'à la transformation d'un couple coup-de-foudre en une famille par exemple. En clair : cette sociation est faite et re-faite sur des bases semblables et ce jour après jour ; et l'affirmation de la virilité masculine, l'autorité et le pardon des femmes sont les opérateurs de cette répétition.

Nous nous expliquerons au sujet de cette compréhension en reprenant ici les diverses séquences sociatives que Marthe mentionne elle-même.

Marthe a déjà souligné le rôle d'entremetteuse, en quelque sorte, que remplit sa belle-mère dans la rencontre qu'elle fera avec Guillaume. De façon un peu plus générale, on notera la position inconfortable dans laquelle se trouvent les hommes qui se cherchent un partenaire féminin : ils ont en face d'eux une communauté de femmes qui, sur le plan individuel, sont peu différenciées par le fait de la réciprocité symétrique qui règle ce groupe. Comment dès lors faire porter son choix ou ses préférences sur l'une d'elles en particulier ? La séduction ou la drague dans ce cas, ne sont pas des formules vraiment efficaces ; les qualités personnelles que l'on voudrait flatter chez une femme en particulier risquent d'être également présentes chez les autres et, aux yeux de l'élue du moment, l'attitude séductrice sera vite associée ou valorisée comme étant une attitude volage ; comme un donjuanisme ou comme une conquête dont elle risquera de faire les frais dans l'avenir. Les hommes par contre sont différents entre eux, ne serait-ce que par leurs capacités physiques personnelles et professionnelles.

Ce sont les femmes qui prendront le plus souvent l'initiative des avances amoureuses et sexuelles (et nous pourrions mettre cette attitude en relation avec cette réprobation des sœurs de Marthe : *elles en font de trop*, dit-elle de leurs avances). C'est sans doute là un autre attribut de leur autorité et du caractère matrilocal du milieu de vie que de faire comprendre à un homme particulier qu'il peut, sans s'y faire méprendre, se rapprocher d'une femme. Ecoutons Marthe sur cette séquence :

> – *un jour mon père m'a dit : « je vais chez le nain » ; c'est le surnom de mon mari chez les forains. Enfin de mon ami vu qu'on est pas marié et qu'ils ont tous un surnom les hommes dans ce milieu-là. « Viens avec » que dit mon père, « ça te plaira ». Je m'ennuyais et je suis allée avec lui... J'ai passé la journée là et puis j'y suis retournée seule cette fois et je lui ai demandé à Guillaume d'aller le lendemain au cinéma. C'est donc de ma faute tout ça... et on a courtisé trois semaines et puis on s'est mis en ménage. Il y a douze ans de cela.*
>
> – Vous n'avez jamais songé au mariage ?
>
> – *Au début je pensais à me marier. Puis je me suis rendu compte que c'était pas nécessaire puisqu'on s'aime bien comme ça. Guillaume il me montre tous les jours qu'il m'aime bien et qu'il veut bien de moi.*

Comment comprendre ce peu de valeur concédée au mariage comme institution ? En fait, pour Marthe, le devenir du couple n'est pas vraiment différent de ce qu'il est au présent et pour bien saisir cette valorisation du couple répliqué au jour le jour, il nous faut signaler une autre séquence de leur sociation. A partir du moment où la femme a bien signifié à son futur partenaire qu'elle est prête à plus de proximité avec lui, la tâche de celui-ci sera tout autant de l'extraire de la communauté des femmes que d'apporter la preuve, cette fois, que c'est bien d'elle qu'il voulait et qu'il veut toujours.

Quantité de petits événements de la vie quotidienne, mentionnés par Marthe, ont cette fonction de faire la preuve, dans le chef de l'homme, que c'est bien de « celle-là » qu'il voulait et qu'il ne s'est pas naïvement laissé entraîner par ses avances ou ses sollicitations. Ainsi chez Marthe :

– (le couple de Marthe et de Guillaume se forme peu de temps après la séparation de Guillaume d'avec sa première femme; et) *c'est moi qu'est venue la remplacer si on veut. D'ailleurs j'ai pas été bien accueillie au début par les sœurs de ma belle-sœur... par les sœurs de la première femme d'à Guillaume quoi; par Marie... Je ris parce que je vois que vous comprenez pas tout de suite... Ça c'est parce que j'avais pris la place de Marie... Je me méfie toujours de ses rencontres avec elle hein! Parce qu'il allait à Bruxelles pour le divorce et il restait parfois longtemps et j'avais peur qu'il se remette avec; c'est des choses qui arrivent aussi ça et plus souvent qu'on pense...*

Et :

– *il tient à moi Guillaume; même qu'il m'a trompé avec la belle-sœur...*

– comment cela?

– *Ma belle-sœur* (il s'agit toujours de Marie, la première compagne de Guillaume), *elle avait fait tout ce qu'il fallait pour le ravoir. Il n'était pas innocent là-dedans puisqu'il l'a fait; bien que si on veut, plus innocent qu'elle parce que pour l'avoir elle était prête à reprendre la petite... enfin, elle voulait avoir la petite dans le divorce pour être sûre d'avoir le père quoi. C'est ça que je veux dire : qu'il était pas vraiment coupable puisqu'il y avait la petite et qu'il l'aime bien sa gamine... Alors moi je voulais aller rester chez ma sœur; mais il a tellement fait de ses pieds et de ses mains que j'ai resté avec lui... Il a dû me choisir d'avec elle quoi... C'est ça que je veux dire qu'il tient quand même à moi...*

En l'absence de toute rhétorique des sentiments, on assiste dans le milieu de vie de Marthe à un véritable renversement de perspective si l'on compare le déroulement des transactions amoureuses dans le cas de Marthe et de Guillaume avec celles d'un milieu plus bourgeois dirions-nous. Dans le cas de Marthe, les péripéties de la vie quotidienne, les avatars de la jalousie ou même de la violence conjugale sont autant de prétextes à la mise à l'épreuve de la véracité de la sociation avec son partenaire. Les conflits en particulier ont cette fonction de réaffirmer la différenciation à l'intérieur du groupe des femmes et par les hommes; ils sont l'occasion de faire valoir que la réalité des couples dépend bien de leur bon vouloir.

C'est dans cette perspective générale pensons-nous, que l'autorité des femmes — la matrilocalité — et le machisme des hommes — l'affirmation brutale parfois de leurs virilités — sont bien les deux facettes d'une même réalité sociologique; où, par la confrontation des partenaires et l'explosion de conflits divers, par le pardon pour les femmes et par des choix pour les hommes, on apporte la preuve au quotidien que la sociation pourra exister aujourd'hui comme hier. Les femmes sortent différenciées de ces affrontements; réassurées de leurs singularités personnelles et qui les distinguent des autres femmes de la communauté. Les hommes quant à eux peuvent croire qu'ils dominent la situation et qu'ils ne sont pas des jouets ou des objets de la volonté des femmes.

2. La trajectoire de Marthe

Marthe est la cadette de 17 enfants dont neuf seulement resteront en vie au-delà des premiers mois après leur naissance.

Dès l'âge de deux mois et sur décision judiciaire, elle débute une carrière institutionnelle d'enfant de home dont nous ne détaillerons pas ici les avatars. On se souviendra simplement que pour Marthe, cette vie dans les institutions d'accueil est synonyme de violences (des brûlures de cigarette par exemple), d'humiliations diverses de sa personne (comme, à titre d'exemple, celle qui consiste à faire le tour de la cour de récréation en se couvrant du drap de lit qu'elle a mouillé pendant la nuit) et de vexations de nature concentrationnaire (la privation de nourriture au titre de punition par exemple).

De cette expérience, sensible s'il en est, elle retiendra des *réflexes* dira-t-elle : celui de fuguer lorsque le climat et l'ambiance de vie lui sont émotionnellement insoutenables et une aversion pour les *murs*; plus généralement, pour ce qui évoque une possibilité d'enfermement.

A 18 ans, et peu de temps après s'être mise en ménage avec Guillaume, lorsqu'elle est rendue à la liberté de ses mouvements, Marthe se découvre ce que l'on pourrait nommer ici une aversion *quasi* viscérale à l'encontre de toute formule d'introspection de nature psychologique. Pour elle, violence institutionnelle et recherche d'une rationalité (ou irrationalité) de sa personne, *c'est choux vert et vert choux*. A ses yeux toujours, la pratique du discours réflexif sur soi-même n'est en rien différent d'une procédure de domination et qui fait violence à sa personne. Ainsi :

> – j'avais peur de parler hein! Parce qu'on a peur là-dedans... Ici dans la cure, il y a beaucoup de choses qui me rappellent le home; des règlements et tout des bazars comme ça... et des «tu peux pas faire ceci» et des «tu peux pas faire ça»... Il y en a ici en cure qui me tapent sur les nerfs hein! Jusqu'au jour où je vais m'énerver. Quand je dis quelque chose, il faut toujours qui en a un qui rajoute ou qu'il démentit comme on dit. Un qui contrarie. Et ça recommence ici. Il y a pas d'avance et je finirai bien par lui plaquer quelque chose à la figure. Il faut quant même que je me tienne tranquille parce que c'est pas bon parfois d'être franche. Et moi je suis devenue franche; si j'ai quelque chose à dire, et bien, rouf, ça sort tout seul hein! et tant pis les dégâts.

A la sortie des homes et en incorporant le milieu de vie de son compagnon, Marthe, d'emblée, le trouve à son goût. Elle y trouve la protection physique de Guillaume qui, à l'occasion et s'il le faut, n'hésitera pas à se battre pour protéger sa personne de toute atteinte morale; la reconnaissance de sa belle-mère qui, au risque d'euphémiser les bases sociologiques de l'échange social dans ce milieu de vie, pourrait être assimilée à une reconnaissance maternelle; une reconnaissance bienveillante de sa personne et de son histoire de vie. Elle apprendra également à y valoriser l'alcool.

3. La fonctionnalité des produits psychotropes

Peut-on considérer que Marthe boit par atavisme populaire? Qu'il s'agit là d'un comportement collectif ancré dans une culture de la pauvreté ou dans une culture de la précarité; un handicap socio-culturel? Peut-être; mais plutôt que de faire usage d'une explication par trop évidente et sur base d'un paradigme largement de nature économique, nous tenterons ci-après d'attirer l'attention sur des données de compréhension et fournies par Marthe elle-même.

On signalera tout d'abord que pour Marthe, l'évocation des individus appartenant à sa famille et sur lesquels repose une étiquette d'alcoolique est une expérience pénible pendant l'entretien :

– il y en a beaucoup des alcooliques chez moi... Bon, allons-y vu que vous me posez la question. Liliane; elle boit plus vu qu'elle a une cirrhose au foie. Lucien; lui aussi il boit plus : cirrhose aussi. J'ai un frère, Maurice : 33 ans et alcoolique en plein. Bon... attendez encore un peu que je réfléchisse... Bon; alors Jacqueline; elle boit, elle se drogue et elle prend des médicaments. C'est bien ça que vous voulez me faire dire ? Je peux continuer hein! Bon; du côté de mon père, c'est pire vu qu'ils sont 21. Donc il y a encore plus des alcooliques de ce côté-là... Au fond, ce serait plus simple que je vous dise qui ne boit pas dans toute cette bande... j'aurais moins de risque de me tromper. Mon beau-père par exemple... lui, c'est aussi un buveur devant l'éternel. Guillaume lui, il boit plus... Bon et maintenant qu'est-ce que je fais? Je continue à vous les chercher tous?

Quel est le contenu de cette étiquette d'alcoolique? Et est-ce vraiment une étiquette en ce sens : l'imposition d'une différenciation du consommateur au sein de son milieu de vie et qui fait que l'individu que l'on singularise ainsi connaîtra un sort différent des autres et, peut-être, se percevra lui-même comme différent; ou plutôt et en tenant compte de l'inconfort de Marthe pendant l'entretien, une disqualification symbolique de l'ensemble du milieu de Marthe?

La consommation d'alcool comme comportement modal

La consommation d'alcool est avant tout un comportement normal ou modal au sens statistique de ces termes c'est-à-dire un comportement qui, du point de vue de son occurrence, se distribue dans l'ensemble du milieu de Marthe. Cette normalité statistique — le caractère unimodal de la consommation de l'alcool — concerne aussi bien les hommes que les femmes, les jeunes adultes et les plus âgés. Dans ce milieu social, le fait de consommer de l'alcool n'est guère le marqueur d'une différenciation ou d'une déviance individuelle qu'il conviendrait de prévenir ou de corriger par exemple. Pour le milieu de Marthe donc, l'alcoolisation régulière des individus (ainsi que les diverses rationalisations psycho-médicales qui pourraient servir à expliquer cette pratique : la recherche de l'ivresse, la perte du contrôle personnel sur l'alcool et ainsi de suite) n'est pas valorisée comme un risque *per se* de maladie physique ou mentale. Mais c'est après une longue période de temps que la maladie se constatera éventuellement et cette limite physique atteinte — par exemple une cirrhose —, on arrêtera de boire.

Chose étonnante s'il en est : l'absence d'une conception de type alcoolisme-maladie ou alcoolisme-déviance, semble rendre incongrue celle de l'alcoolisme-dépendance; une assuétude. Cette dernière possibilité, au fond, n'est pas reconnue dans son statut de réalité c'est-à-dire isolée ou cernée par ses manifestations spécifiques. Ainsi, à aucun moment Marthe ne signale l'existence, chez ceux qui ont arrêté de boire, d'une possible rechute ou d'une reprise des consommations après avoir pris la décision, personnelle et raisonnable, d'y mettre un terme.

La rationalité sociologique des consommations

A y regarder de plus près, on constatera ensuite que les pratiques de consommation d'alcool sont portées ou sous-tendues par la sociabilité du milieu; plus exactement encore, déterminées ou conditionnées par les principes qui règlent la sociation des individus. Mais c'est avec les suites de cette perspective d'observation que nous pensons que la logique sociale et qui préside aux pratiques de consommation de l'alcool, n'est pas uniquement et strictement celle d'un handicap socio-culturel (une logique précédée d'un *alpha* privatif); mais aussi et par ses effets, une logique positive où l'alcoolisation est au service de la sociation.

La façon dont Marthe relate sa rencontre avec l'alcool est un premier moyen d'objectiver ces deux facettes de la fonctionnalité de l'alcool : le mode de consommation selon les règles de sociation d'une part et d'autre part, dans le cas de Marthe, la consommation comme renforcement des attitudes sociales dans son milieu d'accueil.

Les premières prises d'alcool par Marthe se font sous le sceau de la réciprocité symétrique; ainsi :

> *– c'est assez dire qu'un jour j'étais sorti avec Guillaume. Et pour mon goût d'alors, je trouvais qu'il buvait de trop et je voyais que ça commençait à mal tourner. Ca fait que moi, je prenais ses verres et je me les buvais à sa place. C'est comme ça que j'ai commencé à boire moi.*

Nous pouvons retrouver ici des éléments du processus de sociation évoqué plus haut et ces caractéristiques attitudinales : 1. Face à un comportement évalué comme dérangeant ou encore face à une singularité individuelle qui dénote, l'autre n'entame pas une procédure de normalisation de celui qui se différencie ; et le lieu de sociation qu'est le couple dans ce cas, n'est pas l'occasion de dénoncer les faits et gestes de Guillaume ou de définir ce que Marthe attend de lui. Marthe dira ainsi qu'elle *n'a jamais eu l'habitude de juger* ce qu'elle n'a pas connu elle-même par le passé ; expression qui rejoint cette idée que chacun aurait à s'occuper de ses propres affaires. 2. La symétrie de la réciprocité plutôt que la complémentarité : Marthe consomme l'alcool qu'elle voudrait que Guillaume ne consomme pas.

Par la suite, Marthe fera l'expérience sensible que l'alcool l'autorise à entrer de plain-pied dans une sorte de turbulence de la vie quotidienne ; d'entrer dans le rythme rapide de l'existence quotidienne. *C'est l'alcool qui m'a fait parler*, dira-t-elle et elle souligne ainsi qu'avec l'alcool, elle saura elle aussi se fâcher et se montrer violente ; augmenter l'intensité des transactions entre les individus. A d'autres moments, l'alcool me calmait ajoute-t-elle ; il permet d'apaiser les chocs émotionnels endurés dans la proximité aux autres :

– *je me suis rendu compte bêtement que l'alcool pouvait me faire oublier la mort de ma belle-mère et celle de ma fille aussi. D'avoir du calme dans la vie.*

Enfin, les effets néfastes de l'alcoolisation ne sont pas si néfastes que cela. Certes l'alcool aboutit à des *catastrophes* dira Marthe : elle fugue et prend son enfant avec elle lors de ses virées ; les phrases qu'elle dit à l'autre sous l'effet de l'alcool sont parfois irréparables et *c'est frappant ce qu'on devient méchant avec ça*, dit-elle. Mais le fait que l'autre, malgré ces avatars et ces fautes, accueille de nouveau Marthe et lui pardonne, renforce sa conviction que ce couple et ce milieu de vie sont bien ceux qui lui conviennent. Au fond et en dépit des conséquences inconfortables de son alcoolisation, Marthe fait l'expérience qu'elle est une partenaire à part entière dans son milieu de vie ; qu'elle maîtrise le cadre de ses interactions avec les autres.

4. L'entrée dans la toxicomanie

Si, comme nous l'avons suggéré précédemment, l'alcoolisme quantitatif de Marthe n'a guère de véracité à ses yeux, comment pouvons-nous comprendre sa toxicomanie sur un plan plus qualitatif ? Nous tenterons de montrer dans la suite de l'analyse que l'auto-thématisation de la toxicomanie est reliée dans son cas aux consommations de médicaments psychotropes.

Par ailleurs la typicalité de la monographie de Marthe peut être éprouvée autrement encore et en considérant ce qui s'est passé lors de l'entretien lui-même. L'entrevue avec Marthe, en effet, n'a pas été une stricte opération de nature méthodologique; une collecte de données d'autant plus valides et pertinentes que *l'interviewer* donnerait les rennes de l'entretien à son informateur mais aussi une interaction sociale pendant laquelle Marthe a élaboré son auto-étiquetage. L'entrevue avec elle a servi en fait de substrat à un mécanisme proche, nous semble-t-il, d'un mécanisme d'*alternation* comme diraient Berger et Luckmann; elle fut l'occasion d'une mise en *situation* au sens où l'entend G.H. Mead c'est-à-dire l'imbrication processuelle de quatre phénomènes : 1. l'émergence d'une donnée nouvelle (ici, l'évocation de la consommation des médicaments psychotropes par Marthe); 2. l'utilisation d'une grille de perception pré-existante à cette donnée et permettant de conférer un sens à ce fait nouveau (cette grille est largement reliée à la trajectoire de Marthe; à sa carrière d'enfant de homes); 3. une «manipulation» de cette donnée ainsi valorisée c'est-à-dire son incorporation dans une nouvelle formule de sociation (celle du milieu de vie présent) et 4. en finale, une transformation de la réalité anthropo-sociologique de Marthe; une nouvelle conscience de soi au présent et qui réorganise la compréhension que l'individu peut avoir de son histoire personnelle. (Rétrospectivement, on pourrait voir que cette mise en *situation*, dans le cas d'Albert, a lieu lors d'un retour en *week-end* alors qu'il réside dans une institution de post-cure et qu'il découvre qu'il a et qu'il a peut-être toujours eu de la *haine* pour les autres; pour Jean, lors des entrevues avec l'assistante sociale du centre public d'aide sociale qui le questionne au sujet de ses consommations de médicaments et lorsqu'il pense ne plus pouvoir garder prise sur sa vie privée. Mais à chaque fois, ces mises en situation ont ceci de typique que pour chaque cas de figure, le fait nouveau, peut être expliqué par la trajectoire sociale des individus mais aussi qu'il est à l'origine également d'une nouvelle façon de voir les choses pour l'individu; à la fois une continuation du passé et quelque chose de neuf dans le chef de l'individu qui, au départ de cette situation au présent, se donne une autre compréhension de ce que fut son passé).

L'étiquette donnée par les agents du contrôle social

En fait et malgré la teneur des protocoles médicaux et celle des expertises socio-psychologiques qui accompagnaient Marthe lors de son entrée dans l'institution de post-cure (et qui précèdent d'ailleurs ses admissions physiques dans les institutions de soins), nous sommes restés assez circonspects à l'encontre de la pertinence d'une dépendance de Marthe face à l'alcool ; une assuétude tant physique que psychologique à ce type de produit psychotrope. Le diagnostic pourtant était consensuellement le même chez les médecins et les psychologues : Marthe est bien une alcoolique mais qui refuse de se reconnaître comme telle parce qu'elle bénéficie de la protection des siens qui *dissimulent* la vérité objective des faits ; les informations fournies tant par Marthe que par les siens sont ainsi décrites comme *suspectes* et Marthe elle-même est rangée sous l'intitulé d'une personnalité *psychopathe* et *irresponsable*, dont le souci premier est de ne pas se plier aux contraintes extérieures. Il serait donc difficile ou même contre-indiqué de la croire ou de faire confiance aux informations qu'elle fournit puisque son scénario de vie principal serait de déjouer toute forme d'autorité, soumise qu'elle est à ses *impulsions vers la violence*.

Mais quelles sont les informations fournies par Marthe ?

– C'est comme ça que j'ai commencé à boire... avec Guillaume. Mais ça n'a duré qu'un an cette fois-là ; mais alors avec des quantités... C'est parce que j'étais enceinte et que j'aurais pas pensé d'aller boire et puis après il fallait que je m'occupe de la gamine quand elle est venue au monde. Ce n'est que quand elle a eu cinq-six ans que j'a rattaqué. Donc, tout ça est encore fort frais pour moi : il y a deux ans ou deux ans et demi peut-être que tout ça va comme maintenant... Même dans mes fugues, je la prenais toujours avec moi la gamine ; aussi dans les cafés. J'aurais peut-être pas dû à cause des juges mais je me suis toujours occupée d'elle ; je l'a jamais laissée seule. Même dans les maisons d'accueil où j'atterrissais, j'allais avec elle.

Mais peu nous importait en fait de vouloir trancher dans la question de savoir si Marthe était ou non alcoolique au sens où l'expertise psychologique et l'expertise médicale le décrétaient ; non plus d'en prendre le contre-pied et le parti de Marthe contre les experts et la stigmatisation de Marthe au titre d'un individu irresponsable et devant être protégée d'elle-même par l'action publique.

Médicaments et normalisation individuelle

Par contre nous avons été intrigué par l'embarras avec lequel Marthe fait état de ses propres efforts de normalisation de son alcoolisation. Ainsi :

– je me suis une fois retrouvée à l'hôpital que j'avais fait une crise de boisson ; une crise d'épileptique. Puis ils m'ont relâchée après trois jours mais j'avais pris peur. Alors là, j'ai décidé de plus aller dans les cafés avec Guillaume et je buvais chez moi alors ; donc plus avec Guillaume. J'ai aussi pris des Pertranquil pour remplacer la bouteille ; enfin, pour remplacer que je ne buvais plus avec Guillaume aussi... Et ça, ça date pas de tellement longtemps ; peut-être trois mois que je me suis rendu compte que je prenais des médicaments quand il est pas là.

En fait, ce qui tracassait Marthe lors de l'entretien, c'était le caractère à la fois anodin et étranger des médicaments : anodin, parce qu'elle a conscience d'en consommer pour s'aider dans l'abstinence ou dans les limites qu'elle veut donner à son alcoolisation; étranger, parce qu' à l'expérience cette fois, elle se rend compte après coup qu'il y a là un élément neuf dans son existence : elle consomme des médicaments seule certes mais aussi parce qu'elle est seule.

Ce mode de consommation en fait n'a plus guère à voir avec son style de vie habituel : 1. les médicaments isolent Marthe de ses partenaires privilégiés, qu'ils soient des hommes ou des femmes. Ils instaurent une distance et une altérité entre elle et les autres et 2. la réciprocité symétrique n'est plus possible et ce bien sûr parce qu'elle est la seule à consommer mais aussi parce qu'elle n'est plus en l'état de pouvoir être avec les autres telle que ces derniers sont avec elle. *Les autres ne me comprenaient plus*, dira-t-elle laconiquement.

Le sens des médicaments

Petit à petit et pendant l'entretien, Marthe fait une découverte également. Avec les médicaments et en se soustrayant de la sorte aux interactions avec les siens, Marthe n'avait plus accès à ce qu'elle appréciait et trouvait à son avantage : leur protection et leur reconnaissance sociales. *C'est ma fille qu'est encore petite qui m'a sauvée en me trouvant par hasard que j'avais pris un tube de cachets pour dormir que j'étais seule*, dit-elle; mais lors de cet incident, ni Guillaume ni les autres n'étaient en position d'intervenir et cette perspective, *c'est ça qui me fait peur maintenant*, ajoute-t-elle.

A la suite de l'évocation de cet épisode et qui demeure trouble à sa conscience, Marthe se remémore d'autres faits mais du passé cette fois :

> – maintenant qu'on parle de ça... à huit ans, dans les homes, on me donnait du Valium... Oui, c'est ça; des gouttes et d'après eux j'étais déjà trop nerveuse que j'avais tout le temps la bougeotte et alors je dormais sur les tables à l'école... nerveuse... je le suis encore maintenant... intérieurement... et quand ça explose, ça explose hein!

Calmer les nerfs

Au fil de l'entretien également et avec cet aller-retour entre le passé et le présent de sa vie, Marthe se présente à nous d'une façon quelque peu différente et en utilisant un autre fil conducteur à son existence. Elle est de moins en moins une fille de forains qui s'est choisi un milieu de vie qui lui convient largement et qui lui permettait de se différencier de son passé d'enfant de homes autant que du monde ouvrier; elle est de plus en plus une femme *nerveuse* et prête à *exploser* et que seuls les médicaments peuvent calmer :

> – il y a déjà eu des traitements ailleurs qu'ici?
>
> – *Oui... mais au fond, jamais pour l'alcool... c'était toujours pour les nerfs. A X* (hôpital psychiatrique), *il y a un pavillon spécial pour des gens comme moi. Ils m'ont déjà gardée là trois semaines pour me calmer mais j'ai foutu le camp ; ici je vais pas rester parce que je vais casser la baraque. Il y a pas d'avance ; il faut quand même que je me tienne tranquille. Finalement j'étais encore mieux là* (à l'hôpital).

Les médicaments psychotropes, dans le présent de la vie de Marthe, tempèrent ses accès à la violence mais aussi, ils font barrage à l'échange social dans son milieu de vie. En coupant ainsi les ponts avec les siens, elle s'en différencie sous le *label* d'une femme atteinte des *nerfs*. Rétrospectivement cette fois cette étiquette sert de principe de permanence à son existence et bien que ses passages à l'acte violents, dans son milieu de vie, ne soient en rien différents de ceux du passé, les siens ne la *comprennent plus* lorsqu'en prenant des médicaments elle altère ses attitudes de confrontation aux autres.

Chapitre 2

Durer

PIERRE : ÊTRE PRÉPARÉ À GAGNER ET VIVRE LA CONCURRENCE

Sans doute qu'une des caractéristiques les plus marquantes de la bourgeoisie industrielle, c'est-à-dire cette fraction de la bourgeoisie concernée au premier chef par la volonté de détenir le *leadership* de la division du travail industriel et la promotion de sa rationalité, est d'avoir construit son identité collective sur la base d'une confrontation parfois violente avec d'autres positions sociales et de l'avoir fait en valorisant la figure de l'acteur individuel.

L'ambivalence de cette situation est assez évidente : d'un côté la bourgeoisie industrielle s'affirme comme un partenaire collectif au sein de la division du travail; comme une classe distincte et qui entre en confrontation avec d'autres par des jeux croisés de compétition et d'alliance; c'est un principe de *fermeture*. D'un autre côté, en valorisant la figure de l'acteur individuel, elle se montre prête à accepter dans ses rangs ceux qui partagent cette valorisation particulière; c'est un principe d'*ouverture*. Autre formulation de cette ambivalence : au nom de ses valeurs individualistes, la bourgeoisie est identifiée par les autres acteurs sociaux comme une classe sociale à part et, tout en détenant une position de *leader* sociétal, elle se montre à voir comme une communauté de valeurs plutôt que comme une classe aux intérêts propres. La littérature sociologique s'est par ailleurs largement donné comme objectif d'essayer de trancher dans cette ambivalence; d'amener la preuve de la prédominance du principe de fermeture (par le biais d'une sociologie de la reproduction des positions sociales d'une génération à l'autre par exemple) ou de celle du principe d'ouverture (la problématisation des classes moyennes comme lieu d'intégration ou de fixation de la mobilité inter-classes par exemple).

Le matériel biographique fourni par Pierre sera pour nous l'occasion d'adopter une perspective de travail un peu différente : plutôt que de vouloir dénouer cette ambiguïté ou cette ambivalence au titre d'une contradiction, voire d'une imposture, nous tenterons d'aller le plus loin possible dans une compréhension positive de cette ambivalence; de l'effet de tension entre ces deux principes de fermeture et d'ouverture.

Certes les origines sociales de Pierre sont bourgeoises et à ce titre le monde de la bourgeoisie lui est largement accessible; rien d'étonnant donc à ce que le principe d'ouverture se vérifie dans son cas. Mais en l'espace, *grosso modo*, de deux décennies — la période de temps séparant le début de sa carrière professionnelle, vers 1960, et le moment de sa fin, au terme des années 1980 — la stature personnelle de ce membre de la bourgeoisie industrielle dénotera avec les conditions de l'échange social dans son univers de travail. Cette incongruité entre les caractéristiques attitudinales de Pierre et le milieu professionnel où il évolue après vingt années de *leadership* dans le monde du travail ne saurait aucunement servir la thèse de la reproduction des positions sociales contre celle de la mobilité inter-classes ou inversement; mais le matériel fourni par Pierre sera utile, peut-être, afin de mieux cerner les modifications survenues dans le laps de temps considéré au sein de la configuration d'ensemble de la tension entre le principe d'ouverture et celui de fermeture et ce dans les milieux sociaux exerçant un *leadership* sociétal.

L'hypothèse générale de compréhension et qui émerge du matériel biographique fourni par Pierre — et qui fait également de cet individu un cas type — est celle-ci : en l'espace de vingt années, les actions de réciprocité et l'échange social se sont déplacés sur l'axe de la confrontation sociale vers *plus de concurrence inter-personnelle* et moins de compétition collective; et ce au sein même de la bourgeoisie dirigeante.

Certes Pierre fera les frais de la prégnance de ce modèle concurrentiel et il se retrouve après vingt ans sur la touche des dirigeants d'entreprise. Nous essaierons de comprendre ce qui fait que Pierre ne sait pas s'adapter à un style plus managérial qu'autoritaire de l'exercice du pouvoir et la place que prend son alcoolisation dans cette difficulté. Mais plus finement encore et au travers de ce cas singulier et de cette problématique sociologique de l'alcoolisation de Pierre, en montrant les répercussions émotionnelles de son passage d'un échange social fondé sur la compétition collective (échange où chacun fourbi ses armes, ses capitaux et consolide ses alliances, entre autres matrimoniales ; où Pierre est également préparé à appartenir de manière stable au cercle des gagnants en mettant à l'avant plan des qualités impersonnelles) à un échange basé sur la concurrence inter-personnelle (un échange qui repose sans doute toujours sur des acquis de classe mais qui se voit médiatisé par les qualités personnelles de chacun autant qu'il repose sur une différenciation horizontale accrue et l'évanescence des alliances individuelles), nous tenterons de mieux saisir *l'anxiété* de ce dirigeant d'entreprise au regard de la valorisation de la vie privée *et* affective c'est-à-dire la valorisation des qualités personnelles et singulières non plus comme moyen d'établir des liens inter-personnels mais comme l'arène psychologique où se déroule la concurrence entre les candidats aux postes de direction les plus convoités.

1. La détermination des attitudes et des valeurs

Les parents de Pierre naissent tous deux dans l'immédiate après-guerre — celle de 1914-1918 — dans un milieu social composé d'artisans et de commerçants. Le grand-père paternel de Pierre est un artisan indépendant aisé et installé dans une petite ville de province ; le grand-père maternel gère, exploite et dirige une petite entreprise commerciale et ce dans la même région.

Les termes avec lesquels se pose l'avenir du père de Pierre sont assez simples : il est le cadet de huit enfants et le plus jeune de quatre garçons ; parmi ceux-ci, deux ont opté ou ont déjà été pressentis pour assurer la succession de l'affaire familiale ; l'aîné quant à lui et aidé sans doute en cela par la productivité économique des deux autres, s'est orienté vers des études universitaires qui feront de lui un notable local ; enfin, les rentrées d'argent dans les années d'après-guerre sont plus importantes que par le passé et cet ensemble de contraintes et de ressources fera du père de Pierre un autre candidat aux études universitaires.

A l'inverse de la famille de Muriel — décrite dans le chapitre suivant — Pierre ne se souvient d'aucun trait de romantisme dans le style de vie de sa famille d'origine. Tout au contraire, on s'y observe et se jauge avec ses voisins ; le niveau de vie en particulier est l'objet de fréquentes évaluations et on y arrive vite au constat que les avoirs de ces familles sont parmi les plus élevés de la région ; mais aussi qu'ils pourront croître grâce au travail personnel et l'esprit d'entreprise. On y évalue également que l'élite locale doit sa situation enviable aux liens qu'elle entretient avec le monde agricole mais que ce dernier perd de son importance économique et que l'heure est aux entreprises industrielles; c'est par ce biais, raisonne-t-on, que le pouvoir économique pourra s'accompagner d'un pouvoir social dans l'avenir.

L'entrée du père de Pierre dans la bourgeoisie industrielle se fait donc par la médiation des études universitaires. Dans la seconde moitié des années trente, il décroche un titre académique dans le domaine des sciences exactes et il n'éprouvera guère de difficultés à trouver un poste à hautes responsabilités dans une entreprise à la pointe de la recherche industrielle. Il y fera l'entièreté de sa carrière professionnelle et au moment de sa mise à la retraite — il occupe à ce moment et depuis de nombreuses années un poste de direction et d'administrateur — il aura assorti son aisance matérielle du prestige et de l'autorité que lui procure la présidence de diverses ligues d'intérêts.

Fortifier et rendre évidente l'identité de classe

L'entrée et l'installation du père de Pierre — et à sa suite, celle de sa famille — dans cette bourgeoisie industrielle des années trente s'accompagnent de pratiques matrimoniales et d'alliances conjugales qui renforcent l'identité de classe nouvellement acquise. A la génération suivante déjà, celle de Pierre, cette identité a un statut d'évidence et la différenciation de la famille d'avec ses origines sociales est chose faite; ainsi :

> *– mon frère a épousé une physicienne et ma sœur est psychologue. Mon frère est aussi médecin et le mari de ma sœur est ingénieur. Ma femme descend d'un père qui était docteur en droit et d'une mère qui est un enfant de vieille famille; elle a un frère ingénieur et un autre frère qui est aussi docteur en droit...*

Le temps de l'enfance et de l'adolescence de Pierre seront ainsi suffisants pour que la greffe de sa famille sur le tronc commun des positions dirigeantes soit réalisée. Au moment où Pierre entame ses études supérieures, le mouvement ascendant de mobilité sociale entrepris par son père n'est plus quelque chose qui se doit d'être confirmé; la condition sociale d'excellence et cette appartenance à la bourgeoisie d'*entrepreneurship* vont de soi et il en va de même pour le choix d'un partenaire dans l'existence. Bien moins que d'une stratégie visant à obtenir l'agréation individuelle dans la classe dirigeante, cette dernière est déjà devenue le moteur des alliances et l'origine de pratiques d'endogamie sociale. Ainsi cette évocation par Pierre :

> *– à l'université, avec ma sœur, on est sorti ensemble... des soirées d'amis, en robes longues, ... soirées privées bien sûr. En fait, ma sœur sortait dans le groupe d'ingé-*

nieurs que je fréquentais principalement. Comme elle était en première candi de psycho, elle n'avait pas encore de petit ami à ce moment et pas mal de filles de psycho avaient leurs frères en ingénieur. On sortait donc dans ce groupe d'ingénieurs dont les pères étaient de gros industriels et des gens d'importance. Nous formions un groupe de gens fort pareils et dont les frères et les sœurs s'entre-marièrent en formant une chaîne continue : la sœur de X, qui a épousé ma sœur, a épousé le frère de Y et pour finir le frère de ma femme a épousé cette fille... et donc c'est vraiment un groupe soudé par des liens de mariage. C'est là que j'ai aussi rencontré ma femme bien entendu.

Se rapprocher des mêmes et se distancier des autres

Par ailleurs, si la consolidation de l'identité de classe passe par la constitution d'un réseau de familles, si les pratiques de réciprocité et l'échange social de la bourgeoisie reposent avant tout sur l'existence et la reconnaissance de familles similaires — la reconnaissance des mêmes —, il devient important d'élaguer ce réseau de familles des mauvaises pousses; somme toute, de resocialiser les liens de la famille naturelle en qualifiant positivement les mêmes et en disqualifiant les différences; ce à quoi s'attellera le père de Pierre entr'autres :

– *à l'origine, le grand père maternel était bien un homme qui vivait largement; c'était ce que j'appellerais un «gros bourgeois» qui faisait surtout du commerce. Mais ses deux fils n'ont pas eu la chance, ou plutôt l'intelligence, de faire des études : le premier est mort très rapidement mais il n'avait pas fait d'études et ce n'était donc pas quelqu'un qui aurait pu être promu à un avenir brillant; par la position de «gros bourgeois» que son père avait... le second fils s'est contenté de «faire la vie» et de dilapider les biens qu'il a hérité... il était d'ailleurs alcoolique et voyez, je l'avais oublié sur mon génogramme; c'est dire l'importance qu'il pouvait avoir à nos yeux! En fait il vivait comme un ouvrier si vous voulez; enfin, mon père le méprisait royalement; c'était une sorte de raté...*

– *vous disiez il y a quelques instants que votre père avait du mépris par rapport à la condition ouvrière... Faisait-il des remarques en ce sens à propos de la famille de votre mère?*

– *Oui. C'est-à-dire qu'il n'aimait pas cette branche-là de la famille. Pour lui c'était une branche de... pauvres types. Il ne l'a pas dit comme cela mais à travers les conversations, cela ressortait comme tel. D'autre part, il était très proche de la direction de la société à cette époque et — situez-vous dans les années cinquante-soixante où les syndicats étaient encore très mal vus; on sortait de la guerre, ne l'oubliez pas; et ils étaient encore situés à gauche à cette époque — donc, vous comprendrez que pour mon père, les ouvriers c'était ceux qui empêchaient de tourner en rond, de faire marcher l'usine, de travailler en fait; et on entendait des discours à table par exemple...! Le dîner du soir était un monologue de mon père sur ce thème : le travail, les responsabilités, la revendication, les profiteurs de la richesse des autres, etc.*

Le sous-ensemble conjugal comme mode de sociation

Ces quelques commentaires sur les origines socio-économiques de Pierre devraient nous permettre de saisir le point modal, pensons-nous, du style de vie de cette fraction de la bourgeoisie industrielle à laquelle appartient Pierre ; et en première approximation une sorte de familialisme comme possibilité de sociation des individus.

Certes, le mode de vie, *in fine*, y est largement conditionné par la place qu'occupe le père de Pierre dans la stratification sociale et dans la division du travail industriel ; et c'est bien ainsi que l'on pourrait expliquer, par exemple, les contraintes qui pèsent sur le choix d'un conjoint ou encore l'origine du mépris du père de Pierre à l'encontre de son beau-frère. Mais les informations fournies par Pierre dans l'entretien montrent plus, nous semble-t-il, qu'une stricte détermination socio-économique du mode de vie de Pierre et de sa famille.

Ainsi, la sélectivité dont fait preuve le père de Pierre dans le choix des personnes et avec lesquelles il entend rester en contact ou non, peut également être considérée comme un indice de ce que la famille paternelle, au sens d'une famille élargie aux générations précédentes et aux collatéraux de chaque conjoint, n'est pas (ou n'est plus) une formule de sociation pertinente ; un groupement d'individus où se déroulent des actions de réciprocité et un échange social. Par contre et en suivant les informations fournies par Pierre, *l'ensemble des cellules conjugales* et qui se choisissent les unes les autres selon leurs ressemblances socio-économiques *et* selon les possibilités d'établir des alliances croisées (de type belles-sœurs/beaux-frères par exemple avec ce cas-ci), constitue ce *substrat* sociologique au vivre-ensemble d'individus partageant par ailleurs une même croyance ou une même valeur : la compétition pour la détention du *leadership* sociétal.

Cette prise en compte de la famille industrieuse et bourgeoise de Pierre — et mieux encore le sous-ensemble conjugal — comme formule de la réciprocité et de l'échange social, comme mode de sociation d'individus orientés vers la compétition pour la détention du pouvoir socio-économique, n'est peut-être qu'une nuance qui se surajoute à l'explication de la détermination de son modèle de fonctionnement par la nature de la classe d'appartenance du père de Pierre. Mais nous voudrions proposer ici de considérer que, avec le cas de Pierre, famille d'origine et famille constituée sont deux unités d'une sociation différente et ce *de la même façon* que dans la monographie de Jean, la famille d'origine et la bande sont deux possibilités distinctes du vivre-ensemble ; ou encore, la famille d'origine et la dyade chez Albert et ainsi de suite ; c'est-à-dire deux modes distincts de sociation : imposée dans le cas de la famille d'origine et d'élection dans le cas de la sous-cellule conjugale chez Pierre.

Pourquoi proposer cette distinction ? La première raison réside dans le fait que le familialisme bourgeois a globalement mauvaise presse ; nous voudrions cependant nous prémunir de considérer cette famille de Pierre comme une unité naturelle, comme une institution de base de la vie en société, mais qui serait comme pervertie du fait de son appartenance à une classe sociale particulière. La seconde raison est plus importante à nos yeux bien qu'apparentée à la première. Elle se fonde sur l'exigence de la recherche et de l'isolement du principe de cohérence ; c'est-à-dire la recherche d'une structure attitudinale typique du vivre-ensemble bien plus que celle d'une mosaïque de variations possibles dans le mode de fonctionnement d'une seule et unique formule de départ, ici la famille.

Si nous ne retenons pas la distinction faite ci-avant et ne serait-ce qu'à titre d'hypothèse de travail, nous serons amenés à devoir considérer les attitudes familiales et qui règlent les interactions entre les individus membres de cette famille de Pierre comme des attitudes déterminées ou importées de l'extérieur de la famille. Ce qui n'est pas inexact ; mais si nous en restons à cette seule perspective explicative — l'extra-détermination des interactions familiales — nous serons également rendus à cette conception que les individus, dans leurs psychologies personnelles, sont aliénés par ces attitudes ; que ces dernières sont elles aussi des attitudes naturelles (telle que la sollicitude pour les enfants par exemple) mais aliénées ou perverties par la froideur psychologique et calculatrice des hommes et des femmes de la bourgeoisie. Et dans ce cas, l'analyse sociologique, outre l'emploi d'un paradigme psychologique, aurait bien du mal à se passer d'un standard de référence concernant les interactions familiales dites normales ; et il y a gros à parier que ce standard serait lui aussi de nature psychologique. Par contre en considérant l'organisation de la vie en famille au regard du mode de sociation et de réciprocité principale qu'est le sous-ensemble des conjoints, nous pourrons peut-être comprendre comment ou en quoi cette famille et au travers d'elle les attitudes qui y prévalent, permet de valoriser les relations sociales comme un terrain de compétition ; comment elle produit ou reproduit des individus compétiteurs et rationnels ; et ce sans que pour ce faire nous ayons besoin de faire référence à l'action reproductrice d'un inconscient individuel ou collectif et servant l'explication de la «perversion» de certaines relations telles que, par exemple, la compétition père/fils.

Vérification

Des entrevues avec la famille de Pierre se sont déroulées en parallèle de l'entretien servant la recherche proprement dite. Ils furent l'occasion de formuler et d'apprécier l'hypothèse qui précède. Nous avons pu y vérifier que la sphère dite privée de la famille de Pierre n'en était pas réellement une ; c'est-à-dire un lieu ou un espace de transactions centrées par exemple sur la vie affective de ses membres et à ce titre interdit aux regards d'autrui et aux oreilles étrangères. Mais bien une possibilité de *sélection* et ainsi de sociation, avec d'autres individus et qui ne sont pas concernés par les liens intra-familiaux. La sphère dite privée de cette famille est en fait un espace public organisé pour l'essentiel autour du couple des parents et, après sélection des individus étrangers, un espace d'échange et de réciprocité possible avec eux. A titre indicatif, voici quelques éléments du scénario qui permet cette sélectivité et cette réciprocité. (Scénario qui est fort proche, somme toute, du caractère «intramondain» décrit par Max Weber.)

Lors de la première rencontre avec la famille de Pierre (composée de Pierre, de son épouse et de leurs grands adolescents), ses membres nous ont d'abord questionné sur les intentions qui étaient les nôtres et l'intérêt que nous avions à provoquer ce type de rencontre. La seconde série de questions qui furent posées concernait notre légitimité professionnelle : quelle formation avait leur interlocuteur; universitaire ou non? Quelle était sa compétence à mener de tels entrevues et était-elle sanctionnée et si oui, par quel organisme de formation? Faisait-il partie d'une association professionnelle et se soumettait-il à son contrôle déontologique?

Une fois ces questions satisfaites (et qui portaient donc sur les qualités professionnelles et somme toute aussi sur les qualités impersonnelles de leur interlocuteur) un second élément du scénario de sélection — mais un élément *d'agrégation* cette fois — pouvait être mis en place. Lors d'un second entretien, Pierre, suivi en cela par son épouse, propose d'entrée de jeu que nous nous tutoyions. Dès ce moment, l'accès à la «vie privée» de Pierre nous était largement facilité; nous pouvions nous entretenir sur quasiment tous les sujets de conversation les touchant de près. Les membres de la famille étaient eux-mêmes à l'origine d'une série de questionnements tels que les finances du couple, le risque d'une éventuelle séparation des parents, les relations amoureuses des enfants et le choix de leurs orientations d'études et ainsi de suite. Au fond et une fois passé les épreuves de sélection et les procédures d'agrégation, leur interlocuteur n'éprouvait plus de barrière telle qu'elle l'empêchait d'être au fait des transactions familiales.

L'espace des entretiens avec cette famille était bien, à ce stade, un espace ouvert et qui s'offrait à la curiosité potentielle de son interlocuteur; également un espace de sociation ou à tout le moins de *sociabilité* puisqu'ainsi, lors d'une séquence ultérieure, Pierre et sa femme formulèrent le vœu de se revoir et ils évoquèrent l'éventualité de nous recevoir chez eux à dîner.

L'absence de vie privée

Le mode de vie de la famille de Pierre nous semblait bien centré sur son «intérieur»; mais cet «intérieur» se présentait à nous comme *leur* place publique. En clair : sans que cette proximité avec eux et sans que cette intimité ne puissent se confondre cependant avec le registre de l'affectivité. Qui plus est, les diverses thématiques de l'intimité étaient restées en dehors de nos entretiens et pour cause puisque de l'aveu même de Pierre et de son épouse, ils n'avaient pas le *souvenir*, comme ils disaient, d'une vie affective et intime à deux. Réalité que les enfants s'empressèrent de confirmer...

En fait, la famille et mieux encore le sous-ensemble des conjoints se montraient à voir comme un lieu de sociation, entre les conjoints d'abord et entre ceux-ci et d'autres partenaires ensuite, dans la mesure précisément où les individus entrant dans cette formule de sociation gardaient secret ou se tenaient à une distance telle des autres que leurs singularités plus personnelles étaient en dehors de l'échange.

C'est cette compréhension de la vie de famille de Pierre qui nous a servi de guide ou de pensée d'arrière-plan pour le traitement du matériel biographique et avant cette étape, pour l'entretien de recherche que nous avons eu avec lui.

La fermeture familiale comme possibilité de sociation

La famille d'origine de Pierre est coupée non seulement de certains membres de la famille élargie mais plus généralement encore de l'environnement social; et cette notion de coupure devrait ici avant tout faire comprendre le souci de sélection développé par cette famille et plus largement, le souci de maîtriser ou de garder sous contrôle les termes de l'échange social. Ainsi :

– *la maison était toujours localisée en fonction du lieu de travail de mon père... Il y avait très peu de personnes qu'ils invitaient et toujours professionnellement; mais indépendamment de cela, ils voyaient régulièrement quelques amis. Pas nombreux; disons qu'il devait y avoir trois couples qu'ils fréquentaient et ils allaient dîner l'un chez l'autre ou parfois au restaurant mais disons qu'en famille, il n'y avait pas grand monde.*

Le réseau relationnel de la famille de Pierre n'est guère construit au départ des liens de famille du côté paternel et encore moins du côté maternel; non plus sur la base des relations de travail du père. Par contre cette sociabilité, pour faible qu'elle soit d'un point de vue quantitatif, est hautement sélective et *la seule chose qui intéressait mon père*, dira Pierre, *c'était la réussite de ses affaires et de ses enfants aussi*. Pour ce cadre dirigeant d'entreprise, les relations de travail sont empreintes de compétition et il est déconseillé d'y entretenir des relations trop suivies et proches avec ses compétiteurs directs que sont les autres cadres. Mais la vie de famille est l'occasion et le lieu pour faire des rencontres avec un nombre restreint d'individus — les *amis* ou les *happy-few* — avec lesquels on considère que l'on peut nouer des relations sur la base de l'intimité d'une communauté d'intérêts ou de points de vue. Qualitativement cette fois, la vie en famille est cet espace relationnel où se construit une vie publique; et cette vie publique, pour chacun, est à l'intersection des diverses invitations réciproquées par les uns et les autres.

La vie familiale de Pierre peut ainsi se laisser comprendre tout autant comme une formule de repli sur soi ou comme une possibilité de construire une niche privée et réservée aux membres de la famille restreinte, que comme un espace de sociation, certes limité dans son étendue et le nombre de personnes concernées, mais un espace de sociation tout de même et de nature publique.

La distance inter-personnelle

Cette seconde possibilité de compréhension de la vie de famille a par ailleurs cette capacité de faire saisir, positivement cette fois, le peu de manifestations affectives ou de chaleur humaine qui président aux interactions intra-familiales; ainsi que les fondements associatifs de l'autoritarisme du père de Pierre.

Comme espace public c'est-à-dire comme possibilité d'intersection ou de croisement, de rencontres et sur lequel se retrouvent des individus provenant d'horizons familiaux ou nationaux différents, comme terrain où des individus jusque là étrangers se reconnaissent mutuellement dans une communauté d'idées, de point de vue et d'intérêts (ici, la compétition sociale et le *leadership* de la division du travail), la cohésion familiale repose assez logiquement bien plus sur le personnage du père, son pouvoir social et son autorité personnelle, que sur l'affectivité de la mère ou encore sur la base des relations domestiques et d'éducation. Comme le suggère Richard Sennett (1980 : 56-58), la «virilité» du mari, du bourgeois industriel dans ce cas, dépend de sa réussite professionnelle et la famille étant ici le lieu de sociation privilégié, du vivre-ensemble, cette «virilité» marque également le style de vie en famille. Dit autrement : la famille de Pierre est d'abord l'affaire du mari et bien moins celle des femmes; des mères et des enfants. Ainsi Pierre :

— *mon père était une sorte de tyran... c'était un homme brutal et quand le petit* (Pierre) *ne réussissait pas à l'école, les coups pleuvaient et puis l'isolement suivait.*

Et :

> – *ma mère était une bonne femme de ménage... euh!... une bonne mère de famille je veux dire... Mon père avait un caractère absolument écrasant et tellement colérique que tant qu'il n'était pas là, elle essayait un petit peu de nous réconforter mais en cachette. Elle m'apportait un bonbon dans ma chambre ; avec message de ne rien dire. Mon père paralysait la vie de famille.*
> – Est-ce qu'elle intervenait auprès de lui ?
> – *Non. Jamais. Je crois qu'elle se serait fait battre si elle était intervenue... Mon frère a essayé ; il s'est fait battre aussi mais il faisait un effort pour atteindre l'objectif que mon père lui imposait. Lui, il oublie cet aspect qu'il avait d'imposer par tous les moyens sa façon de penser et de voir les choses.*

La famille, en étant l'espace d'une *proximité sociale sélective* et de sociation avec des étrangers triés sur le volet, devient ainsi un espace de *distance inter-personnelle* imposée par l'autorité du père et selon son pouvoir de coercition. Dans le cas de Pierre, cet espace est aussi un espace d'*isolement* personnel.

Isolement personnel et évitement des conflits

L'autoritarisme du père de Pierre a ceci de particulier qu'il n'a pas besoin de faire taire les récriminations éventuelles de l'un ou de l'autre membre de la famille. Par la distance inter-personnelle et qui préside aux relations domestiques et éducatives, les plaintes individuelles et surtout celles qui engagent les personnalités de chacun sont tout simplement tues ; «comme si» l'éventualité même d'entamer un débat ou une confrontation entre personnes singulières était trop saugrenue de ce fait. Ecoutons Pierre sur ce point :

> – vous disiez que vous vous sentiez proche d'un oncle à cette époque... est-ce que lui, peut-être, intervenait lors des conflits que vous aviez avec votre père ?
> – *Il n'était pas au courant...*
> – pourquoi ?
> – *Mais je n'ai jamais imaginé de lui en parler.*
> – Pourquoi ? Cela devait rester à l'intérieur de la famille ?
> – *Mais non ! A l'intérieur de chacun ! Même pas de la famille.*
> – Personne chez vous ne parlait de ce qu'il ressentait ?
> – *Pas question voyons !*
> – On ne parlait pas de soi ? C'est cela ?
> – *Mais bien sûr que non.*
> – Mais les sentiments de chacun...
> – *mais quels sentiments... ?*

Le type d'individualisme que produit cette famille bourgeoise n'a vraiment guère à voir avec l'idée d'un quelconque débordement ou épanchement de la subjectivité des personnes. Tout au contraire, parler de soi est synonyme de faiblesse de caractère; synonyme de *se plaindre* dira Pierre et cela suffit à se faire *traiter de bébé de femmes*. D'une autre manière : se plaindre, revendiquer des besoins ou des droits personnels, faire valoir son individuation comme personne singulière, ouvrir à qui voudrait bien l'entendre la question d'une éventuelle insatisfaction, voilà autant de manifestations considérées comme une preuve de ce que l'on dépend de l'autre; aussi, que l'autre devrait s'adapter et tenir compte, ne serait-ce qu'à la marge, des intérêts d'un partenaire. En clair : faire l'aveu, entr'autres lors de confrontations plus personnelles, de ses insatisfactions, c'est faire la preuve que l'on a besoin que l'autre s'adapte à soi; que l'on a besoin de l'autre et que l'on dépend de lui pour la satisfaction de ses besoins personnels. Par contre, l'orientation normative de la famille et le message explicite que le père transmet à ses enfants vise à se montrer et à se vivre comme indépendant et *autonome*; détaché des contraintes d'une réciprocité qu'elle soit de nature communautaire ou d'allure plus fonctionnelle. Ainsi :

> – le message que j'ai encore en tête maintenant c'est : *« sois le meilleur ; tu auras la paix »*. Mon père par exemple, il a toujours considéré qu'aller voir un professeur de ses enfants, c'était s'avilir parce que, normalement, ses fils devaient être brillants. Ca allait de soi et donc alors, pourquoi s'en remettre à l'autorité de quelqu'un d'inférieur ?

L'individuation et le contrôle sur ses affects

L'individualisme de Pierre a bien moins à voir avec un individualisme de type psychologique ou subjectif qu'avec un individualisme de type social avions-nous suggéré. Ce que le milieu familial valorise chez l'autre, comme pour soi, c'est moins les singularités personnelles, les qualités ou les faiblesses de chacun, que cette capacité à être socialement autonome c'est-à-dire cette croyance qu'il est possible de se faire soi-même, comme individu singulier, sans devoir entrer pour cela dans un système d'interactions; dans des échanges avec d'autres. Qu'est-ce à dire exactement ?

De prime abord et de façon sans doute quelque peu paradoxale ou inattendue, le milieu familial n'a pas pour objectif de forger une personnalité type chez ses enfants que ce soit par référence à une tradition familiale — par l'imitation des modèles que seraient le père et la mère par exemple — ou par référence à l'apprentissage de rôles psycho-sociaux c'est-à-dire l'apprentissage des traits de caractère nécessaires et qu'il faut acquérir si l'on veut entrer en interaction fonctionnelle avec d'autres (un savoir-être professionnel par exemple). Plus précisément encore, la tradition que le père de Pierre voudrait inaugurer et la stature personnelle qu'il veut imposer à ses fils reposent sur une injonction autoritaire à être libre des contraintes des autres et donc autonome. Le message du père, de manière caricaturale, pourrait être celui-ci : «je te dis d'être le meilleur; d'être encore meilleur et différent de moi». Quels sont les éléments de ce message?

Il va tout d'abord de soi, comme l'indiquait Pierre, qu'aux yeux des aînés de cette famille, leurs enfants appartiennent et appartiendront demain encore à l'élite dirigeante de la société industrielle (*on est naturellement brillant*, dira également Pierre). Il va également de soi que l'on est soi-même l'acteur principal autant que le scénariste de son histoire de vie; on ne doit sa réussite qu'à soi-même, à son propre système d'action et se plaindre de son état, nous l'avions noté, est une manifestation émotionnelle incongrue; *déplacée* selon Pierre. A ce titre le contrôle normatif exercé par les parents sur les faits et gestes des enfants est relativement faible; si ce n'est l'imposition autoritaire de l'injonction paternelle à être autonome, les pratiques d'apprentissage de la vie et les corrections de caractère sont absentes des prérogatives parentales. Ainsi, Pierre :

– je n'ai jamais eu la moindre critique de la part de mon père et je vous avoue franchement que son avis m'est royalement indifférent.

Et :

– j'étais à la fois maté par lui et opposé à toute forme d'autorité peu importe laquelle d'ailleurs. C'était un réflexe.

C'est donc une attitude libérale-autoritaire qui préside aux relations inter-générationelles et une première conséquence de cette attitude consiste à renforcer ou à rendre d'autant plus légitime et comme allant de soi la distance inter-personnelle qui règle les relations intra-familiales. L'autoritarisme du père est d'autant mieux supporté, oserait-on dire, qu'il ne porte pas sur un projet de vie précis ou concret — l'adoption de tel ou tel métier par exemple —; chacun est libre de réussir selon la voie qu'il entend prendre et d'autre part les éventuelles récriminations ou la révolte de Pierre «tombent à plat» en quelque sorte et ce dans la mesure où il est attendu de lui qu'il fasse lui-même sa vie; qu'il se forge son indépendance et son autonomie personnelles; qu'il fasse *ses preuves* dira Pierre; qu'il transforme, en actes évaluables par le père, le bien-fondé de ses plaintes personnalisées.

La valorisation de l'indépendance

Le régime de *black-out* qui sévit sur l'expression de la vie personnelle de chacun et sur l'expression des états émotionnels singuliers, tel que le signale Pierre, peut être compris, à sa suite, comme une conséquence de l'autoritarisme du père et, en suivant la suggestion de Sennett, comme une conséquence indirecte de la position dirigeante et de la réussite socio-économique du père de Pierre.

Mais par l'effet de renforcement réciproque des attitudes, nous pouvons aussi prendre le risque de comprendre que ce *black-out* devient un principe positif, ou structurant, de l'identité de Pierre. Ainsi, le temps qu'il passe dans sa chambre est perçu par Pierre tout autant comme une punition, une conséquence de l'autoritarisme et de la violence de son père, que comme une préfiguration de ce que son style de vie a ou aura de normal et d'évident à ses yeux :

– *sur le coup, je n'ai pas accepté du tout ce genre de choses et j'avais de la rancœur;*

mais :

– *j'avais une position relativement indépendante en famille et par la suite, au travail ou en famille, j'ai toujours volontairement essayé d'être indépendant. C'était très conscient chez moi et c'est ce que je voulais.*

L'isolement de Pierre dans sa chambre est ainsi et tout à la fois une contrainte ou un conditionnement familial *et* une ressource personnelle ; un adjuvant de son autonomie et la source d'une conviction qu'il est possible de vivre sans rendre des comptes à qui que ce soit ; qu'il est possible de vivre pour soi et sans actions de réciprocité avec d'autres individus. Ainsi :

– *mon travail à l'université, ça a très très bien été. Et j'y ai travaillé pour moi-même; par conviction personnelle. Et alors, j'ai aussi commencé à accorder beaucoup plus d'importance à mon propre travail; ça devenait ma vocation si vous voulez. Parce que cela me permettait de m'isoler très complètement; de faire en sorte qu'on me fiche la paix. Là-dessus mon père avait sans aucun doute possible raison. Je n'étais accessible pour aucune fête de famille par exemple; pour rien et pour personne puisque je travaillais sur mes cours. J'avais évidemment des travaux supplémentaires à faire et mes parents comprenaient très bien cela, vous pensez...*

L'expérience sensible que fait Pierre est que la distance inter-personnelle et qui préside sa vie en collectivité est aussi une condition de sa réussite ; de son autonomie personnelle. Que cette réussite est d'autant plus probante qu'il ne laissera pas libre cours à ses sentiments personnels ou à son affectivité et ses états d'âme. Qu'en étant à une telle distance des autres, il pourra rester maître de la situation ; décider seul si oui ou non il convient d'entrer en interactions avec d'autres et si, raisonnablement, ces interactions lui seront utiles.

2. La trajectoire sociale de Pierre : le collège et la continuité des valeurs

La présentation qui précède de la fermeture familiale chez Pierre ne devrait en aucun cas laisser croire que la vie de famille était une réalité satisfaisante pour lui. Durant son enfance, l'autoritarisme du père a un goût franchement amer et Pierre entend bien manifester à sa façon la dureté de la vie quotidienne :

> – *j'ai eu une réaction de rejet très importante jusqu'à 15 ans : dernier de classe; j'ai doublé; on m'a même fait redescendre d'une année. C'était vraiment catastrophique : il était arrivé à avoir un fils qui ne fichait rien et je ne voulais rien foutre et il ne savait rien faire avec moi.*

En fait, on pourrait se contenter de comprendre cet épisode de l'enfance de Pierre de la façon qu'il nous suggère lui-même c'est-à-dire comme une réaction personnelle contre ce style de vie familial. Il n'est pas non plus interdit d'envisager ce type de réaction de rejet dans une perspective plus structurelle : comme une conséquence ou comme une suite logique à l'injonction paradoxale qui lui est faite par son père de devoir être différent de lui mais surtout autonome et indépendant des attentes et des contraintes exercées par d'autres.

Quoi qu'il en soit — qu'il s'agisse là d'une réaction personnelle de Pierre ou du résultat d'une action qui se joue à deux partenaires au moins — l'âge de 15 ans fut pour Pierre une année charnière et capitale : il est pris sous la houlette d'un maître, d'un enseignant, qui lui suggère effectivement de travailler pour lui-même; de prendre à la lettre l'injonction paternelle.

La façon dont cet enseignant parvient à nouer le contact avec Pierre et à gagner sa confiance est à elle seule exemplative et révélatrice de ce que, malgré ses velléités précédentes d'opposition et de révolte, Pierre a adopté cette valeur familiale : l'incitation à l'autonomie sociale et à l'indépendance :

> – *il organisait en dehors des cours, le matin à sept heure et le soir à la même heure, une étude à lui tout seul. Il m'a dit : « si tu veux venir, tu peux ». Et pendant cette étude, sans qu'il ne me demande quelque chose en échange, il me demandait tout simplement de savoir ce que je voulais faire et, si on voulait, on pouvait simplement se contenter d'aller lui demander des explications sur les matières des cours. Ca c'était une conscience professionnelle! Et il a même eu la sagesse de convaincre mon père de me mettre dans un autre établissement scolaire. J'avais déjà doublé une fois et il se rendait*

> *compte de l'humiliation que c'était pour moi de rester en culottes courtes alors que les copains sont déjà en longues... Dès lors, tout a été comme sur des roulettes.*

Vue de l'extérieur et avec un peu plus de recul par rapport au point de vue de l'expérience sensible de Pierre, l'institution scolaire — le *collège* précisera-t-il — est un relais *quasi* naturel des valeurs familiales : les valeurs prônées par cet enseignant sont largement congruentes avec celle du père de Pierre. Mais il y a également une donnée supplémentaire qui fait comprendre cette proximité de classe et valorielle : elle est à la fois un prolongement institutionnel du style de vie en famille et une rupture avec les partenaires familiaux habituels ; elle est l'occasion de dénouer le paradoxe du message paternel en prenant une distance avec les siens et la scène familiale. De façon quelque peu métaphorique, le *collège* est une possibilité de sortir de la fermeture bourgeoise de la famille et d'entrer dans un univers valoriel qui ne s'oppose pas à la famille. Mais cette sortie et cette entrée se font dans la *continuité* des valeurs ; ces dernières sortent renforcées si l'on veut bien comprendre que le père de Pierre concède ses prérogatives d'éducation à d'autres et que ce faisant, l'identification personnelle ou personnalisée des valeurs familiales est atténuée. Bref, ces valeurs prennent l'allure d'universaux c'est-à-dire l'allure de valeurs qui ne dépendent plus des personnes qui les ont prônées à l'origine et qui, par cette identification personnelle, pourraient être objet d'adhésion ou de rejet. Ainsi Pierre :

> *– jusqu'à 15 ans, c'était la grisaille. Alors j'ai changé de collège et là j'ai pu m'efforcer... mais cette fois je pouvais travailler et vivre au collège en voyant clairement ce que je faisais ; d'être en ordre avec mes études et avec moi-même si vous voulez. Tout ce que j'ai fait après cela, je l'ai fait pour moi et sans devoir faire appel à qui que ce soit ; à quiconque puisque à ce moment-là je n'avais pratiquement plus de contacts avec ma famille ; plus d'états d'âme en somme ; seulement ma volonté.*

En fait, si la famille de Pierre est bien un lieu d'inculcation de valeurs telles que, par exemple, l'autonomie individuelle et l'indépendance, elle aurait peut-être bien difficile d'être un lieu d'apprentissage sans avoir pour cela à payer un prix fort à sa fermeture et à l'autoritarisme paternel ; à savoir, des conflits inter-personnels et inter-générationnels et ce au nom même des valeurs prônées. Par contre, sorti de l'enfance et de la dépendance aux parents que signifie tout de même cette phase de la vie, Pierre peut expérimenter ces valeurs familiales mais sur une scène autre que celle où il retrouverait ses partenaires familiaux habituels. Sur celle du *collège* des jésuites, il pourra vérifier la véracité de l'auto-formation, de l'*étude* comme dira Pierre c'est-à-dire l'ascèse et l'observation de la réalité extérieure dans le but d'agir sur elle et de la maîtriser après son évaluation. Dans ce cadre scolaire, le contrôle sur l'expression de l'affectivité devient une évidence également ; il devient auto-contrôle et, au nom de l'autonomie individuelle, le système d'action de Pierre se veut de plus en plus rationnel plutôt qu'émotionnel ou traditionnel. Enfin, l'objectif de la réussite l'isole peut-être aussi de valeurs plus communautaires ; ainsi :

> – *je suis bien sûr catholique c'est-à-dire que la famille de ma femme était très pratiquante et ma femme est encore maintenant très croyante et fervente catholique. Elle ne court pas à la messe mais elle est restée profondément croyante. Mes enfants c'est un peu pareil. Moi à 15 ans, j'ai tout abandonné comme pratiques religieuses mais... si vous voulez, le collège m'a donné la foi dans le travail et la persévérance ; c'est une espèce de religion en fait ; je crois d'abord à ce que je suis capable de faire et avec l'aide de Dieu s'il le faut.*

Le *collège*, pour Pierre et pour sa famille, fait certes partie d'une stratégie à long terme de reproduction de leur pouvoir social mais plus encore peut-être, pour ces individus, convaincus qu'ils sont de la destinée enviable qui les attend et des qualités impersonnelles qu'elle appelle, l'école est le lieu d'apprentissage, bien plus que la famille sans doute, où l'on fait l'expérience des attitudes qui permettront ultérieurement d'avoir une emprise sur l'environnement naturel et social ; attitudes qui, expérimentées trop avant en famille, seraient à l'origine de conflits de personnes.

3. La fonctionnalité des produits psychotropes

Pierre se montre très précis et même pointilleux lorsqu'il s'agit de tenter de dégager les étapes de sa carrière de consommateur d'alcool et la maîtrise de l'information n'a ici sans doute d'égale que la maîtrise de soi ; de sa personne et de son histoire singulière.

Il distingue ainsi en premier lieu une phase d'apprentissage et l'usage récréatif, festif, qu'il réserve à la boisson. Cette phase s'annonce avec la seconde moitié de ses études universitaires et le temps des sorties plus ou moins mondaines dans lesquelles sa sœur l'accompagne. C'est également le temps d'une certaine endogamie sociale : il retrouve, lors de ces sorties, d'autres jeunes gens et qui occupent une position sociale similaire à la sienne.

Selon Pierre, cette première phase s'interrompt vers le milieu de la trentaine et il met en corrélation étroite le démarrage d'une consommation qu'il intitule *consommation sociale* cette fois et une réorientation de ses activités professionnelles. Ingénieur de formation, Pierre trouve en effet à cette époque un emploi dans une entreprise où, plutôt que d'être affecté à des tâches techniques, il incorpore les services de vente. Les exigences de cette fonction commerciale — dîners d'affaire, foires, représentations, ... — le feront boire de l'alcool de façon plus régulière; plus abondante aussi. Très rapidement, Pierre constatera cette augmentation de fréquence et de quantité et il s'en inquiétera également.

En 1970 — il a 35 ans à cette époque — Pierre s'enquiert de la santé économique et financière de la firme qui l'emploie et il aboutit à la conclusion qu'elle ne pourra tenir longtemps encore le cap de ses activités. Il accepte dès lors l'offre de travail qui lui avait été faite peu de temps auparavant par une entreprise concurrente. Il y voit une opportunité de se mettre à l'abri des ennuis futurs d'argent et un *challenge* également pour l'époque puisqu'il pourra revenir à des activités plus opérationnelles.

Ce changement d'employeur correspond donc à un retour à des fonctions plus techniques, d'études; et à une mise en veilleuse également des contraintes menant vers des *consommations sociales* d'alcool. Ce qui inquiète dès lors Pierre, c'est le fait que tout en ayant délaissé ses anciennes activités commerciales, sa consommation d'alcool reste identique à ce qu'elle était précédemment; en fréquence et en quantité. Et :

> *– je me suis demandé : pourquoi? Et comme je n'avais pas de réponse personnelle et rationnelle, je suis allé voir mon médecin. Il m'a dit : «c'est que vous en avez pris l'habitude». Mais je ne voyais plus de clients précisément! J'avais un poste purement technique à ce moment, d'informatisation. Je lui ai donc demandé un coup de main puisque l'alcool m'échappait; pour revenir à une consommation qui aurait été celle de quiconque.*

Son médecin lui prescrit dès lors de l'antabuse et lui garantit la disparition de cette *habitude* après quelques semaines d'abstinence; ce qui fut le cas.

L'évaluation et le contrôle sur ses faits et gestes

Comment comprendre cette séquence? Pierre est-il alcoolique ou encore psychologiquement dépendant de l'alcool? Nous ne pouvons bien évidemment rassembler aucun élément de preuve permettant de trancher dans ce type de question d'autant que ces faits remontent à près de vingt années. Mais d'autres commentaires peuvent être proposés et qui concernent la façon dont Pierre envisage à cette époque sa situation.

Pierre est devant un phénomène qu'il ne s'explique pas totalement. Il établit de manière non équivoque une corrélation positive entre le caractère récurrent de ses consommations d'alcool et les fonctions commerciales qu'il occupe avec son premier emploi; mais cette évaluation somme toute rationnelle et scientifique de sa situation ne le satisfait pas. *Quelque chose* lui *échappe* dira-t-il; et il n'est pas interdit de considérer que cette part de la variance de la situation où se trouve Pierre et qui reste inexpliquée par Pierre, a à voir, dans sa perspective de pensée, avec le peu de véracité de l'hypothèse de sa détermination fonctionnelle; et donc, au contraire, avec celle de son individualisme ou de son autonomie.

Le trait peut-être le plus marquant en effet de cette évaluation est que Pierre, en valorisant la possibilité de son autonomie personnelle, adopte une attitude impersonnelle; une attitude faite d'extériorité de sa personne au regard de son schéma explicatif « comme si » il n'était pas, comme personne, un élément (une donnée physique, pourrait-on même ajouter) à prendre en compte dans l'évaluation qu'il fait de sa situation. De façon quelque peu impressionniste, on dira que ce qui semble tracasser et inquiéter Pierre, c'est peut-être tout autant le fait de continuer à consommer malgré sa ré-orientation professionnelle — c'est-à-dire les conséquences en termes d'une diminution de sa latitude de manœuvre face à l'alcool; les conséquences de l'hypothèse d'une dépendance ou d'une accoutumance à l'alcool comme le suggère son médecin — que celui de devoir se considérer lui-même comme un objet — c'est-à-dire l'hypothèse même de son assuétude personnelle —; de devoir se considérer comme étant l'objet d'une détermination externe et sur laquelle il aurait perdu le contrôle ou la maîtrise. A l'inverse, son évaluation repose sur un schéma de pensée « cérébral » ou idéaliste plutôt que concret c'est-à-dire que Pierre raisonne, certes en tenant compte des facteurs qui conditionnent ses pratiques, mais il croit également que, une fois ces facteurs changés ou différents, les effets et les conséquences des premiers devraient disparaître en ne laissant pas de traces sur sa personne en quelque sorte. Bref, les données qui influencent l'individuation de Pierre devraient donc être maîtrisables par l'action du sujet autonome qu'il est ou croit être et qu'il croit qu'il sera encore demain malgré ces conditionnements. Dit autrement encore : un trait central pensons-nous de l'identité de Pierre est qu'il a cette attitude qui consiste à opérer une évaluation rationnelle et scientifique de ses conditions ou de son mode de vie; et qu'ainsi il pourra effectivement se donner les clefs ou les moyens d'agir en conséquence. Mais cette action en réponse aux facteurs qui l'environnent repose sur un code où : 1. Pierre est *censément* à l'abri de la détermination de sa personne (tant physiquement qu'émotionnellement) par les facteurs externes et 2. il maîtrise malgré tout son processus d'individuation.

Nous reviendrons plus loin et plus explicitement peut-être sur cette compréhension de la figure individualiste de Pierre mais pour l'heure, on constatera un premier élément de validation. Au moment où il rend visite à son médecin, son état de santé physique ou même mentale ne pose aucun problème. Personne non plus ne lui reproche ses consommations;

que ce soit dans son milieu professionnel ou en famille. Pierre apprécie seul que *quelque chose ne va pas normalement* et cette perception n'est en rien le fruit d'une interaction particulière avec d'autres. A ce titre, la perception de la situation par Pierre est hautement subjective et individuelle : il est seul à établir le caractère a-typique de sa consommation d'alcool. Cette visite chez le médecin est ainsi tout autant révélatrice de l'attitude de Pierre à s'auto-contrôler, à se montrer comme un individu autonome et au-dessus des contingences, qu'une démarche fondée sur un fait objectif, à savoir la dépendance à l'alcool.

4. L'entrée dans la toxicomanie

L'information biographique que fournit Pierre nous semble devoir être scindée en deux sous-ensembles de données si l'on veut approcher d'un peu plus près la question de l'auto-thématisation comme alcoolique dans le cas de Pierre.

Des événements de rupture de la continuité

Il signale d'abord des événements qui ont valeur de crise ou de déstabilisation tant de sa trajectoire professionnelle que de sa vie de famille. En l'espace de peu de temps — il a 47-48 ans à ce moment — son épouse lui avoue qu'elle a été sur le point de le quitter sans autre raison que l'amour qu'elle éprouvait pour un autre homme mais qu'elle est revenue sur sa décision non pas au nom de ses sentiments pour Pierre mais avec le souci de ne pas causer de dommages psychologiques aux enfants. Par ailleurs, il perd son emploi pour des raisons qui, elles aussi, n'ont rien à voir avec son alcoolisation : l'entreprise où il travaille change de direction et la politique de cette dernière consiste à remercier l'ensemble du *staff* des cadres auquel il appartient.

Ces deux événements sont présentés par Pierre comme des circonstances qui ont favorisé une amplification de son alcoolisation et il dira :

– *c'était la première fois que j'étais confronté depuis l'âge de 15 ans à quelque chose que je ne pouvais pas résoudre de moi-même.*

L'emprise sur la réalité lui échappe et sur le plan conjugal, que son épouse reste ou qu'elle quitte le toit familial, *cela dépendait d'elle maintenant*; et sur le plan professionnel, *l'âge était devenu tout à fait déterminant pour la recherche d'un nouveau job*. Confronté qu'il est à cette seconde contrainte, Pierre retrouvera cependant un emploi mais moins prestigieux et moins rémunérateur.

Du thème de la compétition...

C'était là *deux pans de l'existence qui s'effondraient*, dira Pierre et *à cette époque, je croyais que je buvais plus parce que j'étais stressé ; j'avais perdu ce qui m'appartenait. Il y a peu de temps cependant que je me suis rendu compte que c'était surtout extrêmement humiliant face à mes anciens collègues de travail...*

Avec ces dernières informations et en restant ici cantonné à l'époque où ces événements stressants surviennent, c'est en premier lieu le thème de la compétition qui est mis à l'avant plan de la réflexivité de Pierre : Pierre perd les attributs qui faisaient de lui un gagnant. Dans ces circonstances, son alcoolisation pourra bien sûr se comprendre comme une réaction ou comme une protection face à une blessure narcissique et ces pertes d'attributs. D'un point de vue sociologique cette fois, on remarquera que l'alcool joue un rôle ou une fonction bien particulière qui est de favoriser l'adaptation de Pierre à ces événements stressants c'est-à-dire de renforcer les attitudes qui prévalaient déjà au sein du couple avant ces péripéties. Ainsi la révélation que lui fait son épouse ne les sépare ni ne les rapproche ; *nous étions déjà secrets*, dit-il des deux partenaires du couple et *avec l'alcool, et bien je n'ai plus parlé du tout*. Aucun conflit ou aucune plainte n'apparaîtra sur la scène familiale et, sur la scène professionnelle et ne comptant que sur lui seul, Pierre se lancera plus tard dans une activité d'indépendant. *L'alcool me stimulait et me donnait la conviction que ça irait comme avant*, dit-il.

L'isolement social de Pierre, que nous avions proposé de considérer comme une caractéristique attitudinale centrale de son identité, sous le coup de ces événements et à cause de l'alcool — ou grâce à lui, c'est selon —, se transforme en un isolement physique et émotionnel :

– *je vivais et je travaillais dans les caves de notre grande maison ; j'y buvais aussi. Au fond quand j'y resonge, d'un côté je ne trouvais rien d'anormal à cela. J'étais sûr que tout redémarrerait ; que je serais à nouveau parmi les meilleurs ; que les autres reviendraient vers moi pour cette raison... des clients, ma femme. Avec l'alcool je n'avais aucun doute que j'avais raison et que les autres devraient bien un jour reconnaître cette vérité.*

Quelques mois plus tard, Pierre sera hospitalisé dans une clinique psychiatrique pour cause de *dépression*. *C'était bien sûr à cause de l'alcool*, dira-t-il lors de l'entretien ; *mais c'était mes nerfs qui avaient craqué*, dit-il en se remémorant l'explicitation de sa situation et qu'il avait construite à l'époque.

Pendant le temps de cet isolement institutionnel, l'épouse de Pierre, de son côté et accompagnée par ses enfants, assiste à des réunions d'un groupe de «self-help» pour conjoints d'alcooliques et elle appliquera en famille les conseils qu'elle y reçoit : ne pas intervenir; ne pas faire de reproches; attendre. *De ce fait, nous avons encore eu moins de contacts*, dit Pierre et sans qu'il se plaigne de cet isolement personnel, de la distanciation opérée par les siens à son encontre.

... à celui de la concurrence et la réaffirmation d'une nouvelle continuité biographique

A d'autres moments de l'entretien, Pierre fait état d'informations d'une autre nature : plutôt que d'insister sur l'aspect quantitatif de ses consommations d'alcool — les événements qui surviennent dans son parcours biographique et qui conditionnent une amplification de ses consommations; l'impact en fait des conditions structurelles tant économiques que conjugales qui pèsent sur la destinée de Pierre et auxquelles il tente de s'adapter —, Pierre relate son entrée dans un mode particulier de sociation et, concomitamment, la mise en route d'un schéma de compréhension de son passé personnel à l'aune de cette sociation présente. Ce mécanisme complexe, c'est-à-dire à la fois son entrée dans une formule, inédite pour Pierre, du vivre-ensemble et ses conséquences en regard d'une altération de l'identité de Pierre ou encore en regard de ce sur quoi porte sa réflexivité, est apparenté à ce que Berger et Luckmann (1986 : 201-222) proposent de considérer comme étant un *processus d'alternation*.

Pour ces auteurs, la compréhension de la socialisation d'un individu implique la référence à deux principes : 1. de *continuité* dans le temps; c'est-à-dire la prise en considération d'une relative stabilité de l'identité personnelle et une succession, pourrait-on peut-être dire, de socialisations secondaires et partielles sur la base d'une socialisation primaire. Ce principe de permanence laisse augurer la nécessité de mettre en place des procédures d'adaptation ou de correction de l'individu, confronté qu'il est à des contraintes neuves de socialisation et ceci en regard de cette permanence identitaire ou de cette reproduction de sa socialisation primaire. Ces procédures d'adaptation sont regroupées sous le vocable d'*autothérapies des déviances individuelles* et l'on songera ici à l'alcoolisation de Pierre comme mécanisme d'adaptation ou de reproduction du thème identitaire du gagnant malgré les modifications de l'environnement et qui l'affectent dans sa personne. 2. Le second principe concerne *la possibilité de la transformation de la réalité subjective* dont il importe d'apprécier le degré d'intensité ou l'ampleur en tenant compte entre autres d'*une recette pour la réussite de l'alternation* (que Berger et Luckmann tiennent donc pour une altération radicale de l'identité) *qui englobe des conditions à la fois sociales et conceptuelles, le social, bien sûr, servant de matrice au conceptuel. La condition sociale la plus importante* pour que se mette en place un tel processus d'alternation *est la disponibilité d'une structure de plausibilité efficace, c'est-à-dire, d'une base sociale servant de « laboratoire » de transformation*; une forme de sociation neuve et servant de substrat à la représentation de la réalité personnelle.

Vivre la concurrence dans une institution de soins

Dans le cas de Pierre, c'est l'institution de soins de post-cure où il se trouvait au moment de notre entretien qui a servi de *laboratoire* ou de *base sociale* à la transformation de son identité; et par ailleurs, au moment de son entrée dans cette formule du vivre-ensemble, une autre condition à la mise en route d'un processus d'alternation et mentionnée par Berger et Luckmann était également remplie, à savoir une *rupture biographique* à la suite de laquelle *une ré-interprétation radicale de la signification de ces événements* — de rupture — *et personnes passées dans la biographie de l'individu* peut avoir lieu. Avec l'ensemble de ces conditions, un mécanisme de re-socialisation peut prendre place, en dépit en quelque sorte des données de la socialisation primaire de l'individu c'est-à-dire que les événements du passé peuvent être reconsidérés ou re-valorisés *de façon à se conformer à la réalité présente* mais neuve. C'est donc bien la pertinence ou la réalité d'une forme neuve de sociation que Berger et Luckmann envisageraient de considérer comme étant à l'origine de la transformation que Pierre opère de sa propre identité personnelle en conférant, dans le cadre de cette formule de sociation, un sens nouveau aux faits de son passé.

Au moment de l'admission de Pierre dans l'institution de post-cure, son isolement relationnel et émotionnel est important au point que les professionnels de l'institution anticipent pour lui l'éventualité d'une nouvelle hospitalisation dans un milieu psychiatrique. Il est difficile d'établir le contact avec lui et son entourage immédiat fait état de ses intentions d'utiliser la possibilité administrative de la collocation pour le mettre à l'abri de son propre isolement. Le volume de l'échange entre les partenaires du couple est bas et plus généralement encore, la distance qui est maintenue entre Pierre et son épouse est assimilée à une séparation de fait. Par ailleurs Pierre s'« accroche » à son set d'attitudes et en particulier il n'accepte pas l'idée de se faire aider par quelqu'un d'autre que lui-même.

Dès son entrée, Pierre est plongé dans un milieu social relativement complexe et hétérogène. Ainsi, les clients de l'institution de post-cure ne sont pas soumis à un état de malade ou de patient mais ils doivent participer activement aux activités de la vie quotidienne. La différenciation entre eux est forte — d'âge, de sexe, d'origine sociale, ... — et, à la cuisine, Pierre prépare les repas sous l'autorité d'un chef d'équipe plus jeune que lui, héroïnomane et d'origine maghrébine. Comme pour d'autres nouveaux clients, sa marge de manœuvre personnelle en début de séjour est réduite ; et l'acquisition de « libertés » supplémentaires est soumise à une procédure de contrôle et d'évaluation par tous — clients et membres du personnel — de la capacité ou de la bonne volonté de Pierre à entrer dans le jeu de cette vie en collectivité ; à accepter le principe de la division des tâches, celui de l'interdépendance des clients, de leur hétérogénéité socio-culturelle également.

Pendant près de deux semaines, Pierre s'adapte à cette mini-société ; bon gré-mal gré, il se plie aux exigences de cette vie en collectivité mais sans pouvoir refréner ses velléités de distanciation et de supériorité sociales. A ses yeux, cette formule de post-cure lui fait violence et il la critique à sa façon : où qu'il aille dans le bâtiment, il se munit d'un cahier et d'un crayon et il n'aura de cesse de noter les failles de l'organisation, ses contradictions ; autant que ce qu'il considère être un manque de compétence du personnel salarié.

Le moment de la première évaluation arrivé, les critiques qui lui sont adressées sont formulées dans les termes d'un *ultimatum* : ou il accepte de faire l'expérience de son inclusion dans le groupe et d'une plus forte proximité avec les autres et il pourra rester, ou il devra s'en aller. Ses proches, mis au courant du choix qui se pose à Pierre, lui font savoir que dans la seconde hypothèse, il sera colloqué. Pierre décide de rester.

Après quelques deux mois de séjour, la façon dont Pierre aborde sa toxicomanie est plus nuancée qu'à son entrée dans l'institution. Il considère toujours que certains événements du passé ont été des accélérateurs de sa consommation d'alcool mais aussi que l'ensemble de son existence devait *logiquement*, dira-t-il, déboucher sur une toxicomanie. *Ce qui me faisait surtout mal*, dit Pierre, *c'est de devoir me comparer aux autres qui sont ici en cure. Ce ne sont pas seulement mes nerfs qui craquaient parce que j'avais trop de travail ; mais l'alcool me donnait cette conviction de pouvoir être le premier ; d'éviter cette humiliation.*

Cette ré-évaluation du poids de l'alcool en regard de la façon dont Pierre évolue en sociation avec d'autres pendant le temps de sa cure, servira de ligne directrice à une première mise en doute de qui il est ; une première ébauche de ré-évaluation plus large de son identité. Ainsi :

– au travail, je suis monté à un poste de responsabilité importante; ce n'était même plus du commercial mais dans la partie technique même, je suis allé au-delà de mes compétences...
– cette impression d'être au-delà de ses compétences personnelles, est-ce vous que le ressentiez ou bien cela se marquait-il par des réactions autour de vous?
– Non non. On ne m'a rien dit et je ne l'ai pas perçu sur le coup. Je m'en rends compte maintenant; cette semaine-ci en cure... C'est une interprétation qui me manquait mais je vous en reparlerai peut-être plus tard parce que c'est quelque chose que je viens de découvrir.

Mais qu'il y a-t-il lieu de comprendre par l'expression *responsabilité importante*? Que recouvre, sur le plan attitudinal cette fois, cette accession à un poste de gestion d'entreprise? Et Pierre est-il vraiment limité dans ses compétences professionnelles et ses connaissances?

– Au fond, c'était déjà pareil dans mon premier job. Je me suis rendu compte ici que je voulais monter pour avoir le poste de directeur général. Au Conseil d'Administration, je n'avais pas de chances d'y arriver; je n'avais pas de capital à mettre et j'ai visé le top accessible... Non; en fait, arrivé au top niveau, c'était un peu pareil au commercial je pense... Parce que j'y suis arrivé. Je suis rapidement devenu attaché de direction sur des questions de techniques de production, ça oui. Mais le niveau des gens que je contactais de ce fait-là était bien souvent... pas dans le domaine de l'engineering où j'étais largement compétent, mais dans les domaines juridiques, sociaux ou simplement culturels... Ils étaient, quand je l'analyse maintenant, autrement supérieurs à moi... Je devais collaborer avec eux à la vie de l'entreprise et ça...
– concrètement, qu'est-ce que cela voulait dire?
– de façon larvée, on était toujours un peu en bataille; ça n'avait rien à voir avec ce que nous faisions chacun de notre côté. Mais dans les réunions... si on parlait un peu de littérature, de voyages par exemple, et bien là j'étais un minus. J'étais très limité. Ou encore bien sûr sur le plan d'éléments qui supposent l'expression de sentiments, de relations plus affectives, des relations avec le personnel que j'avais en dessous de moi... j'étais tout à fait nul là-dedans. Je n'avais des contacts avec personne ou très peu et c'est en montant les sphères où on quitte progressivement les questions techniques que cela m'apparaît maintenant. Ça a été comme un éclair: cette impression de ne plus être à la hauteur! A la hauteur de gens que je savais être supérieur ou au moins égal. Quand j'y songe, cela me donnait une véritable terreur de devoir affronter certaines personnes; de risquer de perdre la face.
– On vous le faisait sentir d'une façon ou d'une autre?
– Me le faire sentir? Non. J'étais trop malin ceci dit en toute modestie. J'ai toujours su cacher ce problème dont j'étais inconsciemment conscient...
– et alors?
– J'ai développé massivement tout ça... je peux en rire maintenant mais j'ai lu des centaines de livres sur tous les sujets... J'ai suivi des séminaires en psychologie industrielle à l'université. Là je pensais me développer. Et puis dans d'autres domaines encore; comme la gestion des ressources humaines et j'ai été suivre des séminaires très durs aussi, toujours à l'université, sur la psychologie des cadres... Tout cela pour compenser des trous qui étaient manifestes au niveau du poste de direction que j'occupais. Mais le plus bizarre dans tout cela, c'est que je n'étais pas mieux pour la cause...

– vous aviez l'impression que ces formations vous permettaient de ré-ajuster le tir?

– *Mais oui! C'est-à-dire que ceux avec qui je travaillais et c'est peut-être vrai aussi pour eux mais je n'en sais rien, cela a fait mirage. C'est comme ce séminaire en sélection du personnel; ça a fait mirage. C'est avec des trucs comme ça qu'on se battait entre nous.*

Enfin :

– j'étais sûr mais sans le savoir qu'il y avait une insuffisance en relationnel... alors que je me dirigeais vers un poste où inéluctablement je devrais négocier avec les autres... C'est la même chose avec ma famille : j'ai une peur, une terreur je vous dis, de m'adresser à ma femme ou à mes enfants. C'est ça mon alcoolisme.

TONIO : DE LA COMMUNAUTÉ DE LA FAMILLE ÉLARGIE À LA COMMUNAUTÉ URBAINE

En abordant le matériel biographique de Tonio, nous pourrons constater à loisir combien la façon dont s'enclenche sa carrière de consommateur dépend du système d'interaction dans lequel il évolue ; également que la façon dont Tonio envisage qu'il a dépassé un seuil critique dans ses consommations dépend bien plus de la forme ou du style de vie en société que de critères objectifs tels que l'ampleur de ses consommations ou encore son état de santé physique et mentale.

Bien que nous ne cherchions pas à fournir une explication épidémiologique de la toxicomanie de Tonio mais bien de comprendre quels traits sociologiques façonnent son auto-désignation comme toxicomane, il ne devrait pas être difficile de faire l'hypothèse de travail que le facteur à risque principal dans son cas est *l'ouverture*, tant relationnelle que d'esprit, sur l'hétérogénéité socio-culturelle dans laquelle il vit ; ici la région de Liège-ville. Tonio se montre en effet foncièrement curieux d'en connaître plus sur l'existence d'autres univers culturels que le sien et c'est dans le cadre de ses pérégrinations urbaines qu'il fera la rencontre avec la drogue ; et ce, nous le verrons, grâce à une attitude de nature démocratique et la prérogative ou le droit qu'il se réclame d'être l'égal des autres en société. Son *leitmotiv* en fait pourrait bien être celui-ci : *si les autres y ont droit, pourquoi pas moi ? Ou encore : puisque la drogue est à ma portée, pourquoi ne pas essayer ?*

Nous prendrons le temps de cerner de plus près le substrat associatif de cette curiosité ; mais la monographie de Tonio sera aussi pour nous une certaine manière de mettre à l'épreuve le schéma d'analyse que propose H. Becker et dans cette même mouvance intellectuelle, un praticien tel que Charles Winick par exemple c'est-à-dire la *définition séquentielle de la toxicomanie*.

On remarquera tout d'abord que la monographie de Tonio, ou le cas singulier de Tonio, correspond très précisément à l'une des conditions centrales pour l'application du schéma de Becker, à savoir l'hétérogénéité culturelle ou encore le pluralisme communautaire en milieu urbain.

Dans la préface à *La confrérie fantastique*, un prérequis de Becker (1972 : 6) est explicité en ces termes ; et il concerne une condition de validité de son modèle de travail : *l'histoire de Janet Clark, y est-il dit, racontée par elle-même, est un message venu de ce monde marginal. Elle est l'un des rares drogués capables de scruter son passé, et de retracer son parcours de façon cohérente et sensible, parcours qui s'inscrit dans le réseau des labyrinthes sociaux constituant la ville américaine.* L'élément clé pour l'application du schéma séquentiel de Becker est bien, nous semble-t-il, la réalité de cette hétérogénéité culturelle ou communautaire et urbaine (plutôt qu'une stratification sociale complexe *sensu stricto*) dans laquelle chaque individu a l'occasion d'évoluer à l'entrecroisement de cercles sociaux différents, pour reprendre l'expression de Simmel.

Nous verrons que la situation de Tonio correspond largement à cette condition d'application du modèle séquentiel et nous pourrions proposer cette hypothèse épidémiologique cette fois que la propagation des drogues dans ces milieux populaires et immigrés auxquels il appartient, a à voir avec l'actualité d'un modèle familial ouvert vers l'extérieur; avec la configuration des attitudes qui structurent et donnent forme à ce style de vie, bien plus qu'avec le caractère dominé ou aliéné, le manque d'intégration sociale de ces milieux dans une société d'accueil. Nous aurons l'occasion de revenir sur cette hypothèse mais l'on remarquera à cette occasion, que l'auto-désignation par Tonio de sa toxicomanie peut aussi se comprendre comme une victoire de l'esprit communautaire sur l'intégration fonctionnelle des sociétés industrielles et son risque atomistique pour l'individu.

C'est d'ailleurs là à nos yeux — dans cette prévalence de l'esprit communautaire — l'intérêt de cette monographie et en regard de la modélisation de Becker : la consommation de drogues par Tonio peut être comprise à l'instar de cette réalité urbaine qu'est l'hétérogénéité culturelle et communautaire. Mais la question que l'on peut aussi se poser est celle de savoir si le milieu de la drogue est une sous-culture parmi d'autres — et c'est là nous semble-t-il la conception que défendrait Becker — ou s'il s'agit plutôt d'une zone d'entrecroisement et qui à ce titre se présente aussi à voir comme une sphère de conflits ou de confrontations entre des normes de comportement et des attitudes différentes ainsi qu'entre des valeurs parfois opposées ou divergentes.

Il n'est sans doute pas possible de trancher entre ces deux possibilités; et peut-être que l'adoption de l'une ou de l'autre de ces deux hypothèses de travail dépend aussi des intérêts de connaissance du chercheur à savoir comment on devient toxicomane d'une part et de l'autre comment on pourrait s'en sortir. Mais on constatera que si, avec la première hypothèse, il sera possible de mettre en parallèles des séquences de la toxicomanie et des sauts cognitifs dans le chef de Tonio c'est-à-dire une inclusion de plus en plus forte de Tonio dans le milieu de la drogue et le repérage autant que l'apprentissage par Tonio des étapes de l'état de toxicomane, l'auto-désignation de la toxicomanie par Tonio se fait en référence ou en continuation avec sa communauté d'origine et non pas uniquement dans le cadre cognitif d'une séquence ultime de la toxicomanie et de façon telle que Tonio serait perdu en quelque sorte pour sa communauté d'origine.

Comme premier commentaire donc, nous dirions ceci : les conditions cognitives, selon l'expression de Becker, qui sont celles de la séquence ultime de la toxicomanie c'est-à-dire l'auto-désignation comme toxicomane, ne sont pas totalement distinctes ou étrangères à l'esprit communautaire ; autrement dit : l'auto-désignation, comme nous tenterons de la montrer, est dans ce cas une possibilité de renforcer des attitudes communautaires ou encore de continuer une sociation de ce type.

Nous aimerions pouvoir nommer la forme de sociation qui nous apparaît comme pertinente dans le cas de Tonio par l'expression d'*émulation communautaire*. Qu'est-ce à dire ?

Nous verrons que la famille de Tonio est largement ouverte sur son environnement social. Mieux encore, qu'elle fonctionne comme le terrain d'une sociation entre les membres de la famille et d'autres individus qui lui sont étrangers ; que cette famille est un lieu public. C'est à ce titre qu'il nous semble nécessaire d'envisager la question de la socialisation primaire de Tonio ; en regard des transactions familiales donc mais des transactions qui organisent un échange large ou étendu et qui incluent des individus se situant aux delà du territoire domestique.

Aussi, nous verrons que Tonio n'envisage pas de donner d'autre statut ou d'autre sens à la réalité de tous les jours que celui que proposent les individus avec lesquels il est en interaction. C'est donc bien d'une formule communautaire de sociation dont nous aurons à rendre compte au départ des interactions familiales mais c'est aussi et très précisément par le poids des procédés intersubjectifs de constitution du sens de la réalité quotidienne, que nous ne pourrons pas penser le milieu de la drogue comme totalement déconnecté de la communauté de vie dans le cas de Tonio. Autrement dit : le type d'individu qu'est Tonio n'est pas celui de l'autonomie ou de la plasticité psychique tel que pourrait le laisser entendre l'hypothèse de Becker c'est-à-dire un individu allant de cercle en cercle mais sans traîner par derrière lui en quelque sorte les traces des cercles antérieurs. En retour pourrait-on dire, nous verrons aussi que ces procédés d'intersubjectivité à l'œuvre dans la communauté sont de nature à digérer, si on nous permet cette métaphore, les expériences faites par Tonio avec la drogue c'est-à-dire de modifier le sens que l'on attribue à la vie de tous les jours, le statut de la réalité sociale de façon telle que Tonio puisse continuer à faire partie de la communauté. Nous verrons en effet que les proches de Tonio sont prêts à déjouer quelque peu les exigences d'une intégration fonctionnelle afin de lui permettre d'être un membre actif de la communauté et ce malgré les inconvénients de la drogue.

Pourquoi par ailleurs parler d'émulation? La famille de Tonio mise beaucoup sur la réussite matérielle et financière de ses enfants et c'est sous le poids de cette valorisation autant que sous celui de diverses contraintes économiques que les parents de Tonio ont entamé un mouvement migratoire de l'Italie du Sud vers le Centre de l'Europe. Mais cet espoir de performance économique, matérielle et financière reste soumis au principe communautaire; mieux, il émane de l'organisation communautaire.

Il n'est pas à proprement parler synonyme de compétition sociale si l'on comprend que ce mode de confrontation et de différenciation sociales repose avant tout sur la division du travail et le classement des agents économiques selon leur strate ou leur classe d'appartenance. Ce souci de performance est tel qu'il ne met pas en péril la pérennité de la communauté et nous tenterons de comprendre cette caractéristique en soulignant le peu de valorisation qui est faite en famille d'une formule d'intégration fonctionnelle des différences individuelles; en soulignant par contre la préférence d'un mode de contrôle social basé sur des informations personnelles plutôt qu'un contrôle normatif.

Si nous réfléchissons en termes de rôles et de batterie de rôles, nous serons amenés à considérer que ce qui caractérise le processus de socialisation à l'œuvre dans la communauté familiale, c'est moins l'existence d'une segmentation ou d'une spécialisation des rôles de chacun (par exemple sous le poids de la division du travail ou celui d'une imposition normative de tels ou tels rôles psycho-sociaux) que l'existence d'une multiplicité de rôles; ou encore, la possibilité d'amplifier, d'accroître sa batterie de rôles selon les interactions ou selon les partenaires. En clair, la valeur sociale dans ce cas est moins celle de l'*achievement*, de l'adéquation individuelle au rôle qui revient ou qui est imposé à un acteur performant que celle de la *combine*; celle d'une certaine adaptation des rôles individuels aux circonstances.

Ce souci de performance n'est pas non plus synonyme de concurrence si nous comprenons que ce mode de différenciation et de confrontation sociales repose sur un principe de relative équivalence des individus en présence; sur une distance faite d'impersonnalité également. La solidarité, l'entraide et la proximité communautaires l'emportent en fait sur cette possibilité de concurrence et, ne serait-ce qu'indirectement, une part plus ou moins importante de la réussite individuelle sera partagée avec les autres.

Il n'y a pas de jalousie entre les frères, dira Tonio et nous verrons également que le processus d'individuation à l'œuvre fait le *black-out* sur les caractéristiques plus personnelles et sur celles des hommes tout particulièrement. Ce processus et en dépit de la proximité des gens, fait barrage à sa façon à un mode de différenciation basée sur la concurrence inter-personnelle.

Le terme d'*émulation* devrait en fait rendre compte de la co-variance ou de la co-existence d'un mode communautaire de sociation et d'un souci de réussite économique mais mis au service de tous; faisant donc ainsi que chacun se montre satisfait de la réussite ou des velléités de réussite de l'autre car il sait qu'il peut ou pourra bénéficier personnellement de cette réussite; faisant aussi que le souci de réussite individuelle naît de la possibilité communautaire d'en faire profiter les autres.

1. La détermination des attitudes et des valeurs

Nous avons choisi, comme porte d'entrée à ce mode de sociation que nous nommons ici l'émulation communautaire, d'évoquer en premier lieu le type de contrôle exercé par les femmes sur les enfants; puis celui exercé par les hommes.

L'engagement situationnel finalisé

Il nous apparaît en effet important de remarquer que le contrôle paternel et le contrôle maternel divergent dans le cas de Tonio. Et la question que l'on est en droit de se poser est celle-ci : n'y a-t-il pas là une contradiction dans le modèle des rôles parentaux; contradiction et incohérence donc entre les parents et qui seraient la ou les explications de la déviance ultérieure de Tonio par exemple.

En tentant de montrer ce en quoi ces deux contrôles des cadets par les aînés sont différents, voire parfois en opposition, nous pensons pouvoir dépasser en quelque sorte cette explication négative; et exploiter peut-être l'utilisation et la compréhension d'une troisième voie possible à l'intégration sociale dans le cadre d'une théorie des rôles et que propose Ulf Hannerz (1983 : 192); troisième voie mais qui est une formule cohérente de contrôle social, soumise à un principe de tension interne certes mais cohérente plutôt que le résultat contradictoire d'un conflit entre des modèles distincts et séparés.

Hannerz distingue en effet deux premiers exercices du contrôle social : 1. basé sur la manipulation d'informations personnelles et ayant pour cadre donc, des relations d'ordre personnel; 2. l'exercice d'un contrôle normatif qui trouve comme lieu d'accomplissement les relations qu'il appelle structurelles, soulignant dans ce cas l'impossibilité ou la difficulté qu'il y aurait pour les individus en présence, soit de négocier les contenus des rôles, soit de négocier leur affectation sur les épaules de tel ou tel individu et préférentiellement à tel ou tel autre.

Il ne serait pas difficile de reconnaître dans cette seconde formule que l'exercice du contrôle social correspond au cas d'une vie en société fortement instituée; et qu'il s'agisse d'une société traditionnelle ou même caractérisée par l'intégration fonctionnelle de ses membres sous la contrainte de la division du travail par exemple. L'imposition des rôles étant la règle tout autant dans l'un et dans l'autre cas; seule la procédure d'imposition étant différente : par identification et par imitation dans le cas d'une société plutôt traditionnelle et par apprentissages, par adaptations individuelles ou par intériorisation des normes des comportements psycho-sociaux dans une société plus fonctionnelle.

Selon Hannerz, la première formule de contrôle, basée sur la manipulation d'informations personnelles, est rendue possible à partir du moment où les relations humaines sont plus personnelles ou mollement instituées en quelque sorte, plutôt que structurelles. Il ne devrait pas être difficile aussi de comprendre qu'une telle relation personnelle est à l'œuvre par exemple lorsqu'une mère s'enquiert de savoir de la bouche même de son enfant «ce qui a bien pu se passer» dans telle ou telle circonstance et qui fait que la tournure des événements n'est pas conforme à ce à quoi, de manière plus routinière, elle aurait pu s'attendre.

Plutôt que de dichotomiser de façon radicale ou théorique ces deux formules, Hannerz se propose de considérer, non pas tant leur typologie donc, mais bien plutôt la variation du mode de contrôle social selon que l'on se situe plutôt sur le pôle personnel et un peu moins sur celui de l'imposition des normes ou inversement. De cette façon et en s'écartant d'une perspective typologique ou théorique, il pense pouvoir isoler, de façon empirique cette fois, une troisième possibilité ou une troisième formule pour l'exercice du contrôle social où se conjuguent une modalité personnelle et une modalité normative.

Hannerz se propose aussi de faire remarquer que cette formule particulière de contrôle, fait d'un mixte de deux possibilités plus théoriques, repose le plus souvent sur des relations elles aussi particulières et dites catégorielles ; relations catégorielles qui correspondent pour l'individu à l'accomplissement d'un rôle mais dans le cadre d'une définition qui est limitée dans le temps. Ces relations catégorielles, limitées dans le temps, sont responsables de ce que l'accomplissement du rôle en question ne peut être assuré par le seul procédé de l'apprentissage-imposition de ses contenus ; la socialisation dans ce cas ou le contrôle social repose nécessairement aussi sur des données plus personnelles. Autre façon de considérer la tenue d'un rôle dans ce cas : l'individu s'engage dans son rôle *au prorata* pourrait-on dire de son achèvement dans le temps. Ce type de mise en situation est appelé l'engagement situationnel finalisé.

Un exemple fourni par Hannerz d'un tel engagement situationnel finalisé et d'un contrôle social reposant sur des relations catégorielles est celui du chauffeur d'autobus. L'exercice de ce rôle est certes soumis aux diverses contraintes qu'imposent l'employeur du chauffeur mais ce rôle de service est moins strictement contrôlé que celui d'un ouvrier travaillant sur une chaîne de production par exemple. Par contre, pendant l'exercice du rôle, la rencontre avec les passagers et la clientèle de l'autobus oblige le chauffeur à adapter son rôle à des imprévus divers ; imprévus que ne risque pas de rencontrer le second. Enfin, une fois son temps de travail terminé, le chauffeur peut s'en retourner chez lui allégé ou débarrassé en quelque sorte du poids identitaire de son rôle professionnel, moins situé sur un pôle haut d'imposition normative que ne le serait par exemple celui d'un ouvrier spécialisé. Il ramène également chez lui des informations personnalisées et qui ont à voir avec le déroulement de sa journée de travail et ainsi de suite.

C'est très précisément cette possibilité d'engagements situationnels finalisés, de rôles définis dans le cadre de relations plutôt catégorielles et dont l'exercice est contrôlé par un mixte d'informations personnelles et d'imposition des normes, qui nous semble devoir être mentionnée dans la compréhension du cas de Tonio et de ses interactions en famille ; plus particulièrement encore pour les séquences biographiques qui ont à voir avec la consommation de drogues. Nous pensons également que cette formule d'exercice d'un rôle et de contrôle social devrait mieux faire saisir concrètement ce que nous nommions dans son cas par l'expression d'émulation communautaire ; et pour l'heure la cohérence des parents à son encontre plutôt que leurs contradictions.

On ajoutera cette remarque donc : la distinction qui s'en vient entre le contrôle normatif des agissements de Tonio par son père d'une part et d'autre part le contrôle plus personnalisé exercé par sa mère, se veut avant tout une distinction analytique ou de méthode. A nos yeux il n'est pas dans nos intentions d'induire la réalité de deux formules en contradiction et dont le résultat serait dysfonctionnel pour Tonio ; non plus l'existence de deux camps — celui des hommes et celui des femmes — et s'organisant comme des rivaux. Au contraire, c'est de l'intrication ou du mixage de ces deux modes d'exercice des rôles et du contrôle social, l'effet d'aller-retour entre le premier et le second et l'effet de tension qui les relie-les oppose, qu'émerge pensons-nous une possibilité de cohérence et qui montre à voir cette famille italienne et immigrée comme un lieu de sociation où les enfants se préparent en fait à la *débrouillardise* ou à la *combine*. Ce qui nous faisait comprendre la biographie de Tonio comme une figure type d'entrée dans la toxicomanie réside donc en ceci : nous ne sommes pas d'avis que cette famille méditerranéenne, où l'on se doit bien de constater la normativité du père et le caractère maternant de son épouse, est de nature dysfonctionnelle ou pathologique ; mais nous pouvions comprendre en des termes positifs cette fois et en dégageant la cohérence du style de vie, la propension qu'a Tonio, dans un univers urbain où la drogue est disponible, d'entrer dans le milieu de la drogue, d'y évoluer et d'y apprendre un rôle de toxicomane le temps de son inclusion dans ce milieu ; d'y mettre un terme également et de chercher à se débarrasser de ce rôle lorsque les possibilités d'un contrôle plus personnel l'emportent sur l'imposition des normes et que l'ensemble de la famille s'adapte à Tonio et à son état de toxicomane.

La normativité paternelle

La normativité du père de Tonio n'est pas vraiment une attitude monolithique dans le chef de ce *pater familias* mais quelque chose d'un peu plus subtile ou complexe.

D'un côté le père de Tonio n'a de cesse de rappeler à ses enfants certaines grandes maximes éducatives telles que le respect des cadets pour les aînés ; des garçons pour les filles ; le sens de l'honneur de la famille ; celui de la tradition également et parfois celle de la religion catholique ; il prédit aussi que si les jeunes s'en tiennent aux sillons tracés avant eux par leurs parents, rien de fâcheux ne devrait leur arriver au cours de leur vie au pays de cocagne de l'immigration. A tout le moins, le respect de cette morale, qui est orientée vers des codes traditionnels de communication et des normes connues de comportement, devrait avoir cette capacité de préserver l'honneur de chacun autant que la solidité du lien familial et communautaire. Il devrait aussi protéger les générations à venir des dangers qui guettent chacun et qui ont un certain quant-à-soi pour maître-mot. Mais d'un autre côté le père de Tonio reste muet comme une carpe sur la façon dont il s'en serait lui-même tenu à cet enseignement traditionnel et notamment pendant les six années où, venu seul et dégagé du contrôle des siens, il travaillait dans les mines belges.

Tonio parle du personnage qu'est son père tout à la fois avec lyrisme (lorsqu'il souligne le caractère aventureux et les risques personnels qu'il a su prendre par le passé ; lors de son arrivée en Belgique), avec terreur (lorsqu'il mentionne les corrections physiques qu'il était capable d'infliger à ses enfants pour faire régner l'ordre en famille), avec humour voire avec tendresse aussi (lorsqu'il fait état par exemple de certaines consignes éducatives mais par trop désuètes cependant et qui sont là, moins peut-être pour interdire certaines relations que pour en évoquer, sous la forme d'une connivence entre le père et ses garçons, le trouble sinon les troubles personnels que l'on peut éprouver à leurs occasions ; c'est entr'autres le cas avec la sexualité et les relations entretenues avec les filles) ; mais rarement avec ce qui pourrait être entendu comme étant de l'animosité.

Il en parle aussi avec le sérieux qui convient lorsque l'on évoque un personnage capable de transmettre une sagesse de vie qui lui vient de ses parents et grands-parents ; mais aussi avec une certaine perplexité lorsqu'il se souviendra qu'à chaque fois qu'une situation neuve se présentait à lui ou à la famille, où un choix donc devait être fait mais sans pouvoir recourir automatiquement à l'enseignement des plus âgés, c'est avec les femmes que le père de Tonio pesait le pour et le contre de la décision à prendre. Et bien souvent le pour était du côté des femmes ; le contre dans le camp des hommes plus vieux :

> – *il est arrivé en Belgique qu'il avait 25-26 ans. Il n'en avait pas parlé avec son père à lui. C'était plutôt sa mère qui prenait ce genre de décision parce que ça, il m'en a souvent parlé. Il m'a souvent parlé de ses parents à lui ; je suppose qu'il a parlé avec sa mère de son projet de venir ici ; avec ma grand-mère donc. Avec ma mère aussi mais avec mon grand-père... chez les vieux, et du côté de mon père, c'est plutôt les femmes qui...*

De façon peut-être tout aussi lyrique que l'évocation par Tonio du personnage de son père, nous dirions que la vie pour cet homme est comme « un long fleuve tranquille » mais dont il appartiendrait aux femmes de négocier les méandres bien que les hommes s'occupent entre eux à débattre s'il faut descendre ou remonter les eaux. Certes et *in fine* avec cette question de l'immigration, on pourra tenir pour acquis que le débat sera tranché sous le poids de contraintes matérielles et économiques ; ou alors que ces dernières serviront d'écluse : à canaliser et à gonfler la force des eaux et l'enthousiasme qui anime le père de Tonio. C'est selon. Mais l'essentiel à nos yeux n'est peut-être pas dans ce qui a déterminé ou conditionné le père à prendre sa décision de partir, que de reconnaître que la normativité ou même le «machisme» des hommes et la «matrilocalité» c'est-à-dire ici la capacité d'influence sur la prise d'une décision, sont bien les deux faces d'une même pièce de monnaie; reconnaître cette réciprocité à l'œuvre entre les hommes et les femmes : les hommes peuvent être d'autant plus autoritaires, traditionnels ou catégoriques dans leurs prises de paroles, que les femmes détiennent cette faculté de faire front et de s'adapter à l'actualité et ses imprévus.

La discrétion personnelle des hommes

Insistons quelque peu encore sur le personnage du père :

– quelles discussions vous aviez toi et ton père ?

– *Moi je lui demandais souvent : «qu'est-ce que tu faisais quand tu étais jeune?» Et des trucs comme ça; «comment t'étais?»...*

– tu cherchais à en savoir plus sur le personnage ?

– *Oui; ce qu'il faisait. Sinon des grandes conversations avec lui, alors là oui, quels sermons parfois. Je l'aime bien hein! Je parle avec lui d'un tas de trucs qui sont arrivés mais parler de lui... Je ne saurais rien dire de lui quoi. C'est ça aussi qu'on peut se bagarrer sur des idées et ses théories de vieux mais c'est pas pour ça que je suis en brouille avec lui quoi.*

Et :

– *il accorde aussi beaucoup d'importance à ce que les autres vont dire. Par exemple, si mes sœurs vont dire quelque chose et que moi aussi je dis quelque chose, cela va pas faire le même impact quoi. Parce que nous ne sommes pas toujours d'accord...*

Avec cette évocation, Tonio nous permet de comprendre qu'une des fonctions du père consiste à être le rassembleur ou le garant d'un consensus au sein de la famille; consensus qui peut d'ailleurs s'étendre aux personnes qui gravitent dans sa périphérie immédiate comme les amis de la maison, les voisins les plus proches, les beaux-enfants, ...

Ce que nous pourrions comprendre comme étant une position de partialité du père — le fait ici d'accorder plus de poids aux arguments de l'un ou de l'autre — peut aussi se comprendre comme un effet ou comme une condition de l'exercice de son rôle : il est tout autant nous semble-t-il à l'origine du consensus familial que le porte parole d'une tradition qu'il voudrait imposer dans son évidence à tous. Certes cette autorité du père mériterait sans doute d'être observée pour elle-même; mais ce qu'il nous apparaît utile de noter c'est que le père de Tonio, au départ de cette position de garant de la cohésion de la communauté familiale, se doit également d'adopter des attitudes faites de *distance* personnelle dans les interactions qu'il a avec ses enfants. *Pour moi, tous mes enfants sont tous pareils*, dira-t-il lors d'une rencontre que nous aurons avec lui ; et, plus généralement encore, nous pensons que de sa position de rassembleur, le père de Tonio se doit de *taire* les singularités personnelles des uns et des autres autant que les siennes propres. A l'inverse, l'installation d'une transparence des singularités personnelles au travers des transactions familiales risque de miner à long terme la cohésion de la communauté familiale ; et la reconnaissance dans le chef du père d'une similitude, qu'elle soit caractérielle ou psychologique par exemple, avec l'un ou l'autre de ses enfants, risque d'être assimilée à une attitude népotique. Par contre, la négation ou à tout le moins l'attitude qui vise à ne pas insister sur la psychologie de chacun des membres de la famille, renforce les chances d'installer une cohésion entre tous ; elle fonde des égalités communautaires : des garçons entre eux, des filles, des aînés, ...

En fait, ce sur quoi insistent la normativité et l'autorité du père, est moins des contenus de rôles ou leur complémentarité éventuelle, la spécialisation de chacun, que l'obligation de faire cohabiter ces divers rôles dans un même ensemble communautaire ; le respect des aînés par les cadets, le sens de l'honneur familial, et ainsi de suite, sont autant de valorisations du cadre communautaire lui-même mais qui en retour laissent relativement indéterminée la question de savoir comment chacun des membres de cette famille va meubler en personne tel ou tel rôle. Aussi, si le rappel incessant de la tradition, si le processus identificatoire qui accompagne l'autorité du père ont pour objectif principal de faire de chacun un pion du consensus communautaire (et, pour les hommes, de forger une stature de rassembleur ou de chef), on constatera cependant que ce style de vie laisse une marge de manœuvre importante à la singularisation de chacun ; ce qui est reconnu ou socialement sanctionné, c'est le fait, positif ou négatif, d'accepter la tradition et le consensus mais ceci établi, l'évaluation ne concerne pas ou guère la manière avec laquelle les individus se comportent dans leurs rôles concrets. Ainsi cet épisode de l'adolescence de Tonio :

> *– j'avais 17 ans, 17 ans et demi et j'ai été en pot pour une grosse bagarre avec un homme qui était plus âgé que moi. Quinze jours de prison et trois mois de correction dans une boîte de la protection de la jeunesse que je me suis ramassé. J'ai fait des pieds et des mains pour en sortir et avec mon père, mon frère, mes sœurs et ma mère, l'avocat. Toute la famille s'est mobilisée autour de moi quoi ; pour me faire sortir de la boîte.*

Autre exemple : à la question de savoir quel projet professionnel les parents souhaitaient pour Tonio, celui-ci dira :

— *Ingénieur-technicien. Parce que mon frère* (l'aîné de la famille ; Tonio quant à lui est le cadet et le second garçon) *avait fait des études pour faire ingénieur-technicien mais il avait dû arrêter parce qu'il avait été malade ; et puis parce qu'on était six gosses à la maison et ma mère elle travaillait pas. Donc il fallait qu'il travaille pour ramener de l'argent... Bon il a arrêté et puis ingénieur-technicien, ça c'est reporté sur moi quoi. Mais c'est un malin ; il a fait autre chose. Ma mère me disait : « il faut que tu sois ingénieur-technicien » et tout ça. Mais j'avais pas la tête à ça et bon, mon frère quand il rentrait à la maison, il faisait des beaux plans ; il me montrait les plans qu'il faisait et tout ça ; soigneux et tout quoi. Moi, il y a des jours où je faisais quelque chose pour l'école et d'autres pas ; puisqu'il y en avait un qui travaillait bien, moi je pouvais un peu m'en foutre quoi. Donc il y a des jours que je rentrais et que je jetais la mallette dans un coin et que je sortais avec mes copains...*

— personne ne te forçait à travailler pour l'école ?

— *Oui et non quoi. A un moment donné, oui ; après que mon frère avait arrêté. C'était au début du secondaire que j'étais et le fiancé de ma sœur m'expliquait des trucs d'algèbre que je ne comprenais pas. Mais moi je préférais de loin d'aller travailler. Bon, j'ai un diplôme A3 ; pour mes parents c'est déjà un diplôme aussi ; c'est un certificat en fait mais avec ça je peux travailler. Je fais chauffagiste ; enfin c'est ce qui a sur ma carte d'identité mais je suis capable de toucher à tout quoi.*

On *fait chauffagiste* ou on *fait ingénieur-technicien* dit Tonio ; mais il *est* aussi capable d'entreprendre d'autres activités et c'est bien d'une communauté familiale dont il parle en relatant ces épisodes biographiques. Ainsi en est-il avec l'imposition faite à l'aîné de *faire* ingénieur-technicien puis d'y renoncer pour ramener de l'argent au bénéfice de tous ; de l'interchangeabilité des projets professionnels entre les deux garçons également. Mais aussi, une fois les exigences communautaires satisfaites, chacun est libre de faire les choix qu'il souhaite ; de meubler son processus d'individuation ou sa personnalité comme il l'entend ; *être* ce qu'il veut ou peut prétendre être et être surtout reconnu et accepté comme tel par les autres (on songera ici à l'épisode de la mobilisation des ressources familiales pour faire sortir Tonio de l'institution de placement).

Aussi et différemment peut-être de ce que l'on serait en droit d'escompter dans une communauté ouvrière, le pragmatisme de la vie quotidienne et la valorisation des aspects instrumentaux de l'existence — comme avec le cas de la scolarisation des garçons par exemple — sont ici des conséquences sans doute de la vie communautaire mais aussi une façon d'y prendre part activement ; de l'alimenter. Dans le cas de Tonio, ce sont là plus que des contraintes de la vie dans une communauté dominée du fait de sa position dans la stratification sociale ; ces caractéristiques forment aussi une possibilité de liberté ou d'autonomie individuelle : une opportunité d'individuation concédée à chacun d'autant plus qu'en retour l'éventail des personnalités et des ressources personnelles qui se constitue ainsi avec peu de contraintes sera mis au service de tous.

Dans le cas de Tonio donc, nous ne pensons pas que la vie quotidienne en famille soit organisée selon un modèle infra-ouvriériste; c'est-à-dire en-deça d'une conscience de classe. Les caractéristiques de la vie familiale par contre et quand bien même elles pourraient être expliquées sur la base du paradigme des classes sociales, se laissent aussi comprendre dans leur cohérence interne; comme un mode propre de sociation.

A un autre moment de l'entrevue que nous avons eue avec le père de Tonio, celui-ci aura une formule de langage résumant à elle seule à la fois les contraintes de l'ordre ou de la forme communautaire et les opportunités ou la latitude personnelle qu'elle offre à ses membres masculins : *Tonio, il doit faire ici dans la cure ce qu'on lui dira de faire. Mais évidemment, ce que l'on voit pas ça on le saura jamais...* C'est peut-être en cela qu'un contrôle social communautaire diffère d'un contrôle social disons plus collectif pour ne pas dire collectiviste : le contrôle communautaire n'a pas pour objectif final de spécialiser les individus ni d'organiser la complémentarité et l'interdépendance des rôles psycho-sociaux de chacun; mais tout en misant sur l'ordre de l'interchangeabilité des individus, sur leur disponibilité à la communauté également, les individus ont droit à une marge de manœuvre en ce qui concerne les processus concrets d'individuation; ils ont droit à ce que la communauté ne contrôle pas à savoir les caractéristiques personnelles ou psychologiques. En retour, ces caractéristiques alimentent les ressources de la solidarité communautaire lorsque cela s'avère nécessaire.

Ce qui est en dehors des exigences normatives de l'institution de postcure, comme le dit le père de Tonio, échappe à toute évaluation. *Du moment que Tonio fait ce qu'on lui dit de faire et qu'il respecte le règlement*, c'est là pour son père un signe qui à l'évidence lui laissera croire que la cure de son fils se passe bien et qu'il progresse vers la guérison. Mais si Tonio applique ces normes à l'extérieur des murs de l'institution, s'il intègre des attitudes nouvelles et des traits de personnalité qui le protègeraient du risque d'une éventuelle rechute dans la drogue, voilà le genre d'hypothèses de travail qui lui seront étrangères ou incongrues. Ne pas retomber dans la drogue, *c'est une question de volonté*, dira le père de Tonio; *il n'a qu'à faire comme moi. Moi je n'ai jamais pris de la drogue et je ne sais pas ce que c'est. A part ça et bien il n'a qu'à faire sa vie comme il le veut; se choisir une femme et faire le travail qu'il veut.*

S'il est malin, c'est ce qu'il fera, dit-il également et soulignant bien de la sorte que l'efficacité normative du modèle communautaire repose aussi sur une part de hasards ou d'impondérables; mais si Tonio suit l'enseignement de la tradition et croit en la sagesse des règles émises par les anciens, alors ces impondérables et ces hasards de l'existence se transformeront en ressources personnelles, en capacités de *débrouillardise*. Aussi l'emprise que Tonio peut avoir sur la réalité des choses ne dépend pas de sa rationalité, de l'évaluation des risques et du calcul des probabilités de réussite, d'une stratégie au long terme ; mais plutôt de sa perspicacité tactique à jouer avec — plutôt que d'agir sur — les données du réel, à se débrouiller dans la vie sous la houlette de l'enseignement des anciens. C'est là une autre façon de comprendre que dans la perspective de Tonio et de sa communauté familiale, ils sont tous égaux mais aussi que *chacun n'est pas le même*.

Ce qui a été dit jusqu'à présent de la communauté familiale à laquelle appartient Tonio devrait mieux faire comprendre l'expression d'*émulation communautaire* ; et d'abord pour ce que cette expression ne signifie pas, à savoir un mode de confrontation ou de différenciation des hommes basé sur leur concurrence ou sur la compétition.

L'absence de compétition en premier lieu : l'interchangeabilité des projets professionnels dans le cas des garçons par exemple, nous permet de comprendre le sens donné par Tonio à cette allégation qu'*il n'y a pas de jaloux en famille*. Les garçons n'entrent pas en compétition les uns avec les autres pour avoir accès à un bien rare. La concurrence ensuite : en laissant un voile, une sorte de flou cognitif en regard des caractéristiques personnelles de chacun, leurs qualités ou leurs défauts, les hommes ont peu l'occasion de se jauger les uns les autres ; de se comparer selon des points de ressemblance et de divergence. Au fond, si les hommes n'ont guère d'obligations à se battre entre eux afin d'avoir un accès *quasi* exclusif à un bien rare, ils ne sont pas non plus soumis à une forme de sociation où la question se poserait de savoir qui est le plus ou le moins conforme au modèle paternel par exemple.

Si ces deux grands principes de différenciation des hommes entre eux sont ici inopérants, la question qui se pose est bien de savoir quel autre processus est à l'œuvre. La marge de manœuvre de chacun en dehors ou à côté de ce qui a à voir avec la cohabitation avec les autres, peut se comprendre comme étant cette formule de différenciation. Au terme de cette liberté de manœuvre, il y aura des *malins* et des *débrouillards* qui grâce à leurs singularités respectives alimenteront la cohésion du groupe et sa solidarité.

Les femmes et le contrôle par des informations plus personnelles

A l'inverse des relations entretenues par Tonio avec son père, les relations qu'il connaît avec sa mère (puis avec ses sœurs plus âgées qui, à la suite d'une maladie de la mère, en assureront le relais relationnel) donnent à voir des caractéristiques qui pourront être tenues pour des indices d'un contrôle de Tonio sur la base d'informations personnelles.

Justifions tout d'abord empiriquement la différence entre les styles masculin et féminin d'exercice du contrôle de Tonio :

– comment ton père a-t-il pris le fait que tu consommais des drogues ?

– *Il l'a quand même mal pris quoi... Il a pas gueulé; il a... il a accusé le coup quoi. Cela lui a fait de la peine et il a même pleuré et tout ça. Voir son fils prendre de la came... Bon; il s'en doutait un peu mais il ne voulait pas l'admettre. Parce que mon père, bon, je l'ai déjà vu et il ne disait rien mais j'ai déjà remarqué qu'il avait trouvé des pacsons à moi et tout quoi.*

– Tu les laissais traîner ?

– *Non non; pas vraiment mais j'étais parfois tellement pété que... je m'endormais; je les jetais à la poubelle et tout ça et puis lui, il les voyait mais il ne disait rien. Il me disait même pas : « Tonio qu'est-ce que c'est que ça ». Parfois il faisait juste une allusion du genre : « comment ça se fait que tu dors tout le temps ? » Et c'était tout. Il avait son idée c'est sûr mais il n'a jamais voulu l'admettre; il ne m'a jamais rien dit vraiment non plus.*

– Tu aurais apprécié qu'il le fasse ?

– *Bon... c'était un peu un secret de polichinelle quoi. Enfin; j'exagère peut-être un peu mais il faut dire que je lui ai jamais rien demandé non plus.*

– Je ne comprends pas bien.

– *Bon... pour moi, il s'en doutait. Ou bien alors il se disait : « c'est peut-être pas si grave » ou « ça va passer. Ce n'est qu'une fois ». Parce que mon père, la came, il sait pas ce que c'est. Alors... si je lui avais demandé quelque chose ou s'il avait dit quelque chose... qu'est-ce qu'il aurait pu dire ? Il était le bec dans l'eau quoi. Non non... à mon avis il voulait pas l'admettre et comme ça il perdait rien dans l'affaire.*

Par contre :

– *Ma sœur Carmela, quand elle a su, c'était directement des « tu es vraiment un con. Tu n'as pas besoin de ça ». Alors mon autre sœur, ça lui a fait de la peine aussi et toute la nuit qu'elle est restée avec moi à discuter et à vouloir m'envoyer en cure.*

Il n'est pas interdit de mettre en parallèle la normativité du père de Tonio telle que nous l'avons décrite ci-avant et cette sorte de secret, de *polichinelle* certes mais secret tout de même, dont fait état Tonio et qui caractérise leurs échanges. On remarquera que Tonio considère avec importance le fait que son père ne connaît pas les drogues qu'il consomme. A ce titre il s'abstient d'ouvrir la conversation avec lui sur ce thème car — c'est ce que Tonio nous confirmera — il ne veut pas mettre son père dans une situation où il perdrait la face. Comment pourrait-il rendre ses interventions un tant soit peu légitimes ou fondées alors que la tradition dont il se réclame n'a rien à dire sur les drogues ? Son père, s'il voulait aborder ce sujet dans ces conditions, devrait se situer sur un autre plan que celui de la norme : celui d'échanges ou de dialogues plus personnalisés. Vraisemblablement, serait-il ainsi contraint de parler de lui et de ses propres expériences de vie; de questionner Tonio sur ses intentions ou ses motivations personnelles. Et comment ne pas voir que dans cette hypothèse, le père de Tonio serait rendu à altérer sa fonction de rassembleur ? Il ne serait plus le transmetteur des normes communautaires mais celui qui devrait reconnaître non plus seulement la possibilité qu'une part de la personnalité de chacun échappe à la tradition mais plus encore que la vie communautaire passe à l'arrière plan dans la vie en famille et que celle-ci est faite pour s'occuper de chacun personnellement; reconnaître un renversement des priorités en quelque sorte. Le secret dans cette perspective — et la possibilité même qu'il soit de *polichinelle* — renforce la suprématie du communautaire sur l'individuel. Il en va différemment avec les femmes.

Si le travail d'imposition des normes est l'affaire des hommes plus âgés, celui des femmes consiste plutôt à *persuader*, convaincre; à miser aussi sur le temps pour permettre à Tonio de s'amender. Si dans le cas des hommes donc, la pratique du secret ou de la non-divulgation officielle est de rigueur, comme adjuvant à la communauté, du côté des femmes c'est l'*aveu* (et bien avant la conformité) qui semble se présenter comme un invariant attitudinal et relationnel. Et cette attitude est elle aussi cohérente avec le style communautaire de l'existence; l'aveu est un critère formel pourrait-on dire puisqu'il autorise les divers partenaires d'*en faire à leur tête* parfois mais aussi de continuer l'échange sans rompre les liens et ce malgré le contentieux personnel.

Ainsi Tonio s'insurgera contre la compréhension que nous avions d'abord de sa situation en regard des sœurs :

– Tu disais qu'une fois qu'elles ont été mises au courant de tes consommations, il t'arrivait de leur demander de l'argent pour acheter tes doses. C'est pas un peu une forme de chantage ?

– *Chantage ? Ah non! D'abord, j'ai jamais demandé de l'argent qu'à celles qui voulaient bien m'en donner. Bon, ... manipuler ? Ca oui parce que bon, la vérité elles la voulaient et elles l'avaient là. Et peut-être que j'en rajoutais avec elles ça oui...*

– tu pourrais expliquer un peu plus que je comprenne ta façon de voir les choses ?

– *Ma sœur Laurette par exemple : elle veut tout savoir quoi. Elle savait bien que je pouvais lui dire n'importe quoi même si c'était pas vrai puisqu'elle veut tout savoir. Je lui disais : « écoute; je dois aller au cinéma avec ma petite amie. Imagine-toi : il faut que je sorte une chouette nana; il faut que je mette de l'essence dans la voiture »* et *tout ça. Bon; c'était pas faux et je lui disais toute la vérité sur tout; donc il y avait plus de mensonge quoi. Je lui avouais tout mais je disais pas qu'avec l'argent j'allais m'acheter un pacson. Bon ça, comme elle savait que je me droguais, elle savait bien quoi. Et alors elle me questionnait sur tout et elle arrivait elle-même à la vérité : « comment ça t'as plus d'essence ! » Et combien de kilomètres que j'avais été; les autres dépenses aussi. Et quand elle était bien renseignée sur tout elle me disait :* « *écoute Tonio. Pour ce que tu veux tu auras de l'argent mais pour le reste ; c'est la came hein !? Alors pour ça c'est non.* » *Bon, elle voulait savoir des trucs. Donc, moi je lui disais et puis elle payait. Et puis au moins comme ça elle savait que je reviendrais chez elle.*

Dans le court terme — celui de chaque interaction qu'il a avec ses sœurs — l'échange entretenu pourrait s'apparenter à une sorte de « racket » aux sentiments de la part de Tonio ; *c'est sûr que si je disais que j'étais en manque, elles donnaient plus,* confie Tonio, *parce qu'elles avaient peur de ce qui pouvait m'arriver.* Mais sur le long terme cette fois, celui de la sociation communautaire, la logique ou le code de communication qu'est l'aveu semble payant pour les femmes autant que pour Tonio : le contact reste noué entre Tonio et ses sœurs et quant bien même il leur « extorque » de l'argent, la manipulation est à double sens : *finalement elles seules avaient du fric et elles savaient tout de moi. Elles devinaient tout quoi ; c'est comme ça que j'ai aussi accepté d'aller en cure ; elles me tenaient quoi.*

Ce serait quasiment un truisme que de dire que le contrôle exercé par les femmes — à l'inverse de celui du père — repose sur la manipulation d'un volume considérable d'informations personnelles ; chaque péripétie de Tonio en particulier (mais ceci est également vrai pour chaque membre de la famille), est l'objet d'un jeu de questions-réponses produisant des empans de plus en plus larges de connaissances personnelles.

Les informations qui portent sur des faits de déviance manifeste de la part de l'un ou de l'autre membre de la famille peuvent être pour un temps dissimulées par les femmes au père et aux hommes plus en général. On pourra vérifier ces pratiques de dissimulation de la vérité par exemple dans les quelques semaines qui suivent l'aveu de la consommation de drogues aux sœurs. Il s'agit d'abord de se protéger des réactions éventuellement violentes du père ; mais ce qu'il nous apparaît plus pertinent de noter, c'est que le mixage des deux modes de contrôle — normatif et informationnel — s'il se déroule le plus souvent à l'occasion de *catastrophes* comme dit Tonio, aboutit, très précisément à ces occasions, à modifier en fait et dans le chef de tous les individus concernés, le statut de la réalité. Le mécanisme du contrôle a bien pour objectif une certaine conformité individuelle à un modèle traditionnel mais en y injectant, lors d'une *catastrophe*, des informations sur les personnes, l'adaptation individuelle entraîne aussi des adaptations réciproques.

A tout le moins avec l'extrait qui s'en vient, pouvons-nous comprendre que, malgré le fait que Tonio pose un acte hautement personnel et individuel de déviance et qui le singularise aux yeux de tous, l'esprit communautaire est sauf en quelque sorte ainsi que la solidarité entre les membres de la famille mais à un prix bien particulier cependant : la toxicomanie de Tonio n'est pas une réalité objective ou neutre qui s'impose de l'extérieur à la conscience de tous les membres de la famille mais une réalité qui prend forme dans le cadre des interactions familiales grâce aux conflits d'informations et *in fine* qui s'objectivise par un consensus ; en finale de ce processus de définition à plusieurs de la réalité de la toxicomanie, ce qui est attendu de Tonio est bien moins qu'il mette un terme à ses consommations que de se plier — lui comme les autres — à cette définition inter-subjective. Voici cet extrait :

> *– j'ai eu des difficultés d'argent avec la came et là j'ai aussi commencé à aller voir ma sœur Danielle pour lui demander de l'argent et tout ça. Alors, « Tonio », qu'elle disait parce qu'elle est fort intelligente, « Tonio, c'est pourquoi ? ». Des questions et des questions à n'en plus finir ! Puis une fois, j'ai été quand j'étais en manque. Déjà qu'en temps normal, supporter d'entendre parler des gens, cela m'énerve mais alors quand on me dit « fais comme ça », ça m'énerve encore plus ; alors là, j'étais en manque donc ; super-énervé et tout. Elle a commencé à me dire : « écoute ; pourquoi tu es comme ça ? ». Alors moi je lui ai dit : « écoute toi maintenant » et on a commencé à discuter. Alors je lui ai dit : « j'en ai marre... tu me cherches une solution ». Je lui ai expliqué que je prenais de la came. Bon ; elle le savait si on veut mais elle savait pas les détails de ce que ça veut dire. Scandalisée d'abord qu'elle était. Alors je lui ai dit : « je prends de la came » et tout le reste qui va avec. Elle m'a donné de l'argent puis elle m'a dit : « au soir, on en rediscutera ». Puis alors le soir, voilà que j'en ai discuté avec son mari et mon beau-frère il m'a dit : « écoute Tonio... ». Il m'a parlé d'un mec qu'il connaissait bien et qu'il était alcoolique et alors qu'il l'avait pris aussi en charge. Il donnait des explications et tout ça. Mon beau-frère, c'est un malin hein ! Alors il m'a dit : « écoute ; il n'y a qu'une solution qui marche contre la came : c'est d'aller faire une cure ». Moi je disais : « oui oui » parce que j'étais salement arrangé ; c'est eux qui m'ont dit ça après quoi. Puis le lendemain c'était fini ces discussions et puis pour finir je me suis laissé faire. Parce que là c'est pas moi qui a voulu aller à l'hôpital psychiatrique ; j'ai fait ce qu'ils voulaient mais on était tous d'accord pour dire que c'est dans la tête que ça se passe aussi ces choses-là. Donc, puisqu'on était tous d'accord, c'est comme ça que j'ai été à X* (hôpital psychiatrique).

Le processus d'individuation ou de singularisation des membres de la famille donne effectivement naissance à des intérêts personnels mais les conflits qui peuvent éclater et qui concernent les excès d'individuation ou le débordement des intérêts égoïstes, après mûre réflexion, débouchent sur le cadre communautaire lui-même. Bien sûr la consommation de drogues par Tonio est connotée négativement comme une folie ou comme un non sens, mais le mécanisme d'adaptation réciproque est sans doute de même nature que lorsqu'il s'agit d'un comportement connoté positivement : l'individuation en fait n'est guère synonyme d'autonomie personnelle mais chacun reste un tant soit peu dépendant des ressources communautaires et, en retour pour la communauté cette fois, l'individuation de chacun est une contrainte qui pousse les divers partenaires en présence à échanger de l'information et à re-définir le statut du réel ; à donner un sens, à valoriser à plusieurs ce qui est tenu pour être la réalité des choses.

Exprimé différemment : l'autonomie personnelle n'est pas *ipso facto* un risque de rupture de la solidarité communautaire ; mais au contraire la masse d'informations contradictoires qui est échangée lors d'une *catastrophe* est à l'origine d'une reformulation ou d'une extension du consensus communautaire qui s'adapte ainsi à de nouvelles données du réel ; qui force aussi les membres à voir les choses quelque peu différemment et à tolérer des faits nouveaux — individuels mais «normaux» — dans le style de vie commun.

Ce que le matériel biographique de Tonio nous montre à voir en fait, c'est que l'individuation de chacun se déroule en marge si l'on veut de la normativité paternelle mais qu'en retour la manipulation des informations personnelles, par les femmes surtout, fait le caractère vivant de la communauté. Ce mécanisme somme toute vitaliste de ré-appropriation par la communauté des singularités personnelles nous semble être responsable d'un individualisme communautaire assez typique ici : la stature personnelle de chacun est moins celle de l'individu autonome ou égoïste mais plutôt celle d'un individu qui se *débrouille* à sa façon mais qui reste solidaire des autres autant que de la définition en commun des situations nouvelles.

2. La trajectoire de Tonio

Conséquence sans doute de l'ouverture familiale vers ou en direction de son environnement extérieur, Tonio, jeune adolescent, apprend vite à recourir aux ressources propres du réseau de relations tissées par la famille plutôt qu'à miser sur l'ordre institutionnel, scolaire en particulier, pour apprendre un métier ; pour apprendre à se *débrouiller* dans la vie.

Sans doute aussi, parce qu'il s'agit là de ressources communautaires plutôt que collectives, le rapport entretenu avec ses formateurs est-il plus proche d'une certaine maïeutique personnelle que de l'intériorisation de la soumission individuelle proposée par l'enseignement professionnel que ce soit dans le cadre de l'apprentissage d'un rapport salarial ou plus banalement encore dans le cadre de l'apprentissage d'un rapport de sujétion à l'autorité. Ainsi :

– j'ai commencé comme apprenti puis je suis devenu ouvrier. J'ai travaillé comme ça ; deux ans, deux ans et demi. Mon beau-frère qui est entrepreneur ; enfin, avant il était conducteur de travaux ; donc lui se connaît un peu dans tout ; conducteur de travaux, il est censé donner du travail et savoir le faire aussi sinon il saurait rien contrôler quoi. Bon ; j'allais chez lui ; il me montrait des livres ; je m'intéressais aussi. J'aimais bien ;

> *je découvrais des trucs qu'à l'école... D'autant plus que le patron que j'avais à l'époque, c'était un bon copain de mon beauf parce que mon beauf il était dans une société qui donnait du travail en sous-traitance à mon patron... Donc ils se connaissaient bien et mon patron il était bien avec moi aussi. J'avais un A3 ; alors j'ai repris des cours du soir et puis avec mon beauf je me suis intéressé comme chauffagiste quoi. Là-dessus j'ai été retrouver mon patron et je lui ai demandé s'il y avait moyen qu'il me prenne comme ouvrier. «Non, il n'y a pas de problèmes» qu'il m'a dit ; «je vois que tu t'appliques bien au travail» et j'ai même eu un apprenti avec moi. Nickel que j'étais : j'organisais le travail ; j'avais un apprenti avec moi ; la camionnette et j'avais juste 18 ans ! J'arrivais le matin ; j'avais ma fiche de travail et j'allais faire des entretiens chez un client ou l'autre. J'organisais mon temps comme je voulais quoi ; du moment que le travail était fait et que les clients ils étaient contents. J'étais indépendant quoi. Mon patron, c'était un bon ami de mon père aussi... Disons que c'était un peu plus comme une relation de famille ; comme un grand-frère. Par exemple, quand il me faisait une remarque, c'était : «fais-le plutôt comme ça Tonio ; ce sera plus facile pour toi». Il ne disait jamais : «mais qu'est-ce que tu fais-là!» Il voyait bien que j'aimais bien quoi. Parce que ça c'est vrai alors : moi j'aime bien apprendre et c'était un métier que j'aimais beaucoup parce qu'il m'intéressait. C'était un job bien pour moi. Et quand je suis bien comme ça et bien j'aime bien apprendre aussi.*

Tonio est d'autant plus satisfait de son sort qu'il fait l'expérience sensible de ce que nous pourrions appeler une co-responsabilité du travail : il est reconnu comme un partenaire à part entière ; formé par les siens et jugé, comme pair, capable à l'occasion de transmettre une part de ses connaissances et de son savoir-faire à d'autres. Cette reconnaissance sociale lui est acquise et son père dira de lui qu'il était *super content ; j'avais la camionnette*, disait Tonio, *et je pouvais encore faire des tas de petits boulots après journée. Un beau boulot c'était.*

De façon quelque peu métaphorique et littéraire, nous pourrions comprendre que pour Tonio, la vie en société est faite d'ouvertures et de possibles plutôt que synonyme de fermetures ou d'interdictions. Au départ de son ancrage communautaire, il fait l'expérience de rapports sociaux neufs comme ceux du monde du travail et où règne un principe largement égalitaire. Dégagé qu'il est des exigences d'une intégration plus fonctionnelle — tout en étant salarié de son patron, il s'éprouve comme *indépendant* dit-il — Tonio se pique aussi d'être accepté et reconnu par et comme les autres ; s'il fait la rencontre de nouveaux personnages, c'est à ses yeux et dans l'hypothèse où cette rencontre a des chances de se continuer dans le temps, d'en être reconnu comme un partenaire et d'en apprendre aussi.

Qui plus est et habitué qu'il est d'évoluer dans un cadre de vie communautaire, il ne confère pas d'autre statut à la réalité que celui qui émerge de la réciprocité des partenaires en présence. Ainsi, les faits et gestes qu'il pose en accord avec les autres sont-ils légitimes ou non ? Sont-ils dangereux ou anodins pour lui ? *C'est après que je réfléchis*, dira Tonio ;

soulignant ainsi que, de prime abord, c'est son inclusion dans l'échange qui lui importe avant tout de réaliser.

Pour Tonio, l'argent n'est pas à proprement parler la seule et stricte valeur d'échange de son travail. Pour lui, l'argent est aussi une ressource de l'environnement dans lequel il évolue ; une « récompense » donc ou la vérification concrète que son intégration dans le monde du travail est bien réelle ; si tel est le cas l'argent est la preuve de sa reconnaissance et de ses capacités. Ainsi cette séquence biographique :

> – *j'étais indépendant dans mon boulot et je l'ai fait presque un an comme ça. Puis après, comme j'avais tout de même acquis de bonnes notions là-dedans, je savais qu'on demandait des tuyauteurs aux Tubes de la Meuse et c'était payé 40 à 45 000 par mois ; donc le double de ce que j'avais. Alors j'ai dit à mon patron : « je suis pas assez payé ici » et lui il m'a dit : « écoute Tonio ; je saurais pas te payer plus ». Bon ; on est resté en bons termes et je suis allé aux Tubes de la Meuse. « C'est une grosse connerie » que je me suis dit après ; parce que ça a duré deux mois ; le temps d'une grosse commande des russes qui était arrivée pendant les congés et c'est pour ça qu'ils embauchaient à ce prix. Après, j'ai plus osé aller retrouver mon ancien patron pour lui demander de me réengager. Moi j'aime bien apprendre et je veux toujours plus aussi ; j'étais un peu embêté de faire marche arrière quoi...*

3. La fonctionnalité des produits psychotropes

C'est sous le sceau de cette sociabilité d'ensemble que Tonio fait la rencontre avec la drogue. Ecoutons Tonio s'expliquer sur cette question :

> – *j'avais la camionnette à cette époque-là et j'étais encore chez mon patron ; avant les Tubes donc. J'avais presque 19 ans et c'est arrivé dans une circonstance toute bête quoi... Bon ; alors il y avait un nouveau café qui c'était ouvert dans le quartier. Avant on y repassait parfois le soir après le travail avec mon patron pour prendre un verre. Alors je suis allé voir... Je connaissais vaguement le nouveau patron et je voulais mieux voir sa tête. Mais la clientèle c'était nouveau aussi quoi. Il y avait des toxicos et tout quoi mais moi franchement, l'héro je ne savais pas ce que c'était. Bon ; alors moi j'y allais prendre mon verre. Et c'est là que j'ai rencontré Mickey et il a commencé à parler avec moi. C'est après tout ça que j'ai un peu analysé... J'avais une voiture et lui pas. Il avait besoin de moi. Alors un jour il m'a dit : « écoute ; est-ce que tu ne saurais pas nous rendre un service et nous accompagner à Herstal parce qu'on doit aller y prendre quelque chose ? » Ils ne m'avaient pas dit ce que c'était. Et bon ; on est allé le chercher leur truc. Il y avait un autre gars avec : Polo. Et on est allé chez lui après et ils ont commencé à fumer l'héro et tout quoi. Je me rendais pas bien compte. C'était la première fois que j'en voyais et eux ils se disaient en manque que je pigeais rien de rien à leur cirque. Bon ; après, comme j'allais de temps en temps au bistrot, je les rencontrais et ils m'étaient sympathiques quoi. Je n'avais rien à faire de la drogue mais rien à leur reprocher non plus ; corrects qu'ils étaient avec moi. Puis une fois, je les ai conduits à Maastricht avec mon R5 et j'ai attendu dehors parce que le dealer n'aime pas qu'on rentre à plusieurs. Puis un jour je leur ai dit : « écoutez ; je veux bien vous conduire ; mais j'en ai marre de vous attendre dehors ». Alors j'ai pu entrer avec eux voir ce que c'était. J'ai pris une fumette et puis deux et ça a commencé comme ça.*

Bon; je résume hein! Mais après c'était les vacances et ça a été fini pour cette fois-là quoi.

Et :

– J'ai usé 70 000 sur ce temps-là que j'avais en banque. Ils m'avaient dit : «tu vas faire des affaires; tu n'as qu'à investir la came et tu auras pas besoin de la vendre toi-même; on s'en charge. Tu la prends à ton nom quoi; pour le fond de commerce. C'est tout et si tu veux, tu vas te faire un max de pognon». Ils avaient fait tous les calculs quoi et moi je venais de sortir avec mon fric des Tubes de la Meuse...

– vous aviez un plan d'investissement somme toute?

– Ouais. Mais ce qu'était pas prévu c'est que j'en prenne. Je commençais à y prendre goût aussi. J'ai perdu tout mon fric en quelques mois comme ça; pfft...

Lorsque nous évoquons la sociabilité d'ensemble de Tonio, nous voulons mettre deux éléments de cette dernière séquence en avant :

1. Tonio rencontre ses futurs partenaires par hasard; aucune autre détermination de cette rencontre ne saute aux yeux si ce n'est sa latitude à se déplacer dans le tissu urbain liégeois. C'est d'ailleurs rétrospectivement qu'il les identifiera comme étant des toxicomanes mais au moment de leur rencontre, l'altérité de leurs situations ne provoque guère d'évaluation dans le chef de Tonio et dans un sens réprobateur par exemple. La toxicomanie est au fond une réalité en dehors de ce qui pourrait avoir un sens à ses yeux mais le regard qu'il porte sur ces individus n'est pas celui d'un classement par le repérage de ressemblances ou de dissemblances; plutôt le regard d'un curieux observant un autre mode de vie que le sien et qu'il tient pour tout aussi plausible ou légitime qu'un autre.

C'est bien l'hétérogénéité des univers sociaux et de signification, le pluralisme socio-culturel ou communautaire, qui semble être le point de départ de la rencontre de Tonio avec la drogue.

2. Dans un second temps de leur rencontre — et encore, l'évaluation que fait Tonio est ici aussi rétrospective — Tonio est en quelque sorte instrumentalisé par ces consommateurs de drogues. Il est reconnu par eux comme un individu qui peut leur être utile, leur rendre des services. Bien plus que l'attrait de l'inconnu de la drogue, Tonio attend, en retour de ses services, qu'il soit accepté à part entière dans le groupe; d'y avoir les mêmes droits que les autres. Il revendique son inclusion au nom du service qu'il leur rend et il attend qu'ils lui renvoient l'ascenseur d'une réciprocité de nature communautaire.

Tonio ne pense pas qu'il doit faire la preuve de la détention de certaines qualités personnelles particulières pour pouvoir être agréé puis initié par les autres consommateurs; puisqu'il se met à leur service, il leur appartient de le considérer comme l'un des leurs et à tout le moins de pouvoir évoluer à sa guise dans le réseau de leurs relations et contacts.

L'argent et la possibilité de faire des gains financiers sont bien moins des motivations personnelles dans le cas de Tonio qu'une sorte de vérification ou de preuve que son inclusion dans le groupe peut lui être favorable ou bénéfique; qu'une association avec les autres est possible dans le temps et la durée aussi et qu'elle n'est pas qu'éphémère donc.

Si nous réfléchissons en termes de rôles, la rencontre avec la drogue dans le cas de Tonio, n'a pas comme condition de réalisation la mise au vestiaire des rôles déjà tenus par Tonio auparavant; par ailleurs son inclusion dans ce groupe de consommateurs ne met pas les rôles plus anciens en péril.

Tonio élargit en fait son horizon d'expériences et ajoute un cercle social nouveau à l'actif de sa trajectoire biographique. Le découpage du temps — celui du travail, des fins de semaine ou d'après travail, des contacts en famille, des vacances, ... — scande en fait l'adoption de telle ou telle stature de rôles; et plus généralement encore, le mécanisme que Tonio nous exposait avec cette séquence a plus à voir avec cette idée d'une définition catégorielle finalisée de son rôle de consommateur de drogues qu'avec celle de l'acculturation de Tonio par exemple.

La cognition ou l'auto-reconnaissance de la toxicomanie

Le sens que Tonio confère aux données factuelles et qui ont à voir avec son état de consommateur de drogues — avec sa trajectoire vers la toxicomanie — est grandement relié non pas à ce que la toxicomanie est *per se*, mais bien aux circonstances de l'échange social; au système d'actions réciproques dans lequel il évolue ou encore ici et de façon proche de l'expression de Dilthey, du mécanisme d'inter-subjectivité et qui façonne une objectivation particulière de la réalité d'un «consommateur-dépendant-de-la-drogue».

Il en va tout particulièrement ainsi avec la réalité de ce que les consommateurs de drogues nomment eux-mêmes le *manque*. Il ne s'agit pas, précisons-le, de nier l'existence d'un substrat physiologique ou organique au *manque* mais bien de constater que tant que cette réalité du manque n'est pas nommée comme telle, elle peut passer quelque peu inaperçue.

Une vérification de cette hypothèse de travail peut être faite alors que Tonio consomme depuis plusieurs mois de l'héroïne. Mais par le temps des vacances, les occasions de rencontre avec les autres consommateurs sont empêchées et à ce moment, Tonio résidait chez l'une de ses sœurs :

– je n'avais plus de pognon et plus de came et j'étais chez ma sœur. Là, j'ai commencé à être malade. Pour moi, c'était simplement malade. Bon; j'étais en manque mais ça je l'ai su après seulement. Sur le moment même, je ne le savais pas. Ma sœur a appelé le médecin puisque je pensais que j'étais malade. Et lui aussi il n'y a vu que du feu. Il a dit que c'était une grippe intestinale. Je suis resté une semaine au lit et puis c'était fini.

– A ce moment, est-ce que tu étais occupé à te dire que c'était des signes du manque?

– Mais non. Je ne savais pas. Je pensais bien comme le toubib qu'il y avait de la grippe intestinale là-dessous et peut-être aussi qu'il y avait de la drogue en cause... Pour moi, ç'aurait été la drogue qui me rendrait malade mais pas de ne pas en prendre quoi. J'avais déjà entendu des copains en parler de manque et tout ça. Je me disais dans ma tête : « c'est pas possible qu'en quelques mois cela m'arrive aussi » quoi. Donc; c'est par après que j'ai su ce que c'était mais bon, sur le moment je n'ai pas tellement pensé à cela et je voyais personne qui m'en parlait non plus. Les premiers jours j'ai eu mal un peu partout comme si c'était une grippe intestinale et puis c'était terminé quoi.

– Ce que tu es en train de me dire, c'est que tant que tu n'avais pas les mots justes pour dire que c'était le manque, tu ne savais pas non plus dire ce que tu avais... c'est quelque chose comme ça?

– Ca j'en ai déjà été conscient de trucs pareils! Par exemple quand j'étais en tôle, j'ai essayé d'arrêter d'en prendre de la came. J'étais nerveux et tout quoi. Et je me disais : « de toute façon ici je n'en trouverai pas; il n'y a pas de Polo pour aller m'en chercher ». Je me disais aussi : « c'est comme ça; c'est comme ça et puis c'est tout ». Et bien, j'étais moins malade que dehors. Comment expliquer ça...? C'est aussi un peu dans la tête que ça se passe; on se monte la tête si tu veux...

– tu veux dire qu'on sera en manque si on imagine qu'on sera en manque?

– Si on imagine... si on imagine et que c'est possible aussi. Si tu es à l'extérieur de la prison par exemple... Tu sais aussi qu'il y a de la came à ta disposition. Pour ça, il suffit de rameuter ton monde. Bon; alors tu es en manque; plus nerveux et tout. En tôle pour moi, c'était pas pareil. Je me suis mis dans un coin du préau; j'étais coupé en deux que j'avais mal aux tripes quoi. Pour finir, je me suis levé et j'ai marché en rond; j'ai eu mal et j'ai mal dormi la première nuit puis ça a passé. Tandis que chez moi, j'ai déjà essayé et j'y suis jamais arrivé; jamais. Les symptômes, ça dépend de l'endroit où tu es et de ce qu'on te met dans la tête aussi. Enfin; une partie c'est vrai que c'est physique mais une grosse partie c'est dans la tête quoi. Voilà : quand j'ai fait mon sevrage ici, j'étais le seul toxico quoi; les autres c'était des alcoolos ou des médicaments... Sur des roulettes que ça a été; par contre la dernière fois en prison, il y avait tout ce que tu voulais qui circulait et la prison était à 50% remplie avec des toxicos; une galère que c'était à me taper la tête contre les murs et tout quoi.

4. L'entrée dans la toxicomanie

En parlant d'intégration catégorielle de Tonio dans le milieu de la drogue, nous voulions donc souligner que tout au long de sa trajectoire de consommateur, il évoluera également dans d'autres univers que celui des drogués : sa famille d'abord, le monde du travail et ainsi de suite.

Certes son rôle de toxicomane se constitue petit à petit au fil des expériences et de la réflexivité que les autres consommateurs utilisent pour reconsidérer les faits sous cet angle. Mais son assuétude, considérée comme un assemblage de rôles spécifiques — de dealer et d'acheteur, de consommateur bien sûr, ... — ne s'est guère trouvée en concurrence avec l'exercice d'autres rôles; mais plutôt elle s'est ajoutée aux rôles déjà tenus par Tonio et sans que cela ne constitue une difficulté majeure pour les partenaires de Tonio ou pour lui-même.

Cette figure d'ensemble est aussi une possibilité de considérer dans une perspective mieux appropriée ou efficace la fonction sociale remplie par les produits psychotropes dans son cas.

A certains moments de la vie quotidienne, les consommations d'héroïne lui permettaient, à l'en croire, d'augmenter sa mobilité au sein des réseaux sociaux différents où il évoluait; d'augmenter son potentiel énergétique et l'*émulation communautaire*. Ainsi :

> – Bon! A ce temps-là, j'avais des petites combines et j'avais plus besoin de voler pour la came. C'était nickel quoi et donc la came, j'étais assuré tous les jours. J'étais sur les marchés et là je me faisais dans les 150000 par mois alors qu'au chômage j'avais à peine 25000. Bon! C'était illégal cette combine mais rien à voir avec la came; un truc qui se passe seulement sur les marchés. Mais avec la came que je prenais, je savais aussi me faire deux marchés par jour. Au début donc, ça me permettait de boulotter fort et par après j'aurais plus su tenir le rythme si j'avais pas mes doses quoi; pour tenir debout.
>
> – Tes parents étaient au courant de tes revenus financiers?
>
> – Oui. Ils trouvaient ça super quoi.

L'auto-désignation comme toxicomane

Comment évoquer la question de l'entrée dans la toxicomanie dans le cas de Tonio; celle de l'auto-désignation ou de l'auto-thématisation comme toxicomane? *C'est pas vraiment à cause de la came que ça va plus*, dira Tonio. *Mais après la combine des marchés, là les choses se sont renversées*, poursuit-il. *Bon, il m'est arrivé de voler pour pouvoir me payer de la came; c'est sûr. Et puis j'ai toujours aussi pompé du fric là où il y en avait quoi. Les marchés c'était pareil et personne ne me reprochait ça. Ca faisait aussi plaisir aux autres; des cadeaux, ... Puis j'ai commencé à faire des vraies conneries et ça c'était plus grave. J'étais devenu une lavette quoi et ça dérapait pour moi avec les autres...*

A quoi fait-il allusion? Qu'est-ce qui est *plus grave* que la déviance et qu'est-ce que ces *vraies conneries* en regard des faits délictueux qu'il posera ou du caractère à la fois dangereux et criminel de sa trajectoire de consommateur?

La limite qualitative que Tonio pense avoir franchie peut d'abord être esquissée par la question des vols. Avec le temps c'est-à-dire avec la fin de ses activités sur les marchés et son état de chômeur, l'aide financière occasionnelle que lui procurent les membres de sa famille et principalement ses sœurs ne suffit plus à couvrir ses besoins. Tonio va utiliser les ressources de sa communauté familiale mais à sa façon : en puisant dans les avoirs des autres.

Plus grave encore à ses yeux : Tonio se fait à l'évidence qu'il n'est plus capable d'entrer dans le jeu de l'émulation communautaire mais qu'il dépend des autres sans pouvoir donc leur apporter quelque chose en retour. *Je suis devenu un boulet pour eux*, dira-t-il et signifiant de la sorte que ses actes de délinquance intra-familiale sont associés à son incapacité à se débrouiller seul ; *je me sens plus capable de mes faire les sommes d'avant ; je n'ai plus la force pour faire ça*, avoue-t-il. Parallèlement, le volume d'informations qui circulent sur son compte s'amenuise ; les autres partenaires rechignent à entreprendre de grandes joutes oratoires avec lui et concrètement, refusent parfois de l'écouter. Son père enfin et d'autorité, reprend en mains ses comptes bancaires. En fait son autonomie ou sa liberté communautaire s'est transformée en dépendance à l'encontre des autres.

Tonio reste cependant optimiste :

– *Bon! La drogue, c'est vrai que c'est à moi à ne plus y toucher. Mais ça pourrait encore marcher. J'ai appris des choses aussi dans la drogue ; il y a pas que du négatif. Par exemple j'ai appris à savoir en un clin d'œil si je peux faire confiance à un mec, tu vois. Parce que ça va très vite quand tu deales ; donc t'as pas intérêt à te tromper quoi. Bon ; me connaissant je pourrais avoir un job d'indépendant aussi ; faire du commerce. Et puis, là mes beaux-frères ils seront intéressés aussi. Si l'affaire marche avec eux, ça marchera aussi pour moi. Et comme ça, mon père il aura de nouveau confiance...*

JULIEN : TOXICOMANIE ET RECHERCHE DE COMPAGNONNAGE

Parmi l'ensemble des entretiens que nous avons eu avec des toxicomanes, il nous a semblé opportun de nous attarder sur le cas de Julien et ce pour diverses raisons.

Une première raison a à voir avec la familiarisation des intervenants en toxicomanie avec ce type de clientèle. Elle est plutôt de sens commun donc et elle pourrait être exprimée de la façon suivante : en dépit de son caractère singulier, la biographie de Julien évoquera, par son allure générale, une possibilité d'alcoolisme bien connue des agents de ce secteur socio-sanitaire et peut-être aussi de tout un chacun. On se contentera ici de mentionner quelques traits de ce type d'alcoolisme; du *décor* comme dira Julien à plusieurs reprises et dans lequel il évolue.

Il s'agit d'un ouvrier encore jeune ou dans la force de l'âge mais qui est reconnu comme handicapé et qui est donc en dehors du marché du travail à cause d'une maladie de longue durée. Il est célibataire et tout disposé *à se mettre en ménage*, selon son expression, avec une femme plus âgée que lui généralement et qui a des enfants parfois; mais surtout qui connaît des difficultés financières ou matérielles telles qu'elle a du mal *à nouer les deux bouts*. Pendant ces périodes de *mise en ménage*, la consommation d'alcool est fréquemment de faible amplitude ou non problématique mais c'est pendant les périodes de vie en solitaire — et nous tenterons de qualifier plus finement cette solitude dans son cas — que Julien boit, en quantités et de manière telles que les membres de sa famille ou de son voisinage le plus proche jugent nécessaire de passer à l'action : d'hospitaliser Julien ou encore de l'envoyer *en repos*. Une fois passées la séquence du sevrage physique et la phase des soins médicaux, Julien se retrouve en pleine possession de ses moyens; à ce point *bien* dit-il qu'il se voit forcé de quitter l'institution d'accueil parce qu'il n'est *plus assez malade pour pouvoir y rester*.

Le travail des soignants, en ce qu'il serait fondé sur des pratiques d'introspection psychologique par exemple ou sur des interrogations discursives à propos de sa personne, tourne court le plus souvent. Julien fait preuve de peu de réceptivité à l'encontre d'un questionnement de ce type mais par contre il est activement collaborant lorsqu'il s'agit d'expliquer ses consommations à l'aide de facteurs ou de variables socio-économiques tels que par exemple son inactivité professionnelle. Julien pense être déterminé à boire par de telles variables environnementales; variables sur lesquelles il est aussi d'avis qu'il n'a pas de prise; qu'il ne sait donc pas juguler ou enrayer leurs actions.

Du côté des intervenants toujours — c'est du moins là ce que nous en savons — le travail presté à l'occasion de l'accueil et de la prise en charge de clients tels que Julien, est souvent considéré comme étant peu gratifiant. En insistant sur l'action de facteurs socio-économiques ou environnementaux, en se montrant réfractaire aux grilles de lecture de sa situation et qui font de sa personne le lieu géométrique de son état d'alcoolique, Julien n'est pas un *beau cas* c'est-à-dire un cas d'école sur le plan de la clinique psychologique ou psychiatrique. Mais plutôt un cas *lourd* parce que déterminé par des facteurs externes à sa personne; par des facteurs macro-sociaux ou structurels et face auxquels les intervenants se sentent également quelque peu impuissant; et surtout parce qu'il faudra s'attendre à ce que sa pathologie, d'origine sociale donc, rende une autre prise en charge institutionnelle inévitable dans le futur.

Autre source de frustration ou d'insatisfaction dans le chef des intervenants : plus son alcoolisation est expliquée par la prise en compte de l'action de facteurs externes à sa personne, plus également le plan d'intervention se veut corriger les effets ou coller de près les causes de sa détermination à boire par exemple en procédant à une remise au travail de Julien ou en procédant à une gestion de son budget, moins il devient aisé de comprendre comment il se fait que Julien retombe dans ses habitudes de consommation. Au plus aussi le traitement social de l'alcoolisation de Julien prend-t-il l'orientation d'un traitement moral : les vertus du travail, le remplissage du temps par une activité manuelle qui *occupe l'esprit* et la traque de l'oisiveté, une *occupation* comme dira lui-même Julien, sont censés être les antidotes à ses excès éthyliques. Autre façon de considérer le traitement social et parfois moral de la détermination de Julien à boire : le caractère irrédentiste des causes socio-économiques s'apparente à un handicap social que l'on ne saurait guérir ou éradiquer mais tout au plus encadrer par des mesures ortho-pédagogiques.

De façon toute empirique donc, la biographie de Julien servira ici de vérification de la cassure ou du *gap* séparant l'*explication* de l'alcoolisation de Julien d'une part — le tableau «épidémiologique» dans ce cas — et d'autre part le peu de *compréhension* de ce qui fait que l'alcoolisme de Julien apparaît comme une réalité autonome — le tableau «étiologique» — c'est-à-dire qui se prolonge dans le temps de manière cyclique ou répétitive et malgré l'action entreprise afin de contrecarrer les facteurs tenus pour responsables de ses consommations. C'est là le premier intérêt de cette monographie.

Le second intérêt est de nature sociologique cette fois. Au fond et en première approximation, ce que les données factuelles de la biographie de Julien montrent à voir, ce sont les effets ou les conséquences, somme toute à valeur pathologique, de la perte de l'identité ouvrière de Julien ; les conséquences individuelles d'une lente et progressive déstructuration ou déconstruction de son identité de classe ; et nous prendrons soin d'isoler les indices des ruptures socio-économiques successives et des fissures identitaires qui surviennent dans le décours de sa vie de tous les jours. Autrement dit, nous verrons comment l'intégration fonctionnelle de Julien, son inscription dans la division du travail et les conditions concrètes de l'exercice de son métier de chauffeur-livreur peuvent expliquer le conditionnement d'une consommation d'alcool mais que Julien cependant garde sous son contrôle personnel. Nous verrons également qu'une fois cette intégration remise en question sous le poids du chômage d'abord puis sous celui d'une maladie de longue durée ensuite, ce verrou en quelque sorte et barrant l'accès à l'alcoolisme et que représente le contrôle individuel sur les consommations, saute. Dans ce premier temps de l'analyse, nous serons somme toute fort proche de l'explication de l'alcoolisation de Julien telle qu'elle est proposée par les agents de la santé ; proche également de cette thèse qui voit dans la déconstruction de l'identité ouvrière (Dubet, 1987), la fin de la classe ouvrière pour sa jeunesse même (Francq et Lapeyronnie, 1990), une possibilité de *vide* ou de *trou noir*; une possibilité d'implosion des identités individuelles sous le coup du désespoir ou d'explosion d'attitudes violentes exprimant la rage de vivre des individus.

Dans un second temps de l'analyse — celui de l'alcoolisme cyclique ou répétitif de Julien —, nous nous écarterons cependant de cette thèse générale.

Certes, nous partageons cette conception qu'une structure sociale et en particulier une structure sociale reposant sur la hiérarchisation de classes distinctes d'appartenance, façonne des identités individuelles particulières. Mais c'est aussi et très précisément, parce que cette structure est tout à la fois un principe de classement et d'inclusion d'une part et d'autre part un principe de singularisation et de différenciation des individus, un principe holistique ou anthroposociologique, que l'on est en droit de se poser la question de savoir quelle autre structure (ancienne ou neuve, manifeste ou latente) prend la relève ou le relais d'une structure défaillante.

L'*a priori* d'analyse qui est le nôtre est que, dans une perspective anthroposociologique, « il doit bien y avoir » une structure à l'œuvre et organisant de façon typique la tension entre ces deux pôles identitaires que sont l'inclusion dans une classe de mêmes et la singularisation de l'individu en regard des autres. Autrement dit, si nous pouvons expliquer que sous le poids de certains événements déstabilisateurs, l'intégration fonctionnelle des individus se solde par l'émergence de dysfonctionnements et de comportements à valeur pathologique, quel autre principe structurant l'identité individuelle peut-il être dégagé à l'analyse?

Notre seconde préoccupation de recherche donc sera assez apparentée à cette proposition de Levi-Strauss (1958) : le système totémique de classement et de différenciation des individus et qui organise également une certaine vision du monde, est *vulnérable aux effets de la diachronie*; aux chocs de l'histoire et des événements (Ibidem : 90). *La classification*, poursuit-il, *tend à se démanteler* sous l'effet des circonstances ; mais surtout *le problème qu'il (le totémisme) n'a cessé de poser... est celui du rapport entre la structure et l'événement. Et la grande leçon du totémisme, c'est que la forme de la structure* (nous soulignons) *peut parfois survivre, quand la structure elle-même succombe à l'événement* (Ibidem : 307).

Pour Lévi-Strauss, la *forme de la structure* est le mythe. Et ce qui lui importe de mettre en évidence, c'est que le caractère variable du mythe, sa plasticité en quelque sorte, a pour fonction de permettre à la structure de survivre ou d'être relégitimée ; de résister aux événements et aux circonstances qui l'ont emportée dans ses bases matérielles et de continuer à organiser la vision des choses chez les individus ; soit donc que le mythe continue d'être vivant après la disparition de la structure comme le suggère Lévi-Strauss avec le cas du totémisme, soit, pensons-nous, que la structure, pour s'exprimer comme règle concrète de classement et de différenciation, a besoin de se mouler dans une certaine forme.

Avec ce détour, ce que nous voudrions mettre en évidence en préambule de l'analyse de la biographie de Julien est de deux ordres :

1. la possibilité, théorique, que la disparition d'une structure ne débouche pas *ipso facto* sur le « vide » ou sur le « néant » mais bien qu'il demeure une *forme de la structure* organisant la réflexivité et l'identité de Julien et ce malgré la déliquescence de la notion de classe ouvrière dans son cas (ou même de communauté ouvrière);

2. la possibilité, empirique, dans le cas de la biographie de Julien de distinguer l'extinction de son identité de classe d'une part mais d'autre part l'actualité retrouvée ou plus simplement encore la mise en évidence

d'une forme de sociation bien particulière ; qui avait permis en quelque sorte l'efficace d'un mode de structuration des identités au départ des classes sociales mais qui s'était vue comme surplombée ou cachée si l'on veut par l'imposition de cette structure en classes et qui réapparaît après sa déliquescence (mais à condition de la voir et de la montrer à voir cependant).

En clair donc : nous tenterons de montrer que si les avatars de l'alcoolisation de Julien peuvent être expliqués par l'action de divers événements et qui interviennent dans sa biographie comme autant de ruptures de son identité ouvrière ou de son intégration fonctionnelle, l'entrée dans la toxicomanie et son alcoolisme peuvent être compris en regard d'un code de communication ou d'une forme de sociation (sous-jacente ou médiatrice à la structure en classes) que Julien appelle de ses vœux et que nous nous proposons de nommer le *compagnonnage*.

1. La détermination des attitudes et des valeurs

Pour le *Petit Larousse*, le compagnonnage était autrefois une association d'ouvriers d'une même profession dans le dessein de s'entraider, de se secourir en cas de besoin et de se procurer de l'ouvrage.

Certes, considéré comme un élément de structuration de la vie en société et plus encore du monde du travail, le compagnonnage peut être tenu pour une institution traditionnelle, pré-industrielle ; mais est-ce là un archaïsme, une survivance qui nous vient d'une société d'un autre âge sans plus ? Pour notre propos, peu importe au fond la réponse qu'il convient d'apporter à cette dernière question ; l'important à nos yeux est de constater la pertinence de cette réalité sociologique pour le cas de Julien et ses effets sur sa biographie. Nous verrons entre autres que ses qualités de compagnon ont bien plus de poids stratégique — c'est-à-dire comme orientation de l'action de Julien — que son identité de classe ou encore son immersion communautaire dans un milieu de vie d'ouvriers.

Toujours pour les rédacteurs de ce dictionnaire, est compagnon celui ou celle qui participe activement à la vie et aux occupations d'un autre individu. L'exemple fourni d'un compagnon est celui de l'élève qui évolue dans une classe et cet exemple devrait permettre de distinguer le compagnonnage de la communauté.

A la différence d'une communauté peut-être, le compagnonnage ne repose pas prioritairement sur la reconnaissance de caractéristiques identiques parmi les personnes ; au contraire, ces qualités personnelles sont diverses et les élèves d'une classe par exemple sont différents autant par leurs origines sociales ou culturelles que par leurs capacités propres à fournir un travail scolaire. C'est aussi le *jeu de ces différences* qui autorise des pratiques d'entraide et, à un élève fort par exemple de venir à la rescousse ou en aide à un plus faible. Le temps de la réalisation d'une tâche particulière comme par exemple celui d'une révision de matières, l'élève le plus fort agit comme un organisateur ou comme un entrepreneur de la tâche à laquelle participe un second élève moins fort; l'élève le plus fort dans ce cas n'est pas nécessairement dans une position de *leader* de sa classe ni d'ailleurs le plus fort de celle-ci; il n'est pas non plus le patron du travail qui doit être presté mais l'apprentissage et la révision de la matière qu'il entreprend sont facilités par les questions ou par les difficultés de compréhension du plus faible; ce dernier, en participant à la tâche, profite en retour des qualités personnelles du plus fort et une fois le travail terminé, chacun est en mesure d'en retirer pour son compte propre une plus-value personnelle.

Certes aux yeux des élèves d'une autre classe ou encore aux yeux du maître, les élèves d'une même classe peuvent apparaître comme formant une communauté d'intérêts par exemple; mais pour ces derniers, ce qui fonde le compagnonnage, est moins leurs dénominateurs communs et perçus ou identifiés par d'autres et qui sont extérieurs à la classe, que les *relations horizontales de réciprocité* qu'ils entretiennent entre eux. Autre façon d'envisager les choses : au sein de la communauté formée par l'ensemble des élèves d'une même classe et qui peut se doter d'une identité commune autour des options choisies ou encore autour de l'année de scolarité, il sera possible d'isoler des « grappes » de secours mutuel et de participation active.

Un premier indicateur de la pertinence de ce mode d'association dans le cas de Julien, concerne la naissance de sa famille d'origine (et on notera d'emblée ce rapport au temps dans le cas du compagnonnage : il est moins question de *reproduire* aujourd'hui ce qui était la réalité d'hier ou de projeter dans le futur une identité de classe ou même communautaire; mais bien de *répéter* dans le présent la formule même de la participation. Non pas de reproduire ou *répliquer* un contenu donc, qu'il soit culturel ou valoriel et en cherchant par exemple à l'étendre ou à l'amplifier; mais bien *recommencer* la formule de l'association après que chaque contenu particulier a été épuisé, après la réalisation de la tâche qui était à l'origine de la participation active primitive) :

— *mon père était flamand. Il est venu s'installer dans la région du Luxembourg. Il était plombier-zingueur... Mon grand-père maternel, mon père il aurait fait n'importe quoi pour lui. Ca, je le sais parce que mes tantes, les sœurs de ma mère, elles me l'ont toujours dit. Mon père ramenait parfois du zinc des corniches et c'était mon grand-père qui s'occupait d'aller le vendre; et encore, il y allait à vélo. Une fois il est allé porter je ne sais plus combien de kilos de zinc de corniche, qu'il avait même passé son temps à aplatir pour gagner de la place... il a tout mis sur son vélo et je ne sais plus combien de kilomètres il avait fait avec parce qu'il connaissait quelqu'un qui le prenait à un meilleur prix qu'un autre et il n'avait pas hésité à faire des kilomètres supplémentaires...*

– ils s'entendaient bien tous les deux ?

– *Ah ça oui qu'ils s'entendaient bien! Il faut dire que mon grand-père n'avait que des filles et mon père était devenu le fils de sa famille...*

– mais les tantes dont tu parlais, elles se sont mariées elles aussi ?

– *Oui, mais ils étaient trop loin. Il ne s'en occupait pas de ceux-là. C'était surtout de mon père qu'il préférait se coltiner parce qu'il vivait à la maison. C'est comme mon frère; il est accepté par ses beaux-parents. Les beaux-fils là, ils sont considérés comme des fils.*

Et :

– *du côté de ma mère, on oubliait d'y aller ou alors on les voyait à une fête, un enterrement... C'est parti tout doucement quoi. C'est-à-dire que... le seul moyen de se rendre l'un chez l'autre, c'est les transports en commun. Par la suite j'ai eu une voiture mais disons que du côté des sœurs de ma mère, il n'y avait pas de véhicule pour y aller; rien que le bus. Donc c'était aussi une raison pour eux de dire qu'ils ne savaient pas venir souvent et pour nous aussi. Mais du côté de chez mon père, là on y allait plus souvent...*

– mais je ne comprends pas bien. La famille de ton père était dans les Flandres... bien plus loin encore que les autres...

– *ben oui; forcément. De Martelange à Genk, il y a facilement 180 kilomètres. C'est plus que pour aller chez mes tantes. Mais disons que la famille de mon père, il y avait plus de contact vu que mon père avait été accepté par mon grand-père...*

– j'ai vraiment pas facile à te suivre...

– *par exemple, ils venaient nous chercher petits pour les vacances et par après avec ma voiture, quand on allait chercher des pommes de terre, on recevait 200 kilos qu'on en achetait seulement 100.*

Malgré les difficultés à définir de façon non équivoque et claire le terme de compagnonnage, cette expression devrait synthétiser en une formule ramassée le mode de sociation que Julien nous propose à voir avec ces deux extraits de son interview.

Le point central de ce mode de sociation est sans conteste la reconnaissance réciproque que s'octroient le père de Julien et son grand-père maternel. *C'est de mon père qu'il préférait être*, dira Julien de son grand-père et cette expression était à nos oreilles tout autre chose qu'un lapsus ou qu'une faute de français de France; mais bien l'exacte réplique linguistique de la syntaxe sociale qui organise les rapports et les actions de réciprocité entre ces deux hommes. On pourra rapprocher cette syntaxe dans le cas de la famille de Julien avec une pratique qui était en vigueur dans cette région il n'y a pas si longtemps encore : le prétendant d'une jeune femme devait séjourner plusieurs mois parfois sous le toit de ses futurs beaux-parents et participer aux tâches quotidiennes et de cette façon ces derniers pouvaient évaluer sur le tas les capacités de travail du futur mari de leur fille. C'était là une façon pour la génération plus âgée de sanctionner les capacités pratiques des plus jeunes mais aussi de nouer des liens entre deux générations ; de construire un système d'alliances sur base de cette reconnaissance sociale bien plus que sur les exigences de la transmission d'un patrimoine familial par exemple. En l'absence peut-être d'un tel patrimoine, c'est bien moins de stratégie matrimoniale dont il est ici question mais plutôt d'une appréciation, après une phase de participation au travail, des possibilités pour le prétendant de prendre la relève ; un compagnonnage du beau-père et du beau-fils au terme duquel d'ailleurs, l'heure étant venue, le plus âgé se soumettra à l'autorité d'entreprendre du plus jeune ; se mettra sous sa protection également.

Une raison pratique d'être ensemble

Ce type de reconnaissance sociale est également à l'origine d'une valorisation différenciée des liens de famille ou biologiques. Julien est en effet très explicite sur ce point : malgré les obstacles géographiques et linguistiques qui séparent sa famille et celle de son père, le volume de l'échange entretenu avec la branche paternelle est plus important que dans le cas de l'échange avec la branche maternelle ; *et ce parce que mon père avait été accepté* par son beau-père dira Julien. La vie de famille dans ce cas n'est pas synonyme d'une communauté d'idées ou de point de vue sur l'existence et unifiée autour d'un personnage charismatique par exemple, un *pater familias* ou autour d'une emblématique. Mais une participation active à des occupations concrètes ou une raison pratique d'être ensemble. Comment objectiver plus nettement cette dernière proposition ?

La vie de famille n'est pas à l'image d'une communauté unifiée par l'action d'un personnage charismatique avions-nous dit ; ainsi Julien :

> – *mon père savait être fort autoritaire et mon grand-père n'était pas comme ça. Quand mon père vivait encore et même qu'ils étaient dans la même maison, mes grands-parents ne se sont jamais mêlés de leurs affaires. Ca ma mère me l'a souvent répété qu'elle a vu la différence après sa mort parce que sa mère à elle a mis alors son nez dans ses affaires et s'occupait de ce qui ne la regardait pas.*

La famille comme dégagée des exigences d'une intégration fonctionnelle de ses membres ensuite : Julien a six ans lorsque son père décède. Il laisse derrière lui son épouse qui est ménagère et ses deux fils. A la question de savoir si sa mère avait eu le projet de se remarier, Julien répondra par la négative; *on s'est débrouillé* dira-t-il et en de rares circonstances, un *ami* de la mère serait intervenu pour aider quelque peu sa mère. Pour le reste, les rôles de père et de pourvoyeur des fonds de la famille n'auraient pas été remplacés et nous verrons plus avant comment ce décès fut à l'origine d'une redéfinition des rôles de chacun en famille. Mais pour l'heure, l'expression «raison pratique d'être ensemble» devrait servir à faire comprendre le mode d'intégration sociale que favorise le compagnonnage : il s'agit moins de s'identifier à un modèle communautaire, non plus d'endosser des rôles pré-établis et relativement stables du fait de leur intrication mais bien, pour chacun, d'amener sa *quote part* soit dans le financement de la vie en famille, soit encore dans l'exécution des tâches. Ainsi Julien :

– *mon père, il avait arrêté de faire plombier-zingueur à la demande de ma mère qui trouvait que c'était un métier dangereux. En plus, il avait eu un accident de moto et ça lui plaisait plus parce qu'il avait mal à une cheville; alors pour monter sur les toits... Ma mère a commencé à faire quelques ménages comme ça. Après la mort de mon père, ma mère a acheté une petite maison. Il y avait deux pièces en-bas; donc on a rajouté une troisième et les toilettes étaient au fond du jardin. On les a rapprochées de la maison et on les a raccordées à l'égout aussi...*

– c'était possible financièrement?

– *Bon... elle faisait quelques ménages et puis elle avait une petite pension... c'est un peu nous avec mon frère qui avons payé les transformations...*

– mais vous étiez encore à l'école à cette époque...

– *oui, mais on avait nos revenus tout de même... Je veux dire, on apportait nos allocations familiales et majorées parce qu'on était devenu orphelin de père. En plus, c'est aussi quand j'ai commencé à travailler que tous les gros travaux de la maison ont été faits. J'apportais des soucis en moins; l'école... et puis la rente pour moi à 18 ans, c'était fini...*

– que veux-tu dire exactement?

– *Comme on était orphelin, on avait de l'argent. Mais moi, à 18 ans, c'était terminé; mon frère aussi. Mais mon frère il a pu continuer ses études parce que moi, comme je travaillais, je remettais tout mon argent dans le ménage et ainsi il continuait un peu ses études. Il a pu terminer ses humanités et il avait commencé des études d'architecte mais ça n'allait pas et alors il a trouvé à travailler. Il travaillait pour les travaux publics de X et ensuite il a trouvé un emploi ailleurs... fait son service militaire; ensuite aux chemins de fer. C'est assez dire qu'il a terminé des études du soir comme ingénieur-technicien et pour moi, il n'y avait plus le problème du service militaire puisqu'il l'avait fait et que moi j'étais soutien de famille...*

– tu vas beaucoup trop vite pour moi tu sais... Tu veux dire que c'est grâce à toi que la famille a pu continuer à vivre normalement?

– *Pas vraiment; j'apportais plus d'argent dans le ménage que lui mais bon, j'aimais pas l'école et c'est déjà une chose. Et puis chacun y a mis ce qu'il avait. Il saurait pas y avoir des jaloux là-dedans... ou des défavorisés.*

S'associer pour résoudre un problème

Ces premières informations fournies par Julien, une fois enregistrées et resituées dans le contexte du compagnonnage, devraient nous permettre de dégager certains traits particuliers du processus d'individuation, des traits de personnalité ou des qualités du compagnon; à tout le moins dans le cas de cette famille.

De façon quelque peu banale ou naïve, nous dirions d'abord que Julien est amené à valoriser, à retenir à l'avant plan de ses préoccupations, « ce qui ne va pas » plutôt que « ce qui va bien ». Qu'est-ce à dire ?

Ce qui sert d'impulsion à sa vie sociale est, de façon tout générale, un *problème*. C'est parce que quelque chose « cloche » dans leur environnement immédiat que divers individus décideront de s'associer afin d'essayer, ensemble, de remédier à cette situation; chercher une solution et, globalement, améliorer leurs conditions de vie. Nous n'irions pas jusqu'à dire que Julien valorise et attend de ses vœux les catastrophes ou les drames de l'existence mais on remarquera cependant que dans son cas nous n'avons pas à faire avec ce que l'on pourrait appeler une logique prométhéenne de l'existence; non plus d'ailleurs avec une logique de la réussite, du confort ou encore de l'ordre et de l'évitement d'éléments dérangeants. Mais ce qui importe aux yeux de Julien, c'est la possibilité de pouvoir participer au travail de l'autre et, autrement dit, de soulager son fardeau de vivre en en prenant une part sur ses épaules propres. Ce que Julien nous montre à voir en fait, c'est une logique sociale du *sacrifice* ou encore de l'*effacement de soi*; de l'abnégation en ce qui concerne ses intérêts plus personnels. Comment vérifier cette compréhension de la personnalité sociale de Julien ? Ecoutons-le :

> – *dans la famille de mon père, ce sont des bons vivants mais ils consomment pas d'alcool... ils n'ont pas besoin de ça pour être gais; ils le sont d'avance et à savoir qu'on vit à plusieurs... Plus tard, je me suis retrouvé seul dans la maison de ma mère. J'étais seul dans un décor que je ne supporte pas. Faut dire que ce qu'on faisait ma mère, mon frère et moi, c'était à chaque fois un petit triomphe; transformer la maison, se débrouiller un jour après l'autre ensemble... La maison après cette cure, elle sera en ordre c'est sûr. Et comme je ne déplace rien, elle sera encore en ordre après et comme je ne vais plus rien faire, je vais m'ennuyer ça c'est aussi certain. C'est ça aussi le problème...*

Et :

> – *ça m'est déjà arrivé comme ça de dormir sur le divan en-bas et pas dans ma chambre...*

– tu peux dire pourquoi ?

> – *Tout est en ordre... c'est vraiment un décor quoi et s'il y a plus rien à devoir faire, c'est ça mon vrai problème.*

La vie en société sous la forme du compagnonnage, de l'entraide, de la sollicitation de l'autre à lui prester un travail, voilà ce qui pour Julien constitue la source principale de son plaisir de vivre; d'être *gai* dira-t-il. A l'inverse, l'ordre, l'absence de sollicitations de la part des autres sont des sources d'ennui; de lassitude au quotidien.

Distance sociale et étrangéité

Un second trait du processus d'individuation dans le cas du compagnonnage peut être approché de la façon suivante : l'univers de signification pour Julien se circonscrit aux individus avec lesquels il vit de manière concrète; c'est-à-dire ceux avec lesquels il collabore activement à façonner le cadre de vie ou les conditions d'existence. Pendant longtemps, ce cercle ne comptera que sa mère, son frère et lui-même; et *ce n'est qu'avec le travail que je me suis un peu intéressé à l'extérieur*, dit-il.

Lorsqu'il est confronté à d'autres individus, deux grandes possibilités s'offrent à lui. En premier lieu, ce qui est extérieur, pour familier qu'il soit, est étranger; c'est un rapport d'étrangéité qui s'instaure entre Julien et les autres; l'autre et quand bien même il serait proche socialement de Julien, n'est guère un «autre généralisé» mais Julien, au contraire, s'en tient à distance et évite son contact. *J'ai toujours eu une sorte d'inquiétude*, dit Julien lorsqu'il évoque ses contacts avec d'autres. En dehors du cercle des compagnons, il y a pour Julien une sorte d'équivalence des marqueurs des différences sociales et seule compte la prise de conscience de la différence existant entre son cercle de compagnons et le reste du monde. Corrélativement et de façon quelque peu surprenante pour l'observateur que nous étions, les distances sociales, à l'extérieur de son cercle, s'évanouissent ou deviennent «isomorphes»; ainsi :

– *Ca m'a pris comme ça un jour; sur un coup de tête... un jour, j'ai pris de l'argent et je suis parti à Montréal.*

– *Au Canada?*

– *Oui; j'ai pris un billet d'avion et j'ai été trois semaines là-bas; à l'aventure quoi. Une valise, un appareil photo et c'est tout. Quand je suis arrivé à l'aéroport, j'ai pris un taxi et je lui ai demandé s'il connaissait un endroit où je trouverais une chambre et j'ai passé des vacances là-bas. Je prenais le métro; je me renseignais un peu à droite et à gauche; je traînais dans les rues puisque j'y connaissais rien et que j'avais pas de carte de la ville non plus. J'allais dans les passages souterrains; les galeries en dessous de la ville; tout seul...*

– mais *pourquoi ça?*

– *ben; je sais pas... là ou ailleurs, c'est pareil.*

Compagnon des temps modernes, Julien est aussi un voyageur ou un travailleur itinérant; un individu étranger où qu'il soit; un *hobo*.

Sous d'autres circonstances et en particulier celles de son travail de chauffeur-livreur, Julien ne sait pas toujours garder l'autre à distance et éviter les contacts plus personnels. *J'ai toujours eu peur* dira-t-il de ces situations faites entre autres de proximité personnelle ; *une appréhension*, ajoutera-t-il, d'avoir des histoires avec les gens ; des disputes.

L'évitement des discordes

La discorde est à ses yeux la réplique inverse du compagnonnage ; s'il n'est pas sollicité par l'autre à participer à une tâche commune, l'autre et seule voie possible à des contacts plus personnalisés est celle du conflit ; du différend. Face à des gens qui ne le sollicitent pas, c'est donc la crainte, l'inquiétude voir la peur de l'autre proche qui seront les états émotionnels dominants de Julien. Et confronté à de telles mises en situation, Julien apprendra à valoriser la *fuite* :

> *– mes grands-parents, c'était pas la grande entente quoi. Ma grand-mère, elle qui se plaignait toujours qu'elle était fatiguée, elle ne faisait rien ; pas grand-chose d'autre que de papoter. Finalement je comprends le raisonnement de mon grand-père qui buvait tiens ! Si c'était ainsi qu'elle se comportait avec lui... c'est normal ; il y avait jamais rien de fait dans le ménage parce que travailler, je ne l'ai jamais vue travailler. Ou alors elle faisait un travail dans le ménage et puis elle se plaignait après qu'elle était vidée, fatiguée ; donc, pour le peu d'efforts qu'elle faisait et puis c'était prétexte qu'elle était asthmatique et alors les changements de saison... Enfin, il était pas content et elle venait se réfugier chez nous et même là elle faisait rien d'autre que de papoter ; pas travailler... Avec elle, c'était pas gai comme atmosphère que le grand-père venait chercher après elle pour qu'elle retourne travailler chez elle et tout...*

Attendre d'être sollicité et l'exercice d'un contrôle sur la situation

Autant l'évitement des contacts personnels dans le cas d'individus extérieurs à son cercle de sociation que cette attitude de fuite devant les sources d'un conflit et le risque d'une discorde avec les *gens*, devrait nous faire saisir la portée d'une autre dimension du compagnonnage.

Certes le processus d'individuation ne débouche pas sur une stature personnelle égoïste mais plutôt sur l'abnégation de soi et le sacrifice ; mais aussi la maîtrise et le contrôle que Julien pourrait exercer sur son cadre de vie sont faibles dès lors qu'il évolue dans d'autres cercles sociaux et qui ne sont pas de la nature du compagnonnage. Au mieux, il attend qu'on le choisisse afin qu'il réagisse à une sollicitation mais de son propre chef, il ne revendique guère que la réalité qui l'environne soit telle qu'il la souhaiterait ; au pire donc, il ne veut pas *déranger*. Tout au contraire, il est prêt à être tel que ce que l'autre attend de lui et c'est dans cette hypothèse d'ailleurs où l'autre le sollicite pour faire quelque chose, pour participer à une tâche concrète et collectivement utile, qu'il gagne une possibilité de contrôler quelque peu les faits et gestes de l'autre ; qu'il se donne le droit de faire valoir ses besoins ou ses intérêts plus personnels.

C'est de mon père qu'il préférait être avait-il dit de son grand-père maternel ; et on notera que c'est très précisément ce type de demande et de reconnaissance qu'adresse le grand-père de Julien à destination de son beau-fils ; grand-père qui donne en échange de sa sollicitation, de son utilité, la possibilité au père de Julien de contrôler, de maîtriser son cadre de vie. Ainsi, Julien avait déjà souligné le fait que de son vivant le grand-père et ce malgré leur cohabitation, n'intervenait pas dans le ménage de sa fille. Julien dira par ailleurs que :

> *– chez mon père, ils savaient être rudes aussi. Mon père par exemple, parce que c'était lui qui ramenait de l'argent, il avait imposé à ma mère de ne pas travailler; elle avait assez à faire comme ça à la maison qu'il disait... On pouvait toujours aller chez ces gens-là, à l'improviste et sans prévenir tandis que chez les autres, il fallait prendre rendez-vous presque. Il y avait toujours un travail à faire et à peine arrivés, les hommes divisaient le travail et disaient ce qu'il fallait entreprendre. On était bien reçu quoi et écouté aussi.*

Le contrôle social dans le cas du compagnonnage, pensons-nous, est d'un type particulier. Il n'est pas demandé à un individu pris isolément de correspondre à un modèle traditionnel de personnalité ni vraiment, par imitations successives, de s'identifier à un ancien. Non plus de s'adapter ou de se confectionner une stature personnelle telle qu'elle permettra une complémentarité des rôles ; mais le mécanisme du contrôle semble être de cette nature : chacun est foncièrement autorisé à se montrer sous le jour qui lui plaira mais c'est dans la participation à la réalisation d'une tâche commune que chacun s'accorde ou tolère la personnalité de l'autre. L'algorithme visant à résoudre en commun un problème de la vie quotidienne valorise la tolérance des singularités personnelles ; et c'est là à tout le moins ce que souligne Julien lorsqu'il fait état qu'en famille *avec ma mère et mon frère*, on était libre. La mère de Julien se plaignait-elle de l'autoritarisme de son mari ? *Pas vraiment* dit Julien ; puisque après la mort de son conjoint, elle ne décidera pas d'une autre orientation pour son existence. A contrario, Julien n'appréciera pas la présence de sa grand-mère dans le ménage ; *elle n'y mettait pas du sien*, ajoute-t-il et à ce titre le contrôle qu'elle souhaitait exercer sur les faits et gestes de sa fille est discrédité par tous. *Elle n'a jamais gagné le droit de nous dire quelque chose*, conclut-il.

C'est quand les choses vont bien que ça foire...

Conséquence un peu subtile de cette facette du compagnonnage sur l'individuation de Julien : l'inquiétude qu'il ressent lorsqu'il est en contact avec des étrangers ne se double pas d'une interrogation sur la normalité de ses traits de caractère; non plus d'une attitude d'introspection. Julien ne cherche pas à être bien; à être en bons termes avec les autres. Non plus à leur plaire mais il se sent *prêt à faire ce qu'on me demandera si je sais le faire.*

Ce qui à ses yeux fonde le lien social n'est ni des intérêts ou des sentiments personnels mais les raisons pratiques d'être avec d'autres et, dira-t-il, *c'est quand les choses vont bien que ça foire. Pourquoi? Mystère; quand les choses vont comme sur des roulettes, c'est comme si l'autre redevenait un étranger; ça me rend nerveux. Je pourrais boire dans ces moments-là et c'est sûr que ça peut parfois agacer les autres. Moi, c'est quand je m'ennuie que je suis nerveux.*

2. La trajectoire de Julien

Adolescent, Julien ne choisit pas d'apprendre un métier en particulier ni de faire des études. Elève dans la filière professionnelle, il se laisse aller à opter pour l'orientation «électricité» mais un peu au hasard des possibilités offertes par l'école qu'il fréquente.

Ce qui lui importe vraiment, c'est d'apporter sa contribution personnelle au ménage et d'aider sa mère et son frère à nouer les deux bouts. Quand bien même il n'est pas à proprement parler le bénéficiaire des allocations familiales mais seulement leur prétexte en somme, Julien considère que cet argent vient de lui; qu'il est sa quote part personnelle à la vie de famille. Au fond, s'il n'était pas là, sa mère n'aurait pas non plus accès à cette ressource financière et Julien — c'est du moins ce que nous pouvions comprendre dans le décours de l'entretien — ne s'interroge guère sur la nature des liens qui l'unissent à sa mère ou à son frère. Est-il un enfant puis un adolescent comme elle souhaiterait qu'il soit? Est-il bien dans ces rôles? Quelle est la teneur des sentiments qu'ils se vouent les uns les autres en famille; ou le bilan émotionnel de leurs interactions? Autant de questions qui ne vont pas de soi pour Julien; par contre ce qui a du poids et de l'importance, c'est de tenir son rôle de compagnon — d'adulte diraient certains; mais au risque d'euphémiser la nature sociologique de cette association familiale —, de répondre à l'appel des siens et de pouvoir participer au même titre que les autres à la vie de la famille. Julien évalue son degré de normalité, sa performance sociale et son appartenance à cette famille à l'aune de ce qu'il peut amener dans la corbeille commune. Ainsi :

– à la fin de l'obligation scolaire, je savais que les allocations allaient sauter. Je savais aussi que je devrais me débrouiller autrement...

Personne parmi ses « autres significatifs », son frère ou sa mère, ne démentira cette volonté individuelle de mettre son rôle de compagnon avant toute autre priorité et Julien n'aura pas de difficulté à les convaincre qu'il veut et donc peut arrêter sa scolarité.

Ça a été très vite fait, concède Julien et :

> – *en très peu de temps, ma mère m'a trouvé une place dans l'entreprise où mon père travaillait avant de mourir. Ils nous devaient bien cela. C'est en montant sur leur toit mais il était convoyeur alors ; il allait sur le toit parce qu'il fallait placer une cheminée dans l'entrepôt des camions et comme il était un ancien plombier-zingueur, c'est lui qui est monté mais c'est de là haut qu'il est tombé et qu'il s'est tué.*

Julien a 18 ans en fait quand commence sa vie professionnelle et la question que l'on se posera ici est celle de savoir dans quelle mesure il serait correct d'évoquer le façonnage d'une identité professionnelle ou ouvrière dans son cas.

On constatera d'abord que le métier qu'il fait — l'idée même de valoriser un métier en particulier —, n'est pas au centre de son identité ; *j'étais électricien*, dira Julien, *mais quelle importance puisque j'ai commencé comme balayeur des garages*. Par ailleurs il mentionnera deux circonstances au moins et qui vont contrecarrer la constitution d'une identité centrée sur la profession :

> *1. j'ai aussi été monteur en électricité mais ça n'avait plus rien à voir avec l'électricité chez le particulier ; une prise de courant par-ci, une prise de courant par-là. Ca, c'était encore un métier direct si on veut. Non, là je travaillais sur des grands chantiers, des usines, des hôpitaux ou des grands magasins... Donc ça allait du moindre petit interrupteur de sonnette d'alarme à la grosse cabine de haute tension et sans s'occuper des maçons ou des menuisiers. C'était du gros œuvre quoi pour moi ; mettre des câbles et des gaines mais jamais faire le circuit. Il y avait un seul chef d'équipe qui lisait les plans. C'était vraiment du gros œuvre et il m'est arrivé... bon ; moi j'étais dans une section chauffage. Donc moi j'arrivais pour travailler le lundi sur les câblages de la chaudière du chauffage le lundi ; et bien ça m'est déjà arrivé qu'on regardait les plans et qu'on se disait « la chaudière sera là » et puis on revenait un peu après et ça avait été tellement vite avec les autres qu'on s'y retrouvait plus ; les plans n'étaient plus pareils.*

C'est l'industrialisation des métiers que mentionne Julien de cette façon et pour lui, être électricien se confond avec un emploi de manœuvre ; être non-spécialisé.

> *2. J'ai travaillé comme ça trois à quatre ans puis il y a eu une période de crise comme on dit en Wallonie ; il y a eu moins de commandes et des suppressions d'emplois et de personnel... Mais c'est pas seulement le chômage qui fait qu'on savait plus faire son métier. Il y a aussi que maintenant on travaille dans des zonings comme on dit aussi et là peu importe la formation du départ ; on est tous à faire des choses fort semblables...*

C'est dans ce cas à une déqualification ou à une dé-spécialisation des emplois dont Julien fait référence.

Jeune travailleur, en période de *crise* et de rareté de l'emploi — nous sommes au début des années septante et Julien a une petite vingtaine d'années à cette époque —, œuvrant sur des grands chantiers où il fait l'expérience d'un nivellement des savoirs-faire professionnels et d'une standardisation des actes à prester — avant, électricien, c'était un métier *direct* dit-il alors que dans le présent il est réduit à travailler au *gros œuvre* — Julien ne fait pas vraiment l'apprentissage ni l'expérience d'un métier ; ni d'un savoir-être ouvrier non plus.

Après quelques expériences de ce type et qu'il juge insatisfaisantes, il réintègre l'entreprise de son premier employeur où il sera chauffeur-livreur cette fois. Les conditions de travail lui permettront pour un temps de reprendre des cours du soir mais assez vite cependant, la co-existence d'une activité professionnelle à plein temps et d'une scolarité après sa journée de travail devient difficile et pénible :

> – je n'étais jamais certain de terminer à l'heure ; surtout en hiver et avec la circulation dans les villes... Il fallait tout de même que je rentre manger et puis les cours jusqu'à neuf ou dix heure... J'étais crevé et j'ai arrêté à cause de cela.

L'apprentissage de l'alcool par contre peut être restitué dans le cadre d'une identité ouvrière ; mais plus communautaire cette fois que de classe.

3. La fonctionnalité des produits psychotropes

La première fois que j'ai bu de l'alcool, c'est à cause du travail, dit Julien ; *à l'occasion d'une fête ou quelque chose comme ça. Je me souviens même plus.* C'est une consommation d'alcool sans réelle conséquence donc ; à telle enseigne que Julien en fait une expérience anecdotique principalement et au sujet de laquelle il aura peu d'éléments à se remémorer.

Par contre avec son emploi de chauffeur-livreur, il en va quelque peu différemment :

> – au début, je vous assure, quand je devais livrer et sonner à une adresse, j'étais quelques fois mort de trouille c'est le cas de le dire... parce que je n'avais pas l'habitude de rencontrer des gens que je n'avais jamais vus dans ma vie et de faire comme ça le premier pas et de risquer de se faire engueuler parce qu'on a mal fait ; mais on sait pas non plus exactement ce que les clients veulent ; c'est pas à nous qu'ils passaient les commandes... Il y en a qui savent être... je vous dis pas comment mais humiliant parfois qu'on aurait envie de s'enfuir avant de les voir. Au début j'étais avec un chauffeur alors c'est lui qui essuyait quand ça arrivait. Mais quand j'ai dû y aller seul, alors là j'étais plus à l'aise du tout. Alors là je vais dire... disons que quand la personne

m'offrait un verre, ce verre-là me donnait l'impression d'être mieux. Alors j'étais mieux pour aller chez un autre client. Mais je ne buvais rien d'autre parce que je devais conduire avec le camion tout le reste de la journée... Heureusement d'ailleurs que j'avais le camion dans ce métier-là parce que ça m'empêchait de boire de trop ; mais c'est incontestable, je me sentais mieux avec un verre ou deux.

La place qu'occupent les activités professionnelles de chauffeur-livreur dans l'histoire de l'alcoolisation de Julien est indubitablement d'un statut assez ambigu.

D'un côté, le type de contact qu'il se doit de nouer avec les clients est sans conteste quelque chose de neuf pour lui et une expérience dérangeante. Il est mal à l'aise dès lors qu'il entre dans des relations de service plutôt que de compagnonnage. Il n'apprécie pas de devoir évoluer dans le cadre d'un marché ; où il lui faut gagner la confiance des clients ; leur plaire ou les amadouer si besoin est ; déjouer leurs humeurs autant que celle de son patron. Il n'apprécie pas non plus de devoir se mettre au service des clients ; de se soumettre sans défenses à leurs exigences ou récriminations éventuelles alors même qu'il a le sentiment de leur être utile et à ce titre de devoir être remercié plutôt que vilipendé ou critiqué pour un retard de livraison par exemple. Par contre les conditions mêmes de ce travail, en regard d'un abus dans la consommation d'alcool, lui sont sécuritaires. Il sait devoir prester ce travail pendant de longues heures et le risque qu'il prendrait en buvant exagérément ; risque de perdre cet emploi et de ne plus être au rendez-vous de la solidarité familiale.

Au fond, rien ne nous empêche dans ce cas de considérer — comment ne pas le remarquer d'ailleurs ? — que la consommation d'alcool permet à Julien de faire coïncider, de juxtaposer ou encore de servir d'*interface* à deux modes différents d'inclusion sociale : comme travailleur salarié et rendant des services à une clientèle d'une part et comme compagnon d'autre part qui se veut un partenaire actif de la vie en famille. Comment ne pas voir également que l'alcool lui permet de *gommer* temporairement l'inconfort qu'il ressent personnellement lorsqu'il passe de la seconde à la première ; d'une relation faite de participation active à l'existence des autres, d'un rapport social horizontal et globalement égalitaire à une relation marchande et un rapport plus vertical, plus inégalitaire ; à un rapport marqué du sceau de sa soumission salariale à un patron et à l'autorité marchande du client.

Les cafés comme substituts communautaires

A l'occasion de ses prestations professionnelles, Julien apprend par ailleurs à connaître un lieu de rassemblement communautaire : le café ; mais sans en être satisfait à vrai dire.

C'est en premier lieu l'endroit où après le travail, les divers chauffeurs peuvent se retrouver dans un moment de détente et confronter leurs expériences de la journée. A ce titre le café peut être tenu pour un adjuvant d'une identité professionnelle puisqu'il permet à des individus, séparés pendant le temps du travail, de construire ensemble une culture propre à leur métier ; d'élaborer un langage commun.

Cependant Julien apporte lui-même un correctif à cette compréhension ou à la fonction communautaire du café dans son cas. Pour lui, le compagnonnage est un mode de sociation de nature plus globale ou holistique que ce que permettraient les relations de travail ou encore la communauté de métier ; *ce n'était que des relations de travail*, dit-il et soulignant ainsi qu'à ses yeux des pans entiers de l'existence quotidienne échappent à la communauté du métier. Somme toute, ce qu'attend Julien, c'est une désegmentation de la vie. Ainsi :

> *– dans les cafés, je connais un tas de personnes que je bavarde avec mais ce n'est pas tellement des gens qui vous acceptent chez eux quoi. Ils vous voient bien ainsi à l'extérieur mais ce n'est pas des gens qui vous diraient « venez à la maison ». On garde des contacts mais c'est vraiment extérieur. C'est des contacts mais juste bonjour-bonsoir ; ils ne vous invitent pas. On les rencontre après le travail ; on va boire un verre ensemble mais c'est le genre de relation... des relations de travail quoi. On travaille ensemble puis on prend un pot ensemble puis on se quitte après les heures du travail... On a chacun sa vie à soi... A la rigueur, j'allais bien chez eux... mais j'attendais parce qu'ils étaient en retard pour partir travailler ou des choses comme ça... On vous fait entrer parce qu'il fait mauvais dehors. Bon ; alors j'attendais dedans mais c'est pas des relations... C'est des relations de café ; voilà ! Des relations de café et de travail...*

Le café est aussi l'occasion de faire l'épreuve d'une autre communauté : celle des membres de sa famille élargie. Mais là aussi, cette formule ne le contente guère.

C'est aussi les jours d'affluence ou d'effervescence humaine qu'il choisit pour se rendre dans les cafés ; les jours de marché par exemple. Mais pour Julien le café reste une sorte d'illusion communautaire et s'y rendre se solde en fait par l'épreuve d'une insatisfaction. Certes on y discute librement de choses et d'autres mais il n'est pas le cadre de la reconnaissance sociale qu'il attend de ses vœux. Tout au contraire parfois, le café risque d'être un mirage en ce qui concerne l'entraide et la solidarité puisque les membres de sa famille qu'il y rencontre sont bien sûr disposés à échanger quelques paroles avec Julien mais, dans sa perspective, lorsque la chose s'avère nécessaire, ils ne sont pas au rendez-vous d'une solidarité matérielle ou en actes ; *quand ma mère est morte*, dira-t-il, *c'était bien des paroles de réconfort mais après avoir payé son addition, c'était chacun pour soi*.

Pourquoi s'y rendre dès lors? Aux yeux de Julien, ce qui plaide à l'occasion en faveur des cafés est de deux ordres. C'est d'abord un refuge ou un lieu transitoire de vie en cas de fuite; ainsi, *lorsqu'il y avait des misères entre ma mère et ma grand-mère, c'est là que j'allais*, dit-il en soulignant bien cette fonction d'accueil que remplit le café pour celui qui temporairement ne sait où aller. Secondement, le café est également un lieu de réconciliation ou de médiation des différences; une zone neutre ou un *no men's land* où *à petites doses on y fait la paix aussi; c'est l'occasion devant un verre de dire à quelqu'un ce qu'on a sur le cœur et d'enterrer ses morts.*

4. L'entrée dans la toxicomanie

Que trouve-t-on en lame de fond de l'individuation de Julien comme personne singulière? Des traits de caractère que l'on pourrait imputer à l'exercice de son métier et qui permettraient de le ranger sous le génotype social des chauffeurs-livreurs? Une prise de conscience claire ou aiguë des classements sociaux et de la position qui lui est dévolue du fait de son inscription dans des rapports salariaux; dont il aurait fait l'expérience sensible en étant soumis à une autorité patronale ou encore qu'il aurait élaborée au travers des contacts et des confrontations avec ses collègues de travail? Une prétention à la différence ou à la distinction de sa personne; une revendication altière de ses singularités personnelles? Quoi d'autre encore?

Il nous semble que ce qui fait le caractère typique de Julien — le noyau dur du *Typus Mensch* dans son cas — est avant tout sa *propension à travailler* et à mettre la main à la pâte; cette disposition attitudinale qui consiste à se mettre au service de l'autre et à être tel qu'il en reçoit sa reconnaissance en retour; à répondre à une sollicitation qui lui serait adressée; à attendre qu'il soit fait appel à lui. C'est en surimpression en quelque sorte à ce set attitudinal d'ensemble et qui émerge de la forme de sociation qu'est le compagnonnage, que nous pourrions évoquer mais dans un second temps seulement, son identité de classe (et éventuellement sa déliquescence) et ouvrière.

Somme toute, Julien ne travaille pas parce qu'il est devenu ouvrier; parce qu'il est conditionné ou déterminé socialement à être un homme de peine. Mais c'est parce qu'il est travailleur c'est-à-dire tel qu'une énergie prête à participer au travail de l'autre, qu'il aura accès notamment à un rapport social de type salarial; mais pas uniquement. Autrement dit, ce qui nous semble opportun de remarquer, c'est que dans le cas de

Julien la condition ouvrière est une possibilité parmi d'autres et qui s'offre au compagnon qu'il est.

C'est cette compréhension qui pourra être testée en prenant soin de considérer ce qui se passe avec son alcoolisation d'une part; avec son auto-désignation comme alcoolique de l'autre. En clair donc, nous tenterons de montrer que son alcoolisme — et ce en contre-point de son alcoolisation — est moins la conséquence ultime des avatars de sa condition d'ouvrier qualifié; une conséquence de son aliénation ou de la décomposition de son identité d'ouvrier; mais plutôt une possibilité, une survivance et surtout une quête (passive plutôt qu'active, peut-être) du compagnonnage dans le chef de Julien.

L'alcoolisation comme conséquence de sa condition ouvrière

Nous avions déjà remarqué la manière avec laquelle Julien était entré en contact avec l'alcool et sa consommation. C'était là pour lui une occasion de faire l'expérience concrète d'une immersion communautaire mais sans cependant qu'il ne valorise outre mesure cette possibilité ou même cette fonction remplie par l'alcool et par le lieu de rassemblement humain qu'est le café. Au mieux, ce dernier est-il une occasion de trouver un refuge de d'être en paix avec d'autres individus. A l'occasion des consommations prises avec ses collègues, Julien intègre sans doute une certaine manière d'être avec et comme eux; mais l'expérience de cette proximité reste soumise à cette évidence que la vie quotidienne est segmentée ou divisée pour chacun et que donc le milieu du travail n'englobe pas toute l'existence concrète. Nous avions aussi noté qu'il découvre dans l'alcool une possibilité de s'adapter aux conditions de travail qui sont les siennes; de réduire l'inconfort émotionnel qu'il ressent dans l'exercice de ses activités de chauffeur-livreur; mais cette fonction plus personnelle de l'alcool cette fois est tempérée ou circonscrite par les exigences mêmes du travail qu'il fait; par son état de chauffeur de camion et la vigilance qu'il requiert.

Coup sur coup, Julien connaîtra deux périodes de non-travail. Il est d'abord opéré. C'est une opération mineure mais qui le tient éloigné du monde du travail pendant un mois. Puis, de retour chez son employeur, il est remercié parce que le volume des commandes est à la baisse. *Alors je suis allé plus souvent au café qu'avant l'opération*, dira Julien; pour *faire passer le temps* autant que pour se dépêtrer des disputes parfois orageuses qu'entretiennent sa mère et sa grand-mère à la maison. *Avant*, dira-t-il aussi, *je me rendais pas compte du climat entre elles deux; je travaillais toute la journée et elles prenaient le temps de se chamailler. Je ne supportais pas ça et je préférais m'en aller.*

Petit à petit, par touches successives mais dans un laps de temps relativement court — quelques semaines —, la grille horaire de Julien se trouve largement perturbée. Il préfère prendre une collation dans les cafés plutôt que de s'asseoir à la table familiale; l'heure à laquelle il doit se présenter pour se soumettre à l'opération du «pointage» des chômeurs devient son point central de repère temporel. *Finalement même le soir, je remplaçais ma tasse de café par un verre de vin*, ajoute-t-il; *ça me faisait dormir jusqu'au lendemain bien tard et comme je devais plus me lever tôt pour aller travailler... et puis comme ça je regardais la TV sans les entendre... et en plus de cela j'avais parfois bu toute la journée par ennui.*

L'alcoolisme comme survivance du compagnonnage et comme recherche de compagnonnage

– *La rupture, ça a été... ça a été un gros choc parce que peu après mon chômage, mon frère s'est marié et aussi ma mère est morte. Bon; j'étais avec ma grand-mère mais elle aussi elle est partie peu de temps après. Ca a été tellement vite que je me perds dans les dates et je me trompe là-dedans... Là je me suis trouvé vraiment seul. Disons que c'est même déjà avec le mariage de mon frère que j'ai vraiment rétrogradé. Bon; lui il avait sa maison et elle était en ordre. Qu'est-ce que j'aurais pu aller y faire? Lui dire bonjour, ça oui; mais après? Et je vous dis : on se voyait plus qu'à la condition que j'aille chez lui mais moi, ça me tentait plus d'aller là tous les dimanches et de regarder la TV. Disons qu'avec le mariage de mon frère, c'est là que j'ai basculé dans l'alcool si on veut. Bon; de temps en temps je savais rester abstinent pour quelques jours; même quelques semaines que je savais boire sans qu'il y ait un problème. C'est surtout l'ennui qui me poussait à sortir et alors j'allais au café...*

Rien effectivement n'empêchera Julien d'entretenir des contacts avec d'autres individus et en ce compris son frère. Mais cette sociabilité est trop «pauvre» ou «simple» aux yeux de Julien. Son frère a *sa vie* comme il dira et il est entré dans un autre ensemble social : celui de son beau-père et de sa belle-famille.

Julien se plaint en fait de devoir accomplir les tâches quotidiennes seul et plus encore peut-être de ne pouvoir aider d'autres individus dans les leurs; de ne pouvoir participer en actes à leur bien-être matériel.

C'est une solitude bien particulière qu'il évoque pendant cette partie de notre entretien : les liens de famille, d'amitié ou de camaraderie — la famille d'origine ou la communauté ouvrière — ne suffisent pas; mais il regrette de ne pas pouvoir mettre son existence personnelle au service d'une autre; d'en être reconnu à ce titre et, par cet échange, d'associer sa vie comme a pu le faire son frère avec sa belle-famille par exemple ou encore son propre père avec le grand-père maternel. Ecoutons Julien sur ce point :

> – tu n'as pas pensé à avoir une vie de couple comme ton frère ?
>
> – *Si... j'ai connu une fille ça oui; mais ça n'a pas duré longtemps. C'est avec ses parents tout ça et bon... elle n'a pas insisté auprès d'eux et alors moi je n'ai pas insisté non plus.*
>
> – Que veux-tu dire exactement en disant «insister»? Tu leur plaisais pas à ses parents ?
>
> – *Non, non; c'est pas question de ça. Ils lui laissaient le choix justement... ils étaient pas contre mais pas pour non plus. Eux, ils auraient jamais dit que je convenais pour leur fille ou pour eux par exemple. Ils voulaient pas s'occuper de l'ami qu'elle prenait.*

Le mariage du frère de Julien, le décès de sa mère puis de sa grand-mère ne sont pas et en première instance, des événements traumatiques comme il serait possible de l'entendre dans une perspective plus strictement individuelle ou egocentrée; psychologique. Sans nier qu'il y ait là de quoi brouiller l'équilibre émotionnel de Julien, comment ne pas voir cependant que c'est l'effacement de la formule du vivre-ensemble, la disparition du compagnonnage avec ces individus qui sont les véritables substrats des humeurs et de l'ennui de Julien; non pas la perte des individus en soi mais la perte de la sociation de Julien avec eux. Ce ne sont pas tant des personnes que Julien perd — et par exemple les contacts avec son frère ne sont pas interdits après son mariage — mais c'est un mode de sociation à plusieurs qui se défait; un lien social particulier mais qui, faute de partenaires, devient pure forme; un *décor* disait Julien pour parler de sa maison et de sa vie de solitaire.

Quelques mois après ces événements, Julien, sérieusement imbibé d'alcool, fait une chute dans une volée d'escalier. Ses blessures lui valent une hospitalisation suivie d'une période de convalescence dans une institution appropriée.

Bien plus que l'hôpital proprement dit, Julien va apprendre à valoriser ces endroits de convalescence ou de repos; les centres d'accueil ou d'hébergement; les homes et les institutions de cure pour toxicomanes.

Là, il lui est demandé de se préparer à sa future autonomie d'homme valide; autonomie et qualité personnelle donc qu'il est censé retrouver à sa sortie. Il lui est demandé de participer aux tâches quotidiennes; de préparer les repas ou d'entretenir les locaux; d'apporter son soutien moral à ceux qui en auraient besoin; de se sentir responsable de la destinée du lieu et du confort matériel des autres; de chercher avec eux quelles seraient leurs voies de réinsertion dans la vie normale; de recevoir les nouveaux venus et de leur faire connaître les règles de vie en vigueur dans l'institution et ainsi de suite.

Julien se sent bien dans ces lieux. Il est généralement apprécié par le personnel pour ses qualités de disponibilité et l'attention qu'il porte aux autres ; pour sa façon également qu'il a de venir à la rescousse du personnel quand celui-ci montre des signes de fatigue ou de lassitude au travail. Il est parfois mis sur la sellette aussi par le personnel parce qu'il *n'est plus assez malade pour pouvoir y rester*; et parce que, tendanciellement, il ne semble pas s'inquiéter à suffisance de préparer sa propre sortie de l'institution.

Julien est-il alcoolique ? Il ne se prononce pas vraiment sur cette question et c'est là une raison qu'invoquent parfois les intervenants pour stigmatiser son apathie ; le peu de réceptivité dont il fait preuve à l'encontre des questionnements qui se focalisent sur sa personne. *Sans doute est-il alcoolique*, dira Julien ; car sinon, comment comprendre que son frère, par exemple, mais aussi son médecin de famille l'orientent vers des institutions spécialisées dans cette *maladie*. C'est bien ce que tout le monde lui signifie donc et d'ailleurs, par-dessus le marché, le statut administratif d'invalide qui est le sien n'est-il pas là pour remédier à son état de malade et qui perdure depuis près de deux ans ? N'était-ce pas là l'ultime sanction et l'ultime solution à ses absences au travail pour cause d'intoxication éthylique ou d'hospitalisation ? Laconique, Julien concédera bien que les autres *ont sûrement raison puisque à peine sorti ça recommence après quelques semaines*; mais aussi qu'il ne comprend pas les critiques qui lui sont adressées parfois.

Voici ce qu'il en dit :

– *Ici, ils disent de moi que je suis une tête de mule; que j'en fais rien qu'à ma tête et que je suis agressif quand je refuse de travailler avec mon psy...*

– explique un peu veux-tu ?

– *L'assistant social par exemple, il dit que si je bois c'est à cause de ma situation sociale... c'est culturel qu'il dit...*

– comment cela ?

– *Parce que mon capital culturel est trop bas qu'il dit et alors que je vis dans un milieu populaire où on boit beaucoup et que je suis entraîné comme ça à rechuter et qu'il me faudrait d'autres relations que je n'ai pas encore. Mais que je cherche pas à trouver. C'est ça aussi leur critique. Ma psy c'est la même chose : elle dit que je n'écoute pas ce qu'elle me dit et que je prépare mal mes week-ends parce que je me remets toujours dans les mêmes dangers et que je ne veux pas changer ça.*

– Tu penses rester longtemps ici en cure ?

– *Bon; il y a une femme que j'avais connue dans le service de désintoxication de la clinique avant de passer ici... Elle, elle a pas voulu venir en post-cure parce qu'elle avait des choses à faire à la maison chez elle. On a sympathisé aussi. Et alors je suis allé la voir ce week-end. Bon; elle a des enfants et elle est mariée mais elle veut bien* que j'aille passer un week-end chez elle de temps en temps ; même tous les quinze jours si je veux...

– chaque fois que tu auras un retour en week-end donc ?

– Oui. C'est possible. J'irai chez elle. Donc... j'ai déjà payé un week-end si on veut parce que je suis pas resté sans rien faire... D'habitude des invitations comme ça, ça tourne court parce que c'est le genre de truc qu'on se dit dans une clinique mais après c'est du vent. Là, elle m'a dit : «oui ; j'ai une maison et il y a des travaux à faire autour». Moi j'ai dit : «chiche». C'est ça que je veux dire : c'est pas une invitation en l'air et elle sait ce qu'elle dit.

– Cela ne t'inquiète pas qu'elle soit mariée ?

– C'est la question que tout le monde me pose... Moi je sais qu'elle me pousse à y aller parce qu'elle m'a déjà dit que son mari il fait presque rien dans la maison ; les fenêtres, le jardin, ... Et plus j'y songe et plus je me dis qu'il y a quand même du travail à faire...

– mais penses-tu que ceux qui te posent cette question ne pensent qu'à cet aspect des choses ? S'ils sont mariés...

– ... bon ; j'ai fait aussi sa connaissance le week-end dernier. Et d'abord, c'est pas vraiment son mari ; c'est un type qu'elle avait aussi rencontré dans une cure lorsqu'elle était partie pour ses nerfs. Donc c'est déjà une chose ça. Et puis il y a ses enfants parce qu'elle en a deux. Ils m'ont tout de suite appelé par mon prénom et je suis un peu accepté comme un des leurs, disons...

– ... comme un troisième fils en somme ?

– Mais non ! C'est aussi ça qu'on me répète ici. Mais c'est pas ça ; je veux dire comme quelqu'un de la maison. On a presque le même âge en plus mais ça me dérange pas du tout vu qu'on saura encore mieux s'entendre comme ça. Ils viennent à côté de moi et je me sens très bien comme ça et en plus ça fera plaisir à mon frère qui saura que je ne suis plus seul...

– tu penses que ça peut marcher ?

– Bon ; c'est vrai que c'est pas la première fois que ça marche et puis que ça rate. C'est quand il y a plus rien à faire que ça foire. C'est comme ça que je rebois... Mais en plus de sa maison, elle a des plans. Elle pense à construire un abri pour les chèvres qu'elle a puis pour ses poules. Et il y a un jardin qu'est une terre en friche... Non cette fois-ci, il y en a au moins pour plusieurs années. Ca va aller côté alcool.

Chapitre 3

Se distinguer

MURIEL : SE DISTINGUER DES AUTRES ET RESTER MAÎTRE DE LA SITUATION

De prime abord et de façon quelque peu synthétique ou ramassée, le style de vie à l'œuvre dans la famille d'origine de Muriel pourrait être approché par un titre tel que celui de *La clôture conjugale*, emprunté à Kellerhals *et al.* (1982 : 225-228).

Pour ces sociologues, *le modèle culturel prédominant de famille contemporaine est (...) le résultat d'un double processus historique de privatisation : le familialisme « bourgeois » et la conception romantique de l'amour-passion. (...) La problématique actuelle de la famille repliée sur elle-même (...) vient donc se greffer sur un processus de différenciation progressive entre la famille et la communauté environnante (...). Les relations des différents membres de la famille nucléaire se replient progressivement « vers l'intérieur ». (...) Les attaches avec la communauté ou la parenté s'affaiblissent : tel est le mouvement de privatisation propre aux milieux bourgeois, mouvement qui leur permet de s'affirmer comme classe en se différenciant, dans leur mode de vie, des autres. Ainsi du familialisme bourgeois, articulé autour de notions de respectabilité, de capital, de transmission et de vie privée. (...) Toutefois, ce familialisme bourgeois ne propose pas la relation affective comme but en soi. (...) On comprend alors que ce premier mouvement de privatisation soit à la fois complété et mis en question par le second : l'aspiration romantique à l'amour-passion. D'une part, en définissant par l'exclusive les membres et les prérogatives de la famille nucléaire, le familialisme crée les conditions nécessaires pour que la relation entre l'épouse et son mari devienne privilégiée. Mais d'autre part, l'amour-passion (...) se donne en butte aux conventions sociales, aux normes de la société bourgeoise. Il apparaît donc comme prolongement de la privatisation, puisqu'il n'admet pour loi que son propre «mouvement», mais aussi et par là, contestation des formes de cette privatisation dans le familialisme «bourgeois». Il en questionne les objectifs et les modes de fonctionnement. (...) On conçoit très vite combien un tel syncrétisme abrite de contradictions potentielles, et combien sont nombreuses les conditions nécessaires à son fonctionnement.*

En finale de l'introduction à leur chapitre consacré à *La clôture conjugale*, Kellerhals et ses collaborateurs proposent de considérer que cette contradiction ou que cette tension opposant une tendance à la fermeture du couple, à sa stabilité, comme attributs d'une classe sociale différenciée des autres, et une seconde tendance où la valorisation de l'amour-passion s'oppose à la forme de sociation qui par ailleurs la porte et la rend possible, débouche sur un *questionnement sur les modalités de l'«être en couple»* et ceci *indépendamment de la division du travail.*

Si nous comprenons bien ces propositions, la fermeture de la famille bourgeoise (ou la fermeture des familles comme résultat de l'adoption d'un modèle bourgeois de vie familiale) déboucherait entre autres sur des conflits ou des affrontements intra-familiaux et qui concernent directement la question de *l'extension assignée à l'échange*; la question de l'ampleur et des conditions d'une réciprocité entretenue avec le monde extérieur. Puisque les termes de l'échange social ne peuvent être déduits ou dictés par ceux de la division du travail, savoir avec qui on entre dans un système de réciprocité devient la question lancinante de la famille bourgeoise et le terrain d'affrontement de ses membres.

Les membres de la famille bourgeoise seraient ainsi comme non concernés par une telle détermination de leurs rôles psycho-sociaux ; et en poussant ces propositions jusque dans leur dernier retranchement, nous pouvons également comprendre que, comme classe, la bourgeoisie ne soit pas un partenaire ou une unité singulière et fonctionnelle de la division du travail mais plutôt un pur principe de classement et de différenciation sociale et ceci grâce à ses attributs familiaux ou ses dimensions attitudinales.

Dans cette perspective, le modèle de la famille bourgeoise et la cohérence de ce mode de sociation des individus seraient de nature idéologique plutôt que matérialiste ou concrète. C'est-à-dire que : 1. ce modèle peut s'imposer ou être proposé comme standard de vie à d'autres individus et appartenant à d'autres horizons sociaux et ceci parce que la famille bourgeoise se voudrait (ou serait) *indépendante des clivages sociaux* qui résultent de la division du travail ; 2. pour les membres de la famille bourgeoise cette fois — et nous montrerons cette facette de la réalité familiale dans le cas de Muriel — la cohésion de la vie en famille repose sur des idées ; plus exactement encore sur une rationalisation ou sur une intellectualisation des valeurs et des attitudes familiales. Sur des valeurs et des attitudes donc qui ne sont plus tant en prise directe ou fonctionnelle avec un substrat de nature communautaire ni non plus de classe mais qui sont plutôt affichées au nom d'une rationalité propre (rationalité propre qui pourrait être située dans le sillage d'un mouvement plus ample de professionnalisation des rôles psycho-sociaux tel que par exemple la spécialisation pédagogique des parents).

Dans cette foulée, la stature personnelle des individus serait bien moins assimilée ou approchée par le biais d'une problématique de l'imitation ou de l'identification à un modèle communautaire ; non plus par celle d'une différenciation fonctionnelle des individus mais plutôt par une problématique reposant sur l'autonomie ou sur l'indépendance de l'individu en regard de ses possibilités propres de rationaliser ou d'intellectualiser les attributs personnels dont il veut se doter. C'est donc moins l'ampleur ou la grandeur de l'individualisme de chacun qui serait ici à explorer dans le cadre d'une interrogation sur l'identité ; c'est-à-dire un certain débordement des besoins, des motivations ou de la subjectivité des individus, que la nature du processus d'individuation et qui repose sur un mécanisme contrôlé de monstration et de construction des traits de personnalité de chacun.

Dans le cas singulier de Muriel, nous tenterons de montrer toute la pertinence de cette rationalisation de l'existence quotidienne et qui vise à garder un *contrôle* sur la possibilité qu'auraient les autres d'influer sur ce qu'elle pense, fait ou est. Ou encore : que son individualisme ne consiste pas tant à prôner ses qualités personnelles, psychologiques ; à affirmer le primat de sa subjectivité en regard des contraintes sociales environnantes mais plutôt en une recherche des moyens d'être indépendante des attentes et demandes des autres ou, à tout le moins, d'être convaincue qu'à l'évidence elle est bien indépendante ou autonome et qu'elle maîtrise les conditions d'une réciprocité avec d'autres.

Pour ce faire, nous tenterons de montrer entre autres que :

– la fermeture familiale, le repli sur l'intimité des interactions intra-familiales et l'amour-passion sont des attitudes et valeurs qui se consolident dans les générations des grands-parents et des parents de Muriel ;

– ces attitudes débouchent sur une double nécessité : celle qui consiste à se démarquer de l'environnement communautaire d'une part ; d'autre part, d'adopter des valeurs propres et de nature largement impersonnelle permettant de fonder une cohésion familiale ;

– que cette cohésion repose pour l'essentiel sur l'imposition rationnelle pour ne pas dire autoritaire de ces valeurs ;

– que le rejet du modèle familial par Muriel se fait à l'adolescence sous les auspices mêmes de cette cohésion et qui prône l'autonomie individuelle.

Nous pourrons ainsi comprendre que cette autonomie individuelle soit tout autant une valeur familiale ou bourgeoise qu'une «sanction»; une contrainte ou une exigence attitudinale qui n'est en rien naturelle d'un point de vue anthropologique mais qui a un prix bien particulier dans le cas de Muriel : celui de la solitude d'une part et d'autre part la quête parfois douloureuse d'un moyen permettant d' opérationnaliser cette autonomie.

1. La détermination sociale des attitudes et des valeurs

Les grands-parents paternels et un certain romantisme

Sans être d'origine aristocratique, la famille paternelle de Muriel plonge ses racines dans les sphères dirigeantes du pays de la seconde moitié du XIXe siècle.

Son style de vie peut être approché par petites touches successives : on y est catholique, par tradition peut-être, mais souvent avec ferveur et la religion cimente les liens et la cohésion de cette famille étendue — le père de Muriel est le cadet de quinze enfants et une génération sépare l'aîné du cadet —; les avoirs économiques sont importants et le toit paternel remplit des fonctions diverses puisqu'en plus d'être une habitation ou une protection, la demeure familiale est tout à la fois, par son étendue, un terrain d'aventure pour les enfants et le territoire sur lequel se déroule l'essentiel de la vie sociale de la famille ; bien qu'il ne s'agisse pas d'un milieu d'affaires, les occupations professionnelles des membres de la famille les font évoluer soit dans des fonctions de hauts commis de l'Etat soit dans des fonctions de gestion des patrimoines.

Deux extraits tirés de l'entretien avec Muriel pourront faire saisir la caractéristique peut-être centrale de cette famille paternelle, à savoir son positionnement globalement *périphérique* en regard de la division du travail industriel et son appartenance à une bourgeoisie plus traditionnelle donc :

– *je sais que mon grand-père paternel était huissier dans la région de Gant. On y retrouve beaucoup de professions libérales : j'ai un oncle notaire ; il y a un autre qui s'occupait d'immobilier ; il y a un pharmacien aussi et une tante qui a fait une carrière dans le droit à l'étranger... Des gens qui globalement sont restés à un niveau similaire à leur père, soit ont augmenté leur niveau social ;*

– *c'était à X : une immense maison ; presque un château avec un jardin qui faisait cinq hectares et qui était un vrai parc. Il y avait des écuries. Il y avait des garages avec de vieilles voitures ; des vieux vélos. Il y avait des tas d'animaux aussi. Ils ont vécu comme ça pendant la guerre en autarcie, complètement... C'était... Je ne sais pas comment dire mais j'étais toujours fascinée et bon... la plupart des frères et des sœurs se sont mariés mais il est toujours resté un noyau de quatre, deux sœurs et deux frères, qui ont vécu avec ma grand-mère jusqu'à ce qu'elle meure et ils vivent toujours ensemble maintenant. Ce sont les quatre célibataires et en plus c'était des gens à être célibataires je pense... Jan, c'est mon oncle préféré parce que ça a toujours été quelqu'un d'un peu fou, poète. Il ramassait des cailloux puis il en faisait des statues qu'il dressait dans le jardin... Enfin, je veux dire qu'il y a des personnages dans la famille de mon père tandis que du côté de ma mère ce sont plutôt des gens biens... Jan et Piet, ils ont refusé de travailler quoi. Ils ont vécu toute leur vie en faisant des petits boulots à gauche et à droite ; en vivant aussi en grande partie de leur jardin et de leurs bêtes etc. Et des rentes de la grand-mère aussi ; c'est aussi ça qui les faisait vivre mais tout de même, quels personnages !*

Nous n'insisterons pas trop ici sur le familialisme de cette bourgeoisie traditionnelle. On rappellera simplement que Muriel fournit plusieurs indications permettant de comprendre que sa famille paternelle est bien plus qu'une institution juridique ou qu'un contrat d'association des grands-parents mais surtout une société en miniature qui concentre et trace le périmètre à l'essentiel de la sociabilité de ses membres au même titre que l'usine ou atelier pour d'autres ou que le village, la rue ou le quartier pour d'autres encore.

Outre ses informations sur le *standing* de vie et les conditions matérielles d'existence de cette famille, outre ses informations sur le familialisme de ses grands-parents c'est-à-dire ici la possibilité pour cette famille de fonctionner comme une communauté sur son territoire propre, Muriel nous renseignait également sur un élément de stylisation de ce mode de vie bourgeois.

On y a certes l'opportunité matérielle de ne pas devoir choisir une profession ainsi que l'opportunité sociale de faire ce « non choix » — des rentes laissées par les anciens et une solidarité de type communautaire entre les quatre célibataires — mais la caractéristique singulière de cette famille est peut-être tout autant dans l'existence de ces possibilités que dans le fait que l'absence d'une identité professionnelle soit considérée comme quelque chose de tout à fait légitime et honorable. Somme toute — et c'est là également ce qui apparente ce milieu social à une certaine aristocratie dans les souvenirs de Muriel — bien plus qu'un métier, c'est-à-dire un ensemble de savoir-faire, un ensemble de connaissances pratiques qu'il faudrait acquérir par une formation, un ensemble aussi de traits de personnalité qu'il faut se forger afin de se garantir de pouvoir endosser un rôle professionnel particulier, la profession dans ce cas est à l'image d'une «charge». Le choix d'une profession ou d'une activité plus en général est une opération *quasi* automatique et sans véritables contraintes. D'une façon quelque peu analogue à l'affectation des fonctions diplomatiques aux membres de l'aristocratie qui, de façon «naturelle», étaient tenus pour aptes et prédisposés à évoluer dans ce type de milieu, le choix d'une profession est ici une sorte d'adéquation d'une activité aux qualités personnelles de chacun; une «charge» qui lui revient à l'évidence. Ainsi les deux oncles célibataires sont *marginaux* selon l'expression même de Muriel, dans cette mesure où ils sont sans profession mais ils demeurent des *personnages* dit-elle, c'est-à-dire des individus à part entière et qui ont cette faculté de pouvoir vivre dégagés des contraintes et des exigences fonctionnelles; de la division du travail.

L'absence d'une profession est tout sauf synonyme d'un handicap socio-culturel ou d'un aléa de la position sociale de ces oncles. Mais par contre ce choix de «non-travail» est valorisé positivement par l'adoption d'une attitude individualiste; un retrait quelque peu élitiste à l'encontre de la division du travail. Et cette attitude de retrait est bien de nature romantique : la stature personnelle des oncles de Muriel n'est pas forgée au-travers et par le jeu de la division du travail mais elle est tenue pour être pré-existante ou naturelle. C'est donc un individualisme plus romantique ou littéraire qu'anomique qu'évoque ici Muriel.

Les grands-parents maternels et un certain souci de fermeture

Si l'on peut trouver, du côté paternel, le terreau d'un individualisme littéraire et romantique, du côté maternel se dessinent d'autres ingrédients de ce que sera plus tard le style de vie de la famille d'origine de Muriel.

Dans ce cas, le caractère bourgeois de la famille maternelle peut être cerné moins par la prise en compte d'un patrimoine de famille par exemple et que l'on exploite, que par celle d'un capital qu'il s'agit de gérer et de faire fructifier. A l'inverse de la famille paternelle donc, la famille maternelle est plus moderne que traditionnelle ; inscrite dans le jeu de la confrontation sociale et à laquelle les attitudes ambiantes préparent ses membres.

Le climat familial est empreint d'*austérité* dira Muriel. *C'était des gens rigides... la grosse bourgeoisie, avec des gens qui gagnaient beaucoup d'argent*, poursuit-elle ; et manifestement anxieux d'asseoir et d'affirmer leur pouvoir social.

Plus concrètement encore, le caractère bourgeois de cette famille maternelle peut être compris par le biais d'une double problématique. D'une part il s'agit de ravir le pouvoir et l'autorité détenue par une bourgeoisie plus traditionnelle ; et à ce titre, Muriel signalera que son grand-père maternel était animé d'une *haine féroce pour les calotins* et le style de vie plus en général des franges plus traditionnelles de la bourgeoisie. D'autre part et à côté donc d'une compétition ardue avec la bourgeoisie traditionnelle, il s'agit d'afficher ses velléités de pouvoir et de *leadership* sociétal à l'encontre des individus qui occupent des positions sociales inférieures à la sienne ; à la fois se positionner comme une classe, comme étant partie prenante de la division du travail et de cette façon être en position d'engranger un capital économique et financier autant que d'être reconnu par les classes inférieures dans cette capacité à assurer le *leadership* et la direction de la division du travail, mais aussi faire la preuve que l'on est une classe autonome, sans véritables liens d'interdépendance ou sans dette à l'encontre des positions inférieures ; comme une classe donc qui, tout en tirant bénéfice de la division du travail industriel et qu'elle appelle de ses vœux d'ailleurs, pourrait également être en dehors de ses relations d'interdépendance et ainsi se soustraire aux critiques et à la concurrence que lui opposent les positions sociales inférieures mais qui la jouxtent.

Muriel, par ses informations, signalera la double préoccupation de cette famille maternelle : être à la fois au cœur de la division du travail industriel et se protéger des risques de contestation ou de concurrence qu'entraîne ce positionnement. Ainsi, en famille, va-t-on par exemple valoriser les activités professionnelles qui gravitent autour de la recherche universitaire ; la sphère médicale et parfois aussi le fonctionnariat. *J'ai une tante qui est chercheur à l'université et un oncle pareil. Il y a aussi des ingénieurs... Ce sont des gens au top niveau souvent et qui sont socialement utiles*, dira Muriel. *Mon père*, poursuit-elle, *avait une profession technico-artistique dans le bâtiment quand il a marié ma mère mais elle ne voulait pas qu'il soit indépendant parce que c'est trop ris-*

qué; elle voulait de la stabilité et être assurée de sa position sociale du lendemain.

En misant de la sorte sur la compétition avec les autres strates de la bourgeoisie et en diminuant le volume de l'échange entretenu avec les positions sociales inférieures de façon à éviter leur concurrence, la famille maternelle de Muriel s'interdit elle-même l'accès à une solidarité communautaire (ici, la classe comme communauté de vie) ou plus collective (inter-classes).

En procédant de la sorte, elle donnera naissance à un type de réciprocité ou d'échange social qui repose avant tout sur les individus singuliers. Ainsi la solidarité entre les membres de cette famille repose bien moins sur un sentiment commun d'appartenir à une même famille par exemple que sur une anticipation ou sur une prévisibilité des actes et prestations attendues de chacun. La valorisation des individus en lieu et place de la communauté ou de la classe, ne débouche pas sur la prise en considération de la vie affective; des besoins et aspirations personnelles mais sur une mise en ordre, une réglementation des échanges individuels. La cohésion familiale repose ainsi bien plus sur un système contraignant de règles que sur l'intériorisation d'un modèle communautaire par exemple ou que sur la reconnaissance d'un système d'interdépendances entre ses membres. Le type d'individualisme que favorise cette famille est ainsi bien particulier : les individus sont à la fois amenés à se montrer autonomes, à se forger une stature personnelle singulière et propre, «libérée» des contraintes de la division du travail; mais d'autre part la solidarité qui se fonde sur les liens inter-individuels force les individus à tronquer une part de leur potentiel d'individuation. Ainsi :

– ma mère c'est une femme... c'est une femme qui ne se satisfait pas du tout. Elle ne s'est jamais vraiment satisfaite de son rôle de femme par exemple; d'être une femme...

Autre façon de comprendre la réalité de cette vie en famille : tout en valorisant la sphère des relations inter-individuelles et intra-familiales, une sphère privée donc et où évoluent des individus sensément autonomes, il s'y dessine une attitude de *contrôle* ou de maîtrise des caractéristiques plus personnelles de chacun; contrôle sur leurs vies émotionnelles ou leurs affects comme sur leurs aspirations par trop individualistes.

La stature personnelle ou psychologique des individus dans ce cas ne trouve pas ses origines dans un mécanisme d'imitation ou d'identification comme on pourrait s'y attendre dans le cas d'une solidarité communautaire et le débordement de la subjectivité qui pourrait éventuellement lui être concomitant; elle n'est pas non plus une conséquence ou un effet de l'adaptation ou de la spécialisation de chacun aux exigences d'une complémentarité entre individus ; mais plutôt un effet de la *tension* entre d'une part une valorisation de la formule individuelle et d'autre part une sorte d'interdit, une censure ou une dénégation de la pertinence de leurs vies affectives.

Une façon d'atténuer ou d'endiguer cette tension contradictorielle — la façon qui fut à tout le moins adoptée par la famille maternelle de Muriel — consiste à rationaliser cette subjectivité et plus généralement encore à rationaliser les sources d'une confrontation inter-personnelle en famille ; à retraduire les aspirations ou les besoins personnels de chacun en un langage plus rationnel ou raisonnable et qui puisse tenir compte des règles familiales. Cette rationalisation ou cette intellectualisation de la vie en famille dans ses aspects plus personnels est ainsi une source d'évitement des conflits et une garantie de la cohésion interne autant que de la maîtrise que l'on peut détenir, au nom de l'autonomie de chacun donc, de la réalité et du déroulement des interactions familiales. Ainsi :

> – ma mère, quand elle parle, elle a une opinion tellement arrêtée... Bien souvent, on sent que c'est le résultat d'une longue réflexion et elle n'a plus du tout envie de discuter à nouveau et de se justifier sur une décision qu'elle a aussi parfois été prendre dans des bouquins spécialisés... C'est ce qu'elle a décidé et alors la seule chose qui reste à faire, c'est de plier.

Quel pourrait être le point commun entre cette centration autoritaire, contrôlante, de la part des membres de la famille maternelle de Muriel et cette *légèreté d'être*, dira-t-elle, de la branche paternelle ? Une égale valorisation de l'individualisme de part et d'autre sans doute mais aussi le romantisme — l'amour-passion ou l'amour-obstination ; c'est selon — du côté paternel est peut-être la seule force qui puisse venir à bout de l'autoritarisme du côté maternel.

La famille d'origine de Muriel

> – Mon grand-père avait surtout une haine féroce pour les calotins et... c'était quelqu'un de terriblement autoritaire. Ils avaient décidé que leur fille méritait mieux qu'un petit dessinateur qui louait en plus à cette époque. Il vivait à X à ce moment-là mais il louait une espèce de kot en face de la fenêtre de ma mère... Ils s'étaient rencontrés dans l'autobus en fait... Il y a certainement beaucoup de roman dans toute leur histoire mais c'est pourtant comme cela que les choses se sont passées... Ma mère avait 17 ans à ce qu'il paraît et mon père a décidé à ce moment-là, dès sa première vision, que celle-là, c'était sa femme ; la femme qu'il lui fallait. Alors et de fait, il a commencé à la suivre et... ça a duré sept ans et alors après toutes ces années, mon père a fini par être accepté par mes grands-parents. Petit à petit, à l'usure, ils se sont rendu compte que ça durait. En fait ma mère avait 24 ans quand ils se sont mariés et je crois finalement que c'est encore le seul acte d'autorité qu'elle a posé tant qu'elle vivait chez

ses parents et pourtant Dieu sait que ce n'était pas des communistes; ils avaient des théories sur la liberté et l'autonomie de chacun...!

Peu après leur mariage, les parents de Muriel s'installent dans la grande banlieue de Charleroi. Le père occupe un poste à responsabilité dans une administration publique; la mère ne travaille pas à l'extérieur de la maison familiale et elle s'occupe pour l'essentiel de son temps de l'éducation de ses enfants alors en bas âge. Dès ces premiers temps de leur installation dans cette région du Centre à forte composantes agricole et ouvrière, les parents et la cellule familiale pour reprendre l'expression de Muriel, se suffisent à eux-mêmes :

– du côté de ma mère, il y avait des bonnes et des servantes... Mes parents étaient des citadins aussi et alors ils se sont retrouvés au beau milieu d'un petit village. Il leur a fallu faire tout un effort d'intégration sans doute mais ils pensaient bien qu'ils étaient d'une essence sociale différente et ils restaient à eux deux.

Très vite cependant, le père de Muriel arrive à la conclusion que la famille devra rester sur place longtemps; le temps en tous les cas d'y faire sa carrière professionnelle. Ni l'un ni l'autre des jeunes mariés ne souhaitent en fait s'intégrer dans la communauté locale et ils décident de faire construire une maison dans les Ardennes qu'ils loueront en attendant de pouvoir l'occuper eux-mêmes après la retraite du père de Muriel. Dans l'intervalle, ils prennent également la décision d'aménager la co-existence avec leur environnement direct et à ce moment la problématique de cette jeune famille est multiforme.

Puisqu'il est pratiquement exclus de pouvoir éviter les contacts avec les régionaux pendant tout le temps que durera la carrière professionnelle du mari, il s'agit de trouver un mode d'inclusion ou d'insertion dans la communauté qui permette d'y être reconnu et respecté mais tout en évitant trop de proximité; qui évite l'assimilation et l'identification aux autres individus du milieu ambiant. Par ailleurs la scolarité des enfants n'est pas très éloignée dans le temps et c'est là une circonstance supplémentaire qui fait qu'il est sans doute prudent de mettre en place des mécanismes ou des formules qui contrecarrent l'éventuelle intrusion ou la visibilité par le monde extérieur de ce qui se trame à l'intérieur de la famille. La question pratique qui se pose aux parents est donc celle de savoir comment faire pour obtenir la reconnaissance des autres et ce en gardant son rang; mais aussi comment se prémunir d'entrer dans une proximité trop forte avec ces individus.

La formule adoptée par les parents sera somme toute assez simple : ils prendront une position de *leader* dans la vie culturelle, voire spirituelle, locale et organiseront le *blocus* de la sphère privée.

Le leadership communautaire

– Ce qu'elle a fait, ce sont surtout des trucs bénévoles. Parce que... au bout de quelques années, elle commençait à s'ennuyer drôlement à X. Tout à fait isolée et rien à faire de ses journées puisqu'on était à l'école avec mon frère. Alors bon; elle a pris des cours de coupe-couture; elle s'est occupée et gratuitement bien sûr, de la consultation des nourrissons puis, pendant des années aussi, du Ciné-club. Puis elle est devenue maman-catéchiste...

– elle n'est pas restée de l'avis de son père concernant la religion ou alors elle a suivi plutôt ton père?

– C'était le moyen de nouer avec les gens quoi. Elle ne le voulait pas au début parce que ce n'était pas le même milieu mais là il y avait un terrain d'entente; un modus vivendi comme dirait mon père.

Terrain d'entente d'autant plus plausible aux yeux de la mère de Muriel que les interactions qu'elle noue avec les régionaux se déroulent sous le sceau du bénévolat et de l'esprit de dévouement donc. Son volontarisme et son activisme lui valent reconnaissance et honorabilité; et la gratuité de ses engagements communautaires la met dans une position haute où les autres individus sont ses obligés. De cette façon, la mère de Muriel et les autres membres de sa famille à sa suite, peuvent combiner une sorte d'insertion et de participation communautaire tout en se mettant à couvert du contrôle social ambiant. *J'aurais bien voulu y voir que les gens la critiquent par exemple au Ciné-club*, ajoute Muriel; *elle aurait tout stoppé et comme elle était la seule à s'y retrouver dans le septième art...*

Le blocus familial

Ci-avant, dans l'introduction à cette monographie, nous avions avancé la préoccupation des grands-parents de Muriel de se distinguer des positions sociales inférieures afin d'en éviter la concurrence mais sans donner de précisions à son sujet. Dans le cas de la famille d'origine, cette préoccupation laisse la place à deux mécanismes en fait : le *blocus* pur et simple de la famille comme sphère interdite aux étrangers d'abord et secondement la disqualification de certaines pratiques communautaires.

Muriel est tout à fait catégorique sur le premier de ces mécanismes :

– mes parents ne voulaient avoir aucun contact privé avec les villageois; cela nous était purement et simplement interdit. On voulait bien dire «bonjour» ou «bonsoir» ou les rencontrer dans des activités de loisirs ou de bénévolat, mais ça n'allait pas plus loin. Moi par exemple, je n'ai jamais eu de copine à l'école. Je n'ai jamais pu dire à une élève des trucs comme «je viens faire mes devoirs chez toi» ou «viens donc goûter chez moi; on fera nos devoirs ensemble». Non; inimaginable ! C'était un refus catégorique. Par après dans le secondaire, c'est vraiment rare si un ami a mis les pieds chez moi. Ou alors, il fallait que mon père et ma mère soient prévenus des semaines à

l'avance; qu'ils aient eu le temps de téléphoner aux parents et de savoir à qui ils avaient affaire; pas au copain hein!, mais de quel milieu il provenait.

Le second mécanisme — la disqualification de la communauté environnante — consiste à considérer les gens comme une collection d'individus exotiques; que l'on observe avec curiosité et condescendance parfois mais souvent avec mépris. Ainsi :

> *– l'alcool pour moi est attaché à une image vraiment très très négative... Même intellectuellement pour moi, maintenant, ça me reste de mes parents; j'en ai une certaine répulsion instinctive si vous voulez...*
>
> *– je ne comprends pas très bien...*
>
> *– maintenant que vous me posez la question, je me souviens par exemple qu'ils nous amenaient... mes parents détestaient les cafés; je veux dire que pour eux, ceux qui y vont, c'est le mépris et rien d'autre. Ma mère pourrait avoir besoin d'aller faire pipi qu'elle ne rentrerait jamais dans un bistrot par exemple... Et voilà qu'ils avaient été me conduire en voiture devant les cafés de X et on regardait les ivrognes qui en sortaient. On stationnait devant les cafés... et alors ma mère, mais c'est vrai que c'est terrible quand j'y resonge maintenant, parce que j'étais toute petite et j'en garde un souvenir vraiment marquant quoi... c'était un samedi soir après l'heure de la messe et il y avait déjà quelques uns qui étaient saouls et notamment des jeunes de mon âge... j'étais pas si petite que ça allez; mais c'est tout comme dans ma tête... Et voilà quoi : le spectacle. C'est ce que j'en ai gardé certainement mais la drogue c'était pas pareil parce que c'était quelque chose de neuf et qui n'avait pas cette connotation de déchéance humaine et de malheur.*

L'intellectualisation de la vie quotidienne

A la suite de l'extrait qui précède, il n'est pas interdit de comprendre que le mépris pour l'alcool et surtout le mépris à l'encontre de ces consommateurs d'alcool n'est pas seulement un procédé de disqualification des milieux populaires ou de la communauté locale mais aussi qu'il laisse auguer ce que pourrait être pour cette famille les conditions de sa sociabilité ou de l'échange social.

Certes et à l'inverse des cafés, *il y avait des alcools de grande marque à la maison*, dira Muriel ainsi que *de très bons vins*; mais outre ce mécanisme de classement ou de différenciation — cette équation : les gens méprisables sont aux alcools méprisables comme les gens distingués sont aux alcools distingués — l'idéal à atteindre est de contrôler ce que l'on boit et, ce faisant, contrôler ou garder la maîtrise de l'interaction. En clair : l'objectif à atteindre n'est certainement pas d'annuler les différences entre les consommateurs en buvant des alcools par trop communs; mettre ses rôles psycho-sociaux au vestiaire et se laisser aller en quelque sorte à des conversations plus personnelles mais ce qui est méprisable, c'est de ne pas être capable de garder une maîtrise et un contrôle de soi et ainsi de l'interaction. Ainsi cette séquence de l'entretien :

– mon père a été élevé chez les jésuites. C'est un esprit jésuitique s'il en est (rires)...
– ça veut dire ?

– Très manipulateur... Je veux dire que par exemple, je n'ai jamais vu mon père en colère justement parce que à la limite, il n'en avait pas besoin... Il est le même que mon oncle Jean par exemple : il pouvait bien boire deux, trois ou quatre whiskies mais jamais je ne l'ai vu saoul et pourtant je suis convaincue qu'il est alcoolique si vous voulez. Ca, c'est quelque chose qui ne se faisait pas...
– être ivre ?

– Mais non... le montrer ! Le laisser voir aux autres ; quand vous buvez des bonnes marques, c'est par goût bien sûr ; pas par besoin. Vous pouvez même être ivre qu'on ne le verra pas comme ça... Ivre, oui ; mais pas saoul. Ce sont des gens qui gardent toujours la situation en mains et qui ne se laissent pas aller à parler comme ça de leurs états d'âme.

On touche ici de près et sans guère de doute pour le cas de la famille de Muriel, l'un des éléments somme toute les plus paradoxaux et à tout le moins une difficulté de compréhension du style de vie en famille : tout en se coupant ou en s'interdisant l'accès à un type ou l'autre de solidarité sociale et en valorisant l'individuation singulière de chacun de ses membres, la sphère privée que se veut être cette famille ne peut exister comme telle sur le long terme que si les individus pris séparément font barrage sur les caractéristiques personnelles de chaque membre.

Cette solidarité plutôt inter-individuelle, fondée sur l'exclusive d'individus libérés des contingences sociétales, demande donc de taire le registre affectif ou personnel. Dans le cas contraire en effet, on voit mal comment la cohésion du familialisme bourgeois pourrait être garantie ; et certainement pas par l'étalement au grand jour des affects, des émotions ou des besoins de chacun. Ce qui serait un risque majeur d'affrontement par le jeu des différences personnelles ; un risque d'éclatement de cette sociation d'individus sensément autonomes. Outre l'imposition parfois autoritaire des règles de vie et qui apparaissent comme intangibles et comme rigides aux yeux de Muriel, la sphère privée est aussi la scène des *faire comme si* dira-t-elle également ; la scène où ont lieu des manipulations, au sens large du terme, de l'autre et ce de façon à déjouer l'expression de ses aspirations propres et de façon à les neutraliser. *Si vous aviez l'occasion de parler avec mes parents*, dira Muriel, *vous seriez franchement étonné de leur amabilité comme si c'était des gens prêts pour n'importe quel dialogue. Mais ils arriveront toujours à vous faire comprendre qu'après une mûre réflexion, c'est vous qui aviez tort ; parce que le simple fait de vous laisser aller à des mouvements d'humeur par exemple, c'est bien la preuve que vous êtes dans l'erreur.*

Dans cette perspective d'ensemble donc, la recherche d'une certaine distinction ou l'affirmation d'une certaine noblesse dans le style de vie ne sont pas seulement des façons de se dégager, par le haut, des milieux et des pratiques plus populaires; mais aussi une voie d'accès à la manipulation ou au contrôle de ses partenaires et à la sauvegarde de la maîtrise de la forme de l'échange entretenu avec eux; totale ou «brutale» comme dans le cas de l'imposition autoritaire des règles de vie par les parents et plus «douce» ou nuancée dans une version plus cultivée ou *aimable* pour reprendre l'expression de Muriel.

Muriel nous fournira un bon exemple d'une telle manipulation et d'une telle maîtrise de l'autre lors des interactions familiales (mais aussi dans le cadre même de notre entretien) et ce, ici, sous le couvert de l'intelligence :

– les drogues... mais intellectuellement... moi, j'ai toujours été attirée... je me souviens qu'à 16 ans par exemple, je lisais tous les comptes rendus des expériences Zen par exemple. Cela me fascinait intellectuellement parlant. J'avais l'impression qu'il y avait là quelque chose à analyser, à découvrir. J'ai toujours été comme ça parce que j'étais seule sûrement; pas beaucoup d'amis ou de copains mais qu'est-ce que j'ai pu lire... J'étais même très fière d'être la seule dans ma classe à s'intéresser à ces domaines.

– Cela n'inquiétait pas les parents?

– C'était à un autre niveau que celui de l'opposition que ça se plaçait avec eux... Je veux dire que comme c'était sur un niveau intellectuel, ça évitait aussi des affrontements. Au fond, c'était des affrontements mais des affrontements dans les idées seulement mais pas dans la vie de tous les jours. Je crois même que c'est dans ma tête seulement que je pouvais prendre une distance avec leurs règles de morale et tout ce qui allait avec. Bon... par exemple ils ont su tout de suite que je me droguais parce que je changeais dans mes idées. Mais seulement à part ça, ils avaient pas à se plaindre puisque la vie était normale comme avant si vous voulez...

– OK; mais dans les faits, qu'est-ce qui se passait?

– C'est ça que je voulais dire si vous ne m'aviez pas interrompue... ce qui était vraiment comique dans cette histoire, c'est que plutôt que de m'engueuler par exemple, ils ont commencé à s'informer. A lire des reportages sur la drogue et sur les hippies à l'époque. (rires) *Je me souviens que ma mère elle se plongeait dans Paris-Match et dans ses Marie-Claire. Mais ils ne m'ont jamais demandé comment je me sentais dans tout ça; jamais. Ils auraient perdu la face. Et puis ils pouvaient tenir des discours comme s'ils en savaient plus que moi* (rires).

Au fond et en abordant la question de ses consommations de drogues par le biais des connaissances qu'elle pourrait en avoir ou par celui des connaissances qu'en ont ses parents, Muriel neutralise pour un temps l'emprise ou le contrôle que ces derniers peuvent exercer sur elle. Préoccupés qu'ils sont par ce soucis de vouloir connaître cette réalité comme de l'extérieur ou comme un objet, les parents n'agissent pas en direction de Muriel; en rationalisant ces consommations dans le cas de Muriel c'est-à-dire en tentant de s'expliquer à eux-mêmes ces consommations dans leurs tenant et aboutissant ou dans leurs généralités, ils évitent également, autant que Muriel d'ailleurs, de mettre sur la table des données plus personnelles, les craintes ou les insatisfactions de chacun et ainsi de suite.

2. La trajectoire de Muriel

Fermeture et romantisme

L'adolescence de Muriel est un temps, comme pour d'autres jeunes sans doute, de dégagement relatif de la vie de la sphère familiale; celui d'une ouverture, si cela n'était déjà fait, et d'une amplification du volume des transactions entretenues mais à titre individuel cette fois avec des partenaires qui sont extérieurs à la famille d'origine.

Confrontée qu'elle est à la fermeture qui caractérise le style de vie familiale, à l'imposition parfois autoritaire de normes de comportement et de règles de vie autant que de pensée, Muriel, en accord d'ailleurs avec le complexe d'attitudes qui prévalent en famille, opère son dégagement de la cellule familiale au nom de son individualité. Le caractère globalement romantique de ses revendications et de ses projets de vie est la ressource principale qu'elle utilise et qu'elle considère, à raison sans doute, être apte ou capable de déstabiliser le *carcan* familial dira-t-elle; capable de lui permettre, dans le cadre de cette fermeture familiale, d'être en accord avec cette valeur cardinale : défendre et manifester ses singularités propres; apte à lui permettre d'accéder à une forme d'autonomie individuelle qui n'a pas tant pour nom liberté ou mobilité par exemple mais plutôt indépendance.

Le caractère romantique de ses projets en premier lieu : dans le milieu étudiant, Muriel rencontrera un garçon. Ensemble, ils voudront interrompre leurs études et partir, sans autre projet de vie d'ailleurs, en Espagne. La déstabilisation de la fermeture familiale ensuite : *ça a été épouvantable*, dira Muriel, *le tapage qu'ils ont fait autour de ça*. Muriel en effet prépare minutieusement une *fausse fugue*. Son objectif est bien moins que les plans du départ vers l'Espagne demeurent secrets (ou même bien sûr d'en parler avec ses parents) que de faire savoir à ses parents l'intensité de sa détermination à faire à sa tête. Ainsi :

> *– j'ai écrit toute une liste des démarches qu'il nous fallait faire pour partir... que j'avais déjà faites ou qui restaient à faire et j'ai laissé bêtement ça sur mon bureau à la maison. Alors là évidemment, ma mère est tombée dessus pendant la journée et là... ça a été la grosse panique pour eux... C'est vrai; je vois que vous souriez parce que*

> *vous pensez certainement que c'était pas un hasard de ma part mais... on était tellement tenu à la maison et on n'avait jamais désobéi...*

C'est bien plus qu'un conflit intra-familial auquel Muriel met le feu aux poudres dans ce cas. Les possibilités de négocier son mode de vie avec ses parents sont faibles ou ténues; et l'unique façon sans doute qui s'impose à l'évidence à Muriel de venir à bout de cette contrainte consiste à utiliser la ressource valorielle que ses parents nourrissent par ailleurs de leurs vœux : l'autonomie individuelle et l'indépendance. Le romantisme de ses projets et plus encore peut-être le mode imprévu — le mode-catastrophe — de la manifestation de ce romantisme à ses parents leur fait perdre les possibilités d'exercer un contrôle externe sur Muriel. Ainsi,

> *– c'était très très dur pour eux d'admettre que j'avais pu comme ça dans ma tête, comme ça pendant des mois, tout préparer froidement et sans qu'ils en soient le moins du monde conscients. Ils ont été... traumatisés finalement et rien n'a plus été vraiment pareil après non plus.*

L'indépendance comme sanction ultime du contrôle

Le mode autoritaire d'exercice des prérogatives parentales de cette famille bourgeoise ne souffre guère la contestation. C'est là un autre aspect, dans le cas de la famille de Muriel, de la notion de fermeture qui fait qu'elle s'applique également aux membres constituant cette famille.

Le principe de sélection des partenaires n'est pas seulement une modalité du choix ou de la discrimination des individus avec lesquels la famille s'autorise à entrer en interaction mais aussi un principe d'exclusive ou même d'exclusion c'est-à-dire que le périmètre de l'interaction est clairement délimité et en sortir est synonyme parfois du franchissement d'un seuil de non-retour. Ainsi ne plus accepter ou se rebeller contre le résultat de cette sélectivité-exclusivité des partenaires met un terme à la solidarité interindividuelle au sein de la famille; et, concrètement, une fois l'autorité parentale déjouée ou mise en échec, une fois le contrôle externe de Muriel entamé, l'autonomie individuelle est tout autant une victoire emportée par Muriel sur la forme de sociation qu'est cette famille qu'une sanction et qui a pour nom l'indépendance.

Ainsi,

> *– jusqu'à la fin de mes études, mes parents et moi on ne s'est plus parlé. Tout ça avait fort choqué mes parents parce qu'ils n'étaient plus les maîtres de la situation. Ils m'ont quant même accordé plus de liberté si l'on veut dans le sens que j'ai pu commencer à sortir, à prendre la pilule mais... on se parlait plus et c'était chacun pour soi. Par après, ils ne sont plus jamais venus voir comment ça allait pour moi par exemple. Ils ne sont même jamais venus dans mon appartement... C'était clair dans leurs têtes et depuis*

toujours : « quand tu seras sortie de la maison, ce sera ton affaire et seulement la tienne ».

Et pour Muriel, faire par exemple appel à ses parents en cas de difficulté dans l'existence, serait synonyme d'une acceptation de leur contrôle, d'une perte d'autonomie, bien plus que la voie d'accès à une aide ou à une solidarité familiale :

> *– il y avait aussi l'orgueil à ne pas faire appel à eux; la fierté de me débrouiller seule mais aussi une trouille je dois dire aussi. Dans les pires emmerdes où j'ai été, je n'ai jamais eu envie de leur redonner un pouvoir supplémentaire parce qu'ils n'ont jamais eu que trop de pouvoir sur moi!*

Pour ce type de famille donc, l'autonomie individuelle est tout autant une victoire des forces d'individuation ou de singularisation de l'individu sur la forme de sociation qu'est la famille, qu'une formule obligée d'en sortir comme le suggère explicitement cet extrait :

> *– je faisais des choses vraiment folles en consommant, des trucs que je n'étais jamais destinée à faire ou que je n'aurais jamais faits en d'autres circonstances.*
>
> *– Et l'aide des parents?*
>
> *– Ah non alors! Et je vous le disais aussi, c'était quelque chose d'inculqué dans les têtes de chacun et qui allait de soi : voilà, ... on quitte la maison, on est responsable et indépendant, on ne revient pas pleurer dans le giron des parents après parce qu'on a fait une gaffe. On supporte la conséquence de ses actes aussi. C'était d'ailleurs leur obsession à l'époque où je n'étais pas encore majeure...*

3. La fonctionnalité des produits psychotropes

Un procédé de pur classement

Dans les quelques lignes d'introduction à la monographie de Muriel, nous avions suggéré que pour les membres de cette famille bourgeoise, le processus de différenciation-identification des individus ne gagnait guère à être approché par l'intermédiaire d'un paradigme communautaire ou de classe mais plutôt qu'il s'agissait là d'un procédé de pur classement. Qu'est-ce à dire en fait?

Certes, certaines pratiques familiales ont pour objectif manifeste de distinguer le mode de vie de cette famille de celui que l'on pourrait isoler dans les positions sociales inférieures par exemple; et il en va bien ainsi avec la mise en scène de l'observation et l'étude des pratiques d'alcoolisation des milieux populaires et ces dernières pratiques se calquent donc sur le substrat de la différenciation des classes sociales.

Cependant ce qu'il nous semble utile de mettre ici en exergue, c'est la problématique concrète de cette famille et bien plus encore celle de Muriel : rendue qu'elle est à une telle avancée du processus d'individuation, à un tel degré d'indépendance dirions-nous ou d'autonomie, les possibilités de se considérer telle qu'un autre individu sont pratiquement inopérantes. A telle enseigne, pourrions-nous considérer, que ses possibilités de se singulariser comme personne ne font plus à l'évidence pendant à une identité plus collective. Autre façon de comprendre sa problématique propre : Muriel et ce avant même de se lancer dans un jeu identitaire de ressemblances-différences, est en quelque sorte contrainte par son degré d'indépendance et d'autonomie individuelles au sein de cette forme de sociation qu'est cette famille bourgeoise de commencer par cette opération qui consiste à déceler ou à se doter des marqueurs d'une différence-ressemblance en regard des autres individus.

En clair, si la possibilité d'une solidarité de type communautaire est relativement peu pertinente du fait de la fermeture familiale et de la centration de cette famille sur elle-même, si la possibilité d'une solidarité de type organique est tout aussi fragile du fait du peu d'interdépendance entre les membres de cette famille et les individus extérieurs, comment Muriel pourrait-elle vérifier, lors d'expériences personnelles ou sensibles, la véracité d'une proximité et d'une distance sociales aux autres individus ?

Nous tenterons de montrer ici que la stature psychologique de Muriel, celle d'un individu autonome et indépendant, est moins une victoire ou une émancipation du sujet contre le cadre sociétal qui l'environne et le capte dans ses filets, qu'une façon d'interagir avec d'autres individus et une formule de sociation mettant à l'avant plan des attitudes de contrôle individuel des termes de l'échange social ; un contrôle individuel de la tension contradictorielle entre des velléités d'être ensemble et des forces poussant à l'indépendance ; et les drogues consommées par Muriel se laisseront comprendre, pensons-nous, comme étant des opérateurs de ce contrôle ; des opérateurs de classement.

Drogues, endogamie sociale et annulation des différences

Les premières rencontres avec les produits psychotropes illicites se déroulent en milieu universitaire : d'autres étudiants lui proposent de s'essayer au haschisch d'abord puis au LSD et à l'héroïne ensuite ; et Muriel accepte.

Il est bien sûr possible de considérer ces consommations (ou ces produits mêmes) comme des marqueurs des différences sociales ; comme une façon pour le groupe formé par les étudiants de signifier la supériorité ou l'excellence de la position sociale de ses membres.

Muriel signale en effet cette possibilité en remarquant qu'il n'y avait guère d'étudiants d'origine ouvrière dans ce groupe et que, inscrits pour l'ensemble dans des sections de sciences humaines, ils souhaitaient se démarquer du *matérialisme des ingénieurs et des sciences appliquées*, dira-t-elle. Mais tout en notant que l'origine sociale des étudiants par exemple ou encore leur orientation d'étude au sein des sciences humaines sont sans guère de doute des conditions d'agréation par ce groupe de consommateurs ou encore, inversement, que la consommation de produits illicites est une possibilité de marquer ces attributs, il est aussi utile d'enregistrer dans nos observations qu'aux yeux de Muriel, le groupe est hétérogène. C'est-à-dire que l'endogamie sociale des membres du groupe s'accompagne aussi d'une diversité individuelle en son sein. Ainsi :

– c'est vrai qu'il y avait essentiellement des petits-bourgeois comme moi effectivement... je dis petit-bourgeois parce que tout de même je ne viens pas d'un milieu aristocratique quoi. Mais entre nous, il y avait des différences énormes de genre de vie... De façon surtout... c'était au niveau culturel d'après ce que j'ai pu voir à ce moment...

– Il y avait quoi au niveau culturel ?

– Et bien des différences... Je veux dire que nous étions d'un même milieu, ça oui. Mais au niveau de la culture que chacun avait absorbée dans sa famille, il y avait de grosses différences ce qui fait qu'on était tous les mêmes si vous voulez mais que nous étions aussi très très différents les uns des autres.

A l'évidence pour Muriel donc, l'endogamie sociale des membres du groupe se double d'une hétérogénéité culturelle : la réappropriation par chacun d'un certain *quantum* de culture objective fonde des différences subjectives entre ces individus socialement semblables par ailleurs. Non seulement être d'origine bourgeoise signifie que l'on est collectivement différent de quelqu'un qui plongerait ses racines dans le monde ouvrier par exemple (ou dans l'*aristocratie* dit aussi Muriel) mais au sein même de sa classe, chaque individu est isolé dans sa sous-classe personnelle ou culturelle.

Classements sociaux et reclassements individuels

Certes l'existence d'un groupe plus ou moins fortement fermé de consommateurs (fermeture à laquelle s'ajoute une autre fermeture : constituée de précautions à prendre du fait que l'on consomme des produits interdits et hors la loi) et provenant d'un même milieu peut donner l'impression communautaire d'appartenir à un ensemble social où les individus sont indifférenciés comme le suggère Muriel :

– c'est un milieu où on ne jugeait pas... J'y ai découvert une certaine sorte d'hospitalité si vous voulez avec les hippies : « tu es là ? », « je mange ça ? », « et bien ; tiens, voilà la moitié et sois le bienvenu comme tu es ». Ou encore : « tu as froid ? », « et bien ; tiens

voilà mon pull ». Et puis aussi : « t'es à sec ? », « tiens prends ça ; tu me le rendras plus tard ».

Mais cette *sorte d'hospitalité*, en annulant les différences matérielles, en mettant comme naturellement et spontanément les biens de tous à la disposition de tous (et en ce compris les drogues qui y circulent), en valorisant une sorte de communisme de base et en ne distinguant plus les individus selon leurs attributs matériels, exacerbe en fait l'utilité et la pertinence d'établir des différences mais plus personnelles ou immatérielles cette fois ; de reclasser les individus selon des critères d'éducation, de culture, d'expériences de vie et de telle façon que des actions de réciprocité soient de nouveau possibles. En fait, en prônant au son sein une sorte d'égalitarisme et l'équivalence des biens et des avoirs de chacun, ce sont des différences plus personnelles qui s'en reviennent au grand galop de manière à sortir les membres du groupe de cet état d'indifférenciation ; à produire des différences et du classement donc ; des possibilités d'échange.

C'est bien ce mécanisme que met Muriel en évidence dans notre entretien : le groupe des consommateurs est effectivement le lieu communautaire d'une mise en commun des biens et avoirs de chacun ; mais il est aussi le siège de l'évaluation et du *classement des effets des drogues sur leurs consommateurs et ainsi des consommateurs eux-mêmes*. C'est bien là exactement le sens que nous voulions donner à l'expression de « pur classement » : si la nature (légale, pharmacologique, symbolique et ainsi de suite) de tel ou tel produit et sa consommation se font avec la différenciation sociale comme substrat, l'expérience de la consommation est la toile de fond à des opérations de classement et à des différences immatérielles ou personnelles cette fois.

Deux extraits de l'entretien pourront servir de vérification à cette compréhension. Si communément la prise de conscience d'une différence sociale s'éprouve dans des faits, aux travers de marqueurs matériels et des objets, pour Muriel, les effets différenciés de la drogue s'évaluent dans la tête dira-t-elle. Ainsi :

> – *je me souviens que j'avais découvert un truc supplémentaire que j'étais bien sûr la seule à connaître ; enfin... un toxique supplémentaire et bien à moi quoi. C'était mon mélange à moi de speed ; d'amphétamines si vous voulez me comprendre. J'en ai pris quelques fois dans mon coin mais... après j'ai arrêté parce que j'avais fait un sale trip et d'ailleurs j'en ai eu des séquelles pendant presque trois années... Des choses qui me revenaient comme ça dans la tête et alors j'ai stoppé... une vraie merde ce truc et j'en ai jamais dit mot à quiconque mais j'ai continué à fumer de l'héro ça oui. Mais j'étais bien fière de cette découverte aussi* (rires).

L'expérience sensible que fait Muriel de la consommation des drogues est tout à la fois une manière d'appartenir au groupe mais surtout dirions-nous, une manière de réaménager cette appartenance vers plus de singularisation personnelle; singularisation qui est globalement difficile de communiquer aux autres ou ojectivable par les autres consommateurs.

A un autre moment de l'entretien, Muriel cerne de plus près encore la portée éminemment sociologique de ses consommations :

– *c'est vrai que quand je n'avais rien pris, je ne me sentais pas bien dans ma peau. Il fallait d'habitude que je sois un peu endormie, stoned; un peu vaseuse ou que j'ai les yeux qui... Ce qui me faisait du bien c'est pas d'être vraiment défoncée mais juste... C'est des mots que je n'aime plus tellement utiliser depuis que j'ai tout arrêté mais comment vous expliquer... Bon; voilà ce qui me manquait à moi : pouvoir regarder les gens dans la rue, comme ça, droit dans les yeux et que eux ils ne remarquent rien de mes consommations mais moi je pouvais me dire à l'intérieur de moi : « ils ne savent pas... », « ils ne remarquent pas que j'ai pris quelque chose et ils ne savent pas ce que ça me fait »; « ils ne savent pas et ils ne sauront jamais ce que je vis à l'intérieur et ce sont des cons »; « ils sont vraiment stupides et bêtes »...*

– C'était une autre façon bien personnelle de remettre de la distance avec les gens...

– *Ah ça oui alors! Les gens d'habitude ils vous jugent sur l'extérieur, vos vêtements et votre tenue etc. Moi, c'était bien plus subtil : j'étais crado de l'extérieur parfois mais alors là ils étaient coincés parce que mes signes distinctifs à moi, ils étaient à l'intérieur et donc ça leur était impossible de me juger.*

Assurer le contrôle personnel

Dans la mesure où les drogues sont, par Muriel, utilisées et valorisées comme des opérateurs d'un classement et d'une différenciation entre les consommateurs et les non-consommateurs d'une part et d'autre part entre les consommateurs eux-mêmes, il est assez compréhensible sinon logique qu'elle souhaite conserver un contrôle personnel sur ces consommations.

Bien entendu, ces produits sont dans l'ensemble illicites et ce sera là déjà une raison suffisante en quelque sorte pour tenter de se donner les moyens de contrôler leur usage et d'éviter d'être appréhendée par la police. Mais nous pourrons aussi comprendre, à la suite de l'extrait qui précède, qu'il est nécessaire aux yeux de Muriel que ses consommations et le jeu des différences-ressemblances qui en découlent, soient perçus non pas tant comme des attributs de la consommation de drogues mais plutôt comme des qualités naturelles et propres à sa personne; comme des traits singuliers de son identité plutôt que comme les conséquences d'un facteur extérieur c'est-à-dire des conséquences des drogues. Il est donc hors de question que sa personnalité apparaisse aux yeux des autres comme aliénée ou déterminée par ses consommations mais il est impératif que les autres reconnaissent en elle un individu autonome ou indépendant et qui maîtrise la situation. Ainsi :

> *– j'ai toujours été extrêmement vigilante avec ce que je pensais être la drogue. Et surtout pour les substances que je savais que je risquais de me poser un problème ou l'autre... Les amphé, ça je savais que je m'aventurais sur un terrain bien dangereux; difficile de contrôler les amphé. Le hasch par contre, n'en parlons pas. L'héro... fumé; ça oui mais pas de piqûres.*

Globalement donc, la consommation de drogues dans la perspective qui est celle de Muriel, peut être comprise tout autant comme une conséquence et comme une confirmation de son autonomie ou de son indépendance. Elle correspond à ce double mécanisme : 1. Muriel peut à l'évidence être convaincue que les éléments plus traditionnels ou classiques, que les objets marquant la différenciation sociale ne s'appliquent pas à son cas; 2. en consommant, elle reste maître et sujet des classements qu'elle souhaite voir se réaliser.

Cette fonctionnalité des drogues, *ça a été de 17 à 25 ans*, dit-elle. *Après, de 24 jusqu'à mes trente ans* ce seront les médicaments qui occuperont l'avant scène de la consommation et ce avant que ne survienne un épisode biographique permettant de restaurer le contrôle; l'autocontrôle de Muriel.

4. L'entrée dans la toxicomanie

Entre son 24e et son 25e anniversaire, Muriel est confrontée à une succession de petits événements qui vont concourir au fait d'avoir recours à la consommation de médicaments en lieu et place des drogues.

Un premier accroc survient au sein du couple qu'elle forme à cette époque avec un autre consommateur occasionnel de drogues. En fait, Muriel est totalement réfractaire à l'idée de devoir négocier les bases de leur vie en commun; à celle de devoir faire des compromis entre ses propres vues et les demandes que lui adresse son compagnon. Elle ne souhaite pas se délester d'une part de son indépendance afin d'inscrire cette relation dans la durée; mais au contraire, elle fait reposer cette sociation sur la valorisation d'une totale autonomie des deux partenaires. Cette négation de principe d'un échange au sein du couple, d'une réciprocité dans le sacrifice d'une partie des souhaits de chacun, se solde par une crise du couple et, concrètement, son compagnon dénoncera les consommations illicites de Muriel auprès des services de police. *Disons qu'il m'en voulait et qu'il voulait se venger de moi*, dira Muriel, *mais le policier a été correct et compréhensif* : le fait d'avoir été trouvée en possession de plus d'une livre de haschisch sera sans conséquences judiciaires mais l'avertissement fut de taille et Muriel en tiendra compte par la suite. Elle évite d'avoir des réserves de drogues chez elle et elle se sent surveillée.

Reste cependant la réalité de cette disposition attitudinale de se savoir différente des autres et :

> *– j'avais simplement dit au pharmacien : « je suis un peu nerveuse ; je ne sais pas ce qui m'arrive ». Et il m'a dit : « prenez ceci ; vous allez voir que vous vous sentirez mieux après ».*

Dans un premier temps, Muriel remplace les drogues par du Pertranquil et, selon ses propres termes, *c'est une véritable saloperie ce truc parce que l'accoutumance est venue avec une telle rapidité...* ; d'autant que Muriel ne s'inquiète guère du potentiel addictif de ce type de produit qui à l'époque était considéré comme un produit « de comptoir » et qu'elle ne juge pas pertinent non plus de devoir contrôler la consommation d'un produit licite.

Second événement : quelques mois après s'être tournée vers des médicaments licites, Muriel attend un enfant. Elle songe à ce moment à arrêter ses consommations en ayant comme soucis premier la santé de l'enfant ; mais elle vérifie dans les faits qu'elle n'y parvient pas. Elle pense aussi qu'en changeant de produit, l'accoutumance au Pertranquil sera d'autant plus réduite ou faible ; sécuritaire pour l'enfant qu'elle attend. Aussi s'adonne-t-elle tour à tour à la consommation d'Obral et aux barbituriques plus en général ; *sonnée* qu'elle se sent avec ces produits, elle aura recours à leur antidote : du Captagon et des *excitants pour tenir quand même le coup.*

Enfin, les choses empirent pour Muriel et des hospitalisations, d'abord dans des services de médecine interne, puis en milieu psychiatrique, vont se succéder dans le temps. *Là, ça a vraiment basculé pour moi,* dira-t-elle pendant notre conversation.

Plus significatif peut-être que le détail de ces avatars, Muriel, pendant près de sept années, va littéralement se battre contre ceux — médecins, assistants sociaux ou psychologues — qui ont comme mandat de la contrôler et de l'obliger à mettre un terme à ses consommations. Pour la première fois depuis son départ du toit familial, Muriel fait l'expérience sensible *d'être confrontée à une autre autorité que la mienne*; et *je me suis rendu compte que l'extérieur avait le droit de faire pression sur moi,* ajoute-t-elle ; *ça me révoltait complètement et la seule chose vraiment importante par après c'était de les contredire.*

Au travers des interactions qu'elle a avec les agents d'un contrôle social et médical, Muriel se fait cependant à l'idée de la réalité de son assuétude (de cette réalité dont elle en avait déjà pressenti la véracité par le passé cela dit) mais surtout du caractère quelque peu illusoire et utopique de son autonomie ; du manque de moyens à sa disposition pour opérationnaliser ou garantir son indépendance. Ainsi :

> – *j'étais sans défenses en fait; complètement soumise à leur volonté. Ils avaient même à leur disposition le droit de me faire colloquer dans un hôpital psychiatrique s'ils le décidaient. Bon ; j'y ai toujours échappé mais je suis passée entre les gouttes... La dernière fois à X (hôpital psychiatrique), ils m'ont menacée de me colloquer pour de bon parce que je ne participais pas au traitement. J'y avais été parce que un médecin du CPAS ou de l'Office de l'enfance, je ne sais plus très bien, il voulait me prendre ma fille si je ne me décidais pas. Je l'avais mise sous la protection d'un ami mais... je ne voulais pas qu'ils dictent comme ça ma vie...*

En fait, d'institutions spécialisées en hôpitaux psychiatriques, la détermination de Muriel à lutter contre les agents d'un contrôle externe de sa personne se renforce ; et lorsque à sa neuvième prise en charge, Muriel sera sur la voie de l'abstinence complète de drogues et de médicaments, c'est la perplexité qui pointe chez les soignants bien plus peut-être que la satisfaction d'avoir réussi à la convaincre de stopper ses consommations. Ainsi :

> – *mon psychiatre, il comprenait plus rien à rien... et il m'a demandé, vu qu'il m'avait déjà connue par avant : «qu'est-ce qui a fait tilt? Pourquoi est-ce que ça a marché cette fois? Dis-le-moi; ça pourra peut-être aider les autres»* (rires).

L'auto-thématisation de la toxicomanie et la forme de sociation reposant sur l'auto-contrôle

> – *Ma cinquième cure... c'est là que j'ai connu l'analyse transactionnelle ; cette façon de réfléchir ce qui guide mes décisions : mon Enfant, mon Parent, ... D'abord j'ai commencé vraiment à revivre avec cette technique de thérapie. J'apercevais moi-même ce qui clochait dans mes prises de décision et j'étais de plus en plus confiante en moi et moins nerveuse aussi. Je reprenais le guidon quoi!*

> – Somme toute, l'analyse transactionnelle donnait le sentiment de contrôler à nouveau sa vie... ?

> – *C'est ça. Dans les cures précédentes, qu'est-ce que j'ai ramassé comme questions sur mon enfance; sur les relations à mes parents et tout ça. Ca me faisait marrer parce qu'ils étaient à côté de la plaque. Mais c'est à ce moment-là... parce que ça, je ne le savais pas encore avant; c'est à ce moment-là que je me suis rendu compte que j'avais besoin d'indépendance mais que pour cela il me fallait des moyens de me contrôler moi-même. J'étais tout le temps en opposition avec les autres et il suffisait que quelqu'un me demande de faire quelque chose pour que je résiste. Mais là, j'ai accepté cette façon de voir mais j'ai aussi trouvé les moyens de me contrôler moi-même et efficacement. Maintenant je suis convaincue que c'est moi qui a tout à faire pour aller bien et tout à dire aussi sur ma vie. C'est vrai que je suis une ex-toxicomane mais même ça maintenant c'est quelque chose que je peux dissimuler aux gens* (rires). *J'exagère parfois et je raconte des cracs mais je sais comment je m'y prends pour garder mon indépendance...*

La valorisation de l'analyse transactionnelle par Muriel, comme outil lui permettant de remodeler somme toute sa condition ou son état de toxicomane en une qualité identitaire, est bien congruente avec les attitudes qu'elle adopte volontiers lors de ses interactions sociales. A l'inverse d'une intervention reposant sur des pratiques d'introspection psychologique par exemple, l'analyse transactionnelle permet à Muriel de rationaliser ou d'intellectualiser son état; de maîtriser ses émotions également et ce selon les circonstances de l'interaction. Ainsi :

> – *on voit aussi laquelle de ses personnalités, je veux dire de l'Enfant, du Parent ou de l'Adulte, réagit dans telle ou telle situation et s'il n'y a pas des parasitages de l'une des trois dans les situations où on se trouve avec les gens. Alors, si on constate qu'on réagit tout le temps avec son Enfant et c'est ce que je faisais souvent, on a la possibilité de réajuster seule ses décisions ou d'éviter une situation bien précise. Par exemple, moi j'évite de revoir mes parents trop souvent par exemple parce que la psychiatre avec qui je m'entraîne à une formation à l'A.T., elle m'a bien fait cette remarque que c'est après les avoir vu que je suis à nouveau plus nerveuse... Bon; je m'en serais bien rendu compte toute seule avec le temps mais j'ai tout de suite pris ma décision de ne plus les voir trop souvent.*

Cette technicisation ou cette «professionnalisation» de l'indépendance lui donne en fait les moyens d'être effectivement autonome et de s'auto-contôler : elle décide raisonnablement et après évaluation de la situation si elle sera proche ou distante des autres; si en entrant dans une forme particulière de sociation elle prend le risque de perdre une partie de son autonomie et d'être soumise au contrôle de l'autre; si, au contraire, elle pourra y garder les rennes de la situation et ainsi de suite.

Enfin, comment ne pas saisir qu'à côté de la formule du contrôle internalisé ou communautaire de l'individu (et ses techniques d'enfermement ou de bannissement du déviant), à côté également de la formule du contrôle externe du débordement des subjectivités individuelles (et ses techniques d'adaptation ou de correction du déviant; ses techniques ortho-pédagogiques), les techniques de l'auto-contrôle de chacun selon les situations où l'individu évolue peuvent aussi se comprendre comme étant des garants méta-sociaux d'un ordre social moderne ou «post-anomique»; prônant l'indépendance et l'autonomie de chacun (*versus* la dépendance au groupe ou l'interdépendance des membres d'une collectivité). Ainsi :

> – *maintenant pas mal de choses sont rentrées dans l'ordre : j'ai un logement à moi et je travaille comme bénévole dans le secteur socio-culturel. Bon; j'ai aussi eu la chance de ne pas avoir de casier judiciaire et comme j'ai toujours mon diplôme... j'espère bien être reprise un jour comme chômeuse remise au travail. Et alors, après ma thérapie, peut-être que je pourrais devenir formatrice aussi; ça me plairait... Dire qu'à un moment j'avais même pensé demander à être reconnue comme handicapée à cause de la toxicomanie...! Bon; qu'est-ce que je pourrais encore dire et qui intéresse un sociologue?*

ROBERT : SE DISTINGUER DES AUTRES ET CONSTRUIRE UN MODE DE COMMUNICATION PERSONNELLE GRÂCE AUX PRODUITS PSYCHOTROPES

En regard de la monographie de Muriel, une première ébauche du caractère typique du cas de Robert pourrait être celle-ci : considérant la stature de l'individualisme de Robert, nous dirions qu'il se situe «un cran plus loin» que celui de Muriel.

Il n'est plus ici seulement question d'indépendance individuelle — *d'isolement social* ou individuel; c'est-à-dire et pour l'essentiel le mixage d'une valorisation portant la singularisation de Muriel à l'avant-scène de ses préoccupations et d'une attitude visant le contrôle et la maîtrise des échanges entretenus avec d'autres individus — mais plutôt d'atomisme individuel, c'est-à-dire ici *d'isolement psychologique* ou personnel.

En fait, cette distinction devrait être au service de cette compréhension : alors que Muriel trouve, avec la technique relationnelle qu'est l'Analyse Transactionnelle, une façon de rationaliser ou de gérer les conditions d'une éventuelle réciprocité ou d'une sociation avec d'autres, Robert est rendu au point non seulement de garder prise sur le contact qu'il pourrait avoir avec un partenaire mais surtout de trouver un *media* de communication avec lui.

Deux références bibliographiques peuvent nous être utiles dans cette première ébauche de compréhension. En premier lieu, cette proposition d'Ezra Park (in Grafmeyer et Joseph, 1984 : 2O5) pour qui la conscience de soi, la conscience de ses singularités personnelles serait l'obstacle ultime à la communication et à la sociation avec d'autres individus. Aussi une conscience forte de son individualité fait courir le risque de l'atomisme de chacun; de son isolement psychologique ou personnel. En second lieu, cette proposition de Michel Brassinne (1979 : 89-100) pour qui *les psychotropes sont des mass media*. L'argumentation de Brassinne est assez simple : se référant à la formule de Marshall Mc Luhan, «le message, c'est le medium», Brassinne, par un aller-retour entre l'étude des propriétés pharmaco-chimiques des produits psychotropes d'une part — il s'agit ici des produits utilisés comme tranquillisants et somnifères «lourds»; de type Valium, Librium, Tranxène, ... — et des observations de type ethnographique dans les milieux des consommateurs de ces produits d'autre part, propose de considérer que ces consommations ne sont pas seulement conditionnées par l'environnement des individus qui s'y adonnent mais aussi que ces produits produisent de *l'environnement in-*

formationnel. Bien plus que des médicaments donc, ils seraient aussi un *code de communication*; une manière chimique (plutôt que personnelle ou sociale) de créer les conditions d'une reconnaissance entre des individus différents. Dans cette perspective, le consommateur serait un individu hautement désubjectivisé si l'on veut; un individu à ce point indépendant, autonome ou encore conscient de la distance qui le sépare des expériences de vie des autres, qu'il se montre comme un individu «cybernétique». Autrement dit, son atomisme personnel serait de telle ampleur que sa personne ne serait plus «lisible» ou intelligible par ceux qui l'environnent dans la proximité; par contre, sa subjectivité se devrait d'être activée ou rendue communicable notamment par la consommation de produits psychotropes qui lui permettent d'émettre des messages comportementaux dont le code de lecture serait bien moins de nature sociologique ou culturelle que chimique : tel produit et à telle dose pour se montrer calme, tel autre pour se montrer plus agressif et ainsi de suite.

La monographie de Robert nous apparaît donc comme typique en ceci que son histoire de vie correspond à ces deux prérequis somme toute de la proposition de Brassinne : 1. l'individuation de Robert est poussée assez loin que pour qu'il se sente isolé dans sa personne des autres et nous verrons que le terrain de l'art dans son cas est investi comme terrain de sa singularisation mais aussi que cet effort de distinction ne se fait pas sans l'arrière fond de sa difficulté à se reconnaître à l'image d'un autre; 2. il y a dans son cas une sorte de barrière communicationnelle c'est-à-dire une non-efficience des codes sociaux de communication; plus précisément, une euphémisation des différences et des classements sociaux par la pratique de l'introspection psychologique dont l'effet de barrière ou encore l'effet dramaturgique pour Robert réside en ceci qu'à chaque fois qu'il cherche à comprendre ses ressemblances-différences aux autres, il s'écarte également de la finalisation de cet objectif.

Justifions d'abord la référence à Robert Ezra Park. D'entrée de jeu lors de notre conversation, Robert donnera une tonalité toute particulière au questionnement en commun que nous entamions. Voici ce qu'il propose comme information et cadrant ou contextualisant notre entrevue :

– je propose de commencer par ce qui fut mon couple : Maggy et ses enfants Jeanne, une petite fille de cinq ans et Shawn, un petit garçon de trois ans lui. Il y a aussi comme personnages qui me touchent de près ma mère, Anne et mon père Georges. Tous les deux ont à peu près septante ans. Moi j'ai quarante-quatre ans. Je suis artiste dans le sens large du terme. Il est très difficile de me mettre une étiquette. Je passe de l'écriture à la peinture et à la bande dessinée. Je suis un peu polyvalent dans tous ces domaines. Il y a ma sœur aînée; mariée une première fois et une seconde fois. Il y a mon frère; peintre et enseignant. Une autre sœur : homosexuelle elle; et sa fille, Anne comme ma mère. Il y a aussi les deux jumeaux de vingt-quatre ans : le premier est ingénieur et le

second qui a fait les littéraires. Ma sœur est prof de langues et la seconde également. Mon père a été pensionné lorsqu'il était haut placé. C'est un fonctionnaire devrait-on dire. Ma mère est ménagère. Mes frères jumeaux sont arrivés sur le tard de leur couple. Ma mère devait avoir quarante-six ans. Mon frère enseignant est alcoolique comme moi. Ma sœur aînée, pas la lesbienne mais l'autre, elle a été mariée deux fois ; comme moi d'ailleurs. De mon premier mariage, je n'ai pas eu d'enfants mais elle en avait un que j'ai reconnu. Il s'appelle Roméo. Il est décédé d'une overdose de médicaments il y a quelques années. Il avait fait une connerie : je sais pas trop quoi. Toujours est-il qu'il a paniqué et qu'il s'est suicidé ainsi. Voilà le genre de chose qui pourrait aussi m'arriver. Il se prenait pour un anarchiste ou pour un terroriste. Je me suis marié en 1965 et nous étions séparés en 1966. Le divorce a été prononcé sans que nous fassions des démarches ni l'un ni l'autre ; en 1976. Avant qu'elle ne soit divorcée, elle a eu un second enfant qui porte mon nom mais que je ne connais pas. Je l'ai vu une seule fois quand j'ai dû aller signer des papiers chez un notaire... Mon frère, c'est très curieux ; il a tendance à suivre ma trajectoire. Il a eu un premier mariage plus ou moins à la même époque que moi. Puis il s'est remarié avec une assistante sociale comme moi... Le parallélisme est intéressant à faire parce que mon père aussi fait de la peinture. Lui, il se présente comme un artiste raté ; perpétuel insatisfait et sa carrière ne l'a absolument pas emballé... C'est frappant ces ressemblances et ces contrastes.

Dès le début de notre entretien et en l'espace de deux ou trois minutes de monologue, Robert, en un débit continu et sur le mode de l'évidence — l'expression *c'est curieux* par exemple et qu'il utilise pour introduire un commentaire sur la personne de son frère enseignant, n'est en rien une marque d'interrogation ou de perplexité mais tout au contraire un signe péremptoire dans son élocution du caractère *curieux* des rapprochements qu'il opère entre ce frère et sa personne — posait un style d'interaction qui nous désarçonnait en fait.

Il livre d'emblée et de son propre chef, des informations hautement personnelles sur chacun des membres de sa famille. Non seulement des informations qui ont à voir avec leur vie privée mais aussi qui percent et dévoilent somme toute l'identité la plus intime de chacun et ce sans aucune espèce de retenue, de pudeur ou de gêne apparente ; mais de façon toute crue, objective et rationnelle, Robert dit la vérité et toute la vérité personnelle de ces individus.

Mais cette transparence ou cette *lisibilité* personnelle qu'il instaure à l'occasion de ses commentaires sur chacun — l'un est alcoolique, l'autre lesbienne, un autre encore s'est suicidé, ... — dissimule assez mal cependant la distance, ou *l'altérité*, qui relie-sépare Robert et ces personnages. Dans cette foulée, les liens biologiques par exemple nous apparaissaient comme globalement faiblement socialisés ; ainsi le second enfant qui naît de son premier mariage est-il bien de lui ou une continuation de lui-même ? Et la reconnaissance officielle qu'il accorde au premier est-elle synonyme de vie en commun ou d'une complémentarité entre un rôle de père et un enfant ?

De la même manière, la procédure qu'il utilise, ainsi que sa première femme d'ailleurs, pour défaire le lien qu'est leur couple apparaît-elle comme toute «naturelle». Sans cris ni larmes, l'institution du mariage se défait au fil du temps et aussi vite sans doute que le temps qui fut nécessaire à l'établissement de leur union initiale; par «hasard» en quelque sorte et sans qu'ils n'interviennent plus activement dans le déroulement du divorce.

De manière quelque peu impressionniste donc, les informations livrées par Robert nous menaient sur la voie de cette hypothèse compréhensive : l'information hautement personnelle et décrivant les singularités de chacun est accompagnée ou corrélée avec une faible valorisation ou reconnaissance positive de ce que seraient les possibilités d'une sociation avec d'autres; avec la reconnaissance de la complémentarité de l'un et de l'autre par exemple ou avec le caractère foncièrement inégalitaire de l'échange social plus en général.

L'équidistance à chacun

Autre façon encore et peut-être plus correcte de comprendre la teneur de l'ambivalence distance-proximité aux autres dans le cas de Robert : une fois évoqué ce qui fait la singularité de chacun, une fois lancés des ponts entre lui et les autres et qui permettraient d'établir des ressemblances et une proximité avec d'autres individus, Robert se rétracte en quelque sorte et se positionne à équidistance de chacun.

Qu'est-ce à dire? Si l'on veut bien y prêter attention, la façon dont Robert évoque les siens, comme individus singuliers, ne débouche pas sur la prise en compte de ce qui pourrait les relier et/ou les opposer — une ou plusieurs solidarités de base ou communautaires; des complémentarités et une interdépendance de l'ensemble ou encore des divergences d'intérêts plus individuels.

En procédant par *analogies* (analogies de l'alcool, du divorce, du suicide, du nombre de mariages et ainsi de suite), Robert établit bien des rapprochements entre ces individus et lui-même — il s'approprie une singularité de chaque individu ou une partie de la subjectivité des autres — mais sans produire ou sans échafauder des *taxonomies* individuelles; des systèmes de classement et de différenciation des individus en présence et lui permettant de se situer entre, par exemple, un «bas» et un «haut» ou encore une «gauche» et une «droite» et ainsi de suite.

Il y a-t-il par exemple une identification des fils au père; un modèle masculin à imiter par les garçons et qui autoriserait des écarts d'identification et donc une comparaison entre Robert et son frère en regard du personnage du père ? Pas vraiment ; mais un *parallélisme* dira-t-il et ce *parallélisme* s'étend au couple « Robert et son frère » autant qu'à celui « son frère et son père ».

Dit autrement, Robert procède à l'identification de chaque individu significatif non pas pour y vérifier un ordre de grandeur ou un classement où il aurait sa place et sa singularité propre ; mais, attribut après attribut, il se trouve des similitudes individuelles avec chacun et, dans un mouvement plus holistique ou de recomposition de son identité personnelle cette fois, il se différencie et se distancie de tous.

C'est là ce que devrait, à nos yeux, mettre en évidence l'expression *d'atomisme personnel* : Robert procède à la mise en comparaison analogique de soi aux autres en utilisant un mécanisme intellectuel ou une grille de lecture plus en général et qui est celle de l'égalitarisation formelle des membres significatifs de son entourage.

Il s'identifie par petits morceaux et après réflexion, c'est-à-dire en raison ou avec un souci d'objectivité, à tel ou tel élément subjectif de l'autre ; par analogies avec les subjectivités de chacun, Robert se compose « froidement » une identité à la carte en quelque sorte.

Il n'y a pas de place en fait dans son schéma de pensée pour un tableau comparatif ou pour une typologie de leurs qualités respectives et individuelles ; mais par le jeu des *parallélismes*, chacun est le lieu géométrique de ses singularités et, assez logiquement d'ailleurs dans cette perspective, Robert s'éprouve à l'évidence et *se montre à voir* comme inclassable et sans *étiquette ; polyvalent*.

Cette façon particulière de construire, de composer ou d'objectiver son identité personnelle par analogies avec les singularités d'une *collection* d'individus, rend ces derniers foncièrement ou formellement égaux ; et Robert est, comme personnage singulier et entier, différent de tous et mystérieux ; *curieux*. Mais cette égalitarisation des individus, rassemblés comme dans une collection plutôt que classés entre eux, est aussi sans doute ce qui mine la possibilité d'un échange ; d'entretenir des actions de réciprocité.

Comment cette figure de l'individualisme est-elle rendue possible ? C'est ce que nous allons tenter de comprendre par la suite.

1. La détermination des attitudes et des valeurs

Une logique du ressentiment

Comme dans le cas de Muriel, la fermeture familiale est une caractéristique majeure de la famille d'origine de Robert; elle était *imperméable*, dit-il, et *on ne recevait jamais, jamais, jamais. Jamais d'amis; pas un parent; rien.*

Du côté paternel, cette fermeture a cet élément de compréhension : le grand-père de Robert était déjà fonctionnaire *par vocation* et à en croire Robert, c'est d'autorité qu'il avait imposé cette orientation professionnelle à ses deux fils. Le premier, le père de Robert, y fera effectivement toute sa trajectoire professionnelle tandis que le second se reconvertira après un court engagement au service de l'Etat; et il mettra par après sur pieds une petite entreprise.

C'est une logique du *ressentiment* que formule Robert lorsqu'il aborde le climat émotionnel dans lequel se déroulent les relations entre ces trois hommes. Dès que son père aura constitué sa propre famille, il coupera les ponts avec ses parents tellement *il avait souffert de son autoritarisme*, dit Robert; *il avait une haine sans merci pour son père*, ajoute-t-il, et *de la jalousie envers son frère qui avait su prendre ses distances avec le vieux. La maison était comme une forteresse assiégée pour mon père. On s'y barricadait de tout le monde.*

En ce début d'entretien, Robert insiste sur les traits caractériels de l'un ou de l'autre membre masculin de sa famille; sur leur psychologie respective. Plus tard cependant, des données plus sociales percent ça et là.

Ces données concernent avant tout la branche maternelle de sa famille. D'origine agricole et flamands, ses grands-parents maternels n'auraient eu qu'un seul souhait pour l'avenir de leurs dix enfants : qu'ils puissent avoir accès à une position sociale supérieure à la leur; et cet espoir était encore plus nourri dans le cas de leurs filles. L'éclatement de l'exploitation agricole en dix parts ne leur garantirait qu'une dot réduite et hypothéquerait les chances qu'elles soient choisies au titre d'un parti intéressant par de jeunes agriculteurs; et leurs sorties du monde agricole par le mariage laisseraient aux frères une possibilité de trouver une formule afin de conserver plus ou moins intacte l'exploitation des parents.

Du côté maternel, Robert considère que *la tendance était de type élitiste et à l'embourgeoisement*. Et certes, on *grimpe dans la hiérarchie sociale par l'intermédiaire du diplôme* et ce surtout chez les garçons; mais les positions professionnelles acquises par les enfants apparentent en fait ses oncles et tantes aux fractions basses des classes moyennes — ils seront employés ou commis aux écritures, enseignants dans le cycle inférieur, ...

La mère de Robert quant à elle — elle est l'aînée des filles et la seconde enfant de la série de dix que compte cette famille — trouve à la fin de l'obligation scolaire un emploi de vendeuse dans une petite ville ; là où son futur mari est caserné.

Peut-être *se laisse-t-elle séduire par la prestance de l'uniforme*, dira Robert ; voire par la *distinction de la famille de son fiancé ? Ce serait pas un hasard d'ailleurs qu'il plaise à cette petite flamande*, ajoute-t-il : la grand-mère paternelle de Robert était française et avait ses racines dans la noblesse des armes. Plus en général dans cet entre deux guerres, sa future belle-famille est créditée d'une auréole de prestige que lui confère son passé militaire. Mais toujours est-il que quelques années après leur mariage, l'heure de faire ses comptes et de se comparer aux autres frères et sœurs de l'un et de l'autre est là pour les parents de Robert. Et le constat est lui aussi amer : le montant du salaire du père de Robert ne permet pas d'avoir le même train de vie que celui atteint par son frère devenu indépendant ; ou d'afficher la même satisfaction que ceux qui, du côté maternel, ont fait l'expérience d'une mobilité sociale ascendante. *De ce côté-là aussi ils ont coupé les ponts conclut Robert.*

La fermeture familiale et la logique du ressentiment qui l'alimente sont ainsi éclairées de façon un peu plus objective : l'espoir d'ascension sociale nourri par la mère de Robert est déçu et la performance socio-économique du couple n'est en rien assimilable à celle des collatéraux. La pente de la trajectoire sociale du père est de plus négative : certes le prestige de l'armée était élevé au moment du mariage des parents (le grand-père de Robert débutera sa carrière de militaire en pleine aventure coloniale. A un moment où le cadre de l'armée belge exerce un attrait fort sur les fils de l'aristocratie nationale et il aura l'occasion de se frotter à cette élite ; *cela a pu faire illusion en plus*, dira aussi Robert, *pour marier sa femme*) mais les bénéfices matériels au présent sont maigres.

Du ressentiment à la gêne

Comment saisir le style de vie de la famille d'origine de Robert ? Quel est l'impact de cette fermeture et de ce ressentiment ; de cette différenciation sociale exécutée sur la base de données matérielles ou économiques et qui, sur le mode négatif, sape le prestige de la famille autant sans doute que sa fierté, le caractère altier que Robert pressent également chez ses grands-parents paternels ? Le sort réservé à l'héritage des biens des grands-parents paternels est un analyseur efficace pensons-nous afin de répondre à ces questions; pour comprendre le type de transaction individuelle adopté dans cette famille.

Robert distingue en effet ce que nous pourrions comprendre comme étant deux sous-ensembles familiaux ou deux cercles familiaux et appartenant à une seule institution familiale. Ces deux sous-ensembles correspondent à ses yeux à deux types distincts d'éducation des enfants par exemple; à deux modes de vie en général et que l'héritage des biens des grands-parents sépare :

> – *enfant, c'était un milieu fort modeste en fait. On ne roulait pas sur l'or loin de là. Il y avait un seul salaire et trois enfants à charge à cette époque* (un premier *train d'enfants* dira Robert et composé de son frère et de l'aînée de ses sœurs; les jumeaux et l'autre fille faisant partie du second sous-ensemble). *Puis mon père a hérité de son père à lui et ils ont déménagé et à ce moment l'argent était là. Mon autre sœur et les jumeaux ont eu plus facile que nous et d'ailleurs il y a eu une différence de milieu social entre les gens que je fréquentais et ceux que fréquentent les jumeaux par exemple... Il y a une sorte de scission dans la famille.*

Si nous réfléchissons en termes de contenus de la vie en famille, si nous cherchons à savoir ce qui alimente la vie en famille, nous dirions que pour le second sous-ensemble des enfants, ce sont des contenus matériels qui sont utilisés à cette fin tandis que pour le premier, les contenus sont ceux d'avant l'héritage; et ils sont immatériels ou culturels pour l'essentiel. Ainsi :

> – *ma petite sœur, elle fait de l'équitation. Un des jumeaux fait du tennis. Nous les aînés, on n'a jamais pu faire ça. Ils ont plus de facilités; une voiture pour sortir, etc. Il faut dire que le second train de gosses était un autre train social. Ils avaient de l'argent de poche et nous pas. Ils apprennent aussi à gérer leur argent ce que moi je ne sais toujours pas faire... Ils fraient avec des bourgeois. Ils ont les moyens de le faire et les parents n'étaient pas du tout contre ces rencontres... Ce sont des rencontres intéressantes pour l'avenir...*

Et :

> – *ma sœur aînée jouait de la flûte. Mon frère et moi, on dessinait. Tout ça à la maison... Trois artistes si on veut et trois héritiers de l'autre côté... Ils sont plus armés et plus à l'aise en société que nous. Nous, on avait rien que notre sensibilité et notre imagination artistique... Il n'y avait rien en fait et mon père aussi était mal à l'aise avec ses neuf beaux-frères et belles-sœurs par exemple. Gêné il était et il se cachait des autres sans rien leur dire de lui. Nous aussi on était comme ça. On communiquait avec l'intermédiaire de l'art déjà. Ca permet d'autres clivages des gens; une communication plus profonde parfois et pas si matérialiste.*

L'art comme transformation d'un classement social en un clivage des gens

Il nous faut faire ici cette remarque importante : malgré peut-être ce que l'extrait qui précède pourrait laisser croire, Robert ne s'explique pas vraiment la *gêne* de son père. Cette explication était assez immédiate pour nous mais pas pour Robert.

Il effectue bien un parallélisme entre cette *gêne* et, par exemple, la pente descendante de sa trajectoire sociale mais sans faire de corrélation entre ces deux données. Ce sont des constats parallèles que fait Robert plutôt que leurs croisements.

Arrivés à ce stade de l'entretien, notre interrogation principale s'est focalisée sur ce procédé singulier. Comment comprendre que Robert en reste là? Comment comprendre que l'effet de classement et de différenciation des individus, qu'il relate de manière explicite avec le cas de l'héritage des grands-parents paternels, ne débouche pas sur la perspective d'une détermination des qualités personnelles des membres de sa famille; et ce particulièrement dans le cas de son père et alors même qu'il a les données suffisantes à sa disposition pour procéder de la sorte? Comment s'y prend-t-il en fait pour, avec le sous-ensemble des *artistes* et auquel pourrait également appartenir son père, ne pas procéder à des différenciations sociales des individus (alors qu'il le fait pour distinguer les deux sous-ensembles cela dit) mais bien pour établir, plus simplement ou naturellement, une collection de traits personnels ou psychologiques?

La fermeture familiale dans le cas du premier sous-ensemble c'est-à-dire ici une attitude de centration sur l'espace domestique (et il serait plus exact d'ailleurs d'évoquer la centration, dans le cadre de l'espace domestique, sur les aptitudes artistiques de chacun), la coupure avec l'environnement social immédiat que signale Robert et la coupure avec la famille élargie également, sont certes des conséquences ou des attitudes conditionnées par l'histoire sociale de cette famille : le sentiment d'un espoir déçu du côté de la mère, celui d'une perte de prestige du côté du père, sont des hypothèses hautement probables et expliquant l'intérêt qu'il y aurait pour ces personnes à limiter le volume des transactions aux seuls membres de la famille nucléaire et ce de façon à circonscrire le risque de faire l'expérience sensible ou émotionnelle du déclassement. *A contrario*, cet espoir quelque peu ravivé après l'héritage, nous pourrions expliquer pourquoi les parents se montrent moins restrictifs en ce qui concerne la latitude laissée aux cadets d'entrer en contact avec le monde extérieur; d'entrer dans le jeu de la confrontation des différences-ressemblances et du classement social. Mais ce schéma explicatif général, s'il est retenu par Robert pour être appliqué à la distinction des deux sous-ensembles d'enfants, a moins de véracité à ses yeux pour le cas du premier sous-ensemble pris isolément.

En fait, Robert montre à voir une première valorisation et qui, en famille, a trait avec le domaine de l'art; celui de la culture plus en général. Robert est bien au fait des différences de capitaux entre les aînés de la famille, son père et sa mère d'une part et d'autre part les cadets. Mais en dépit de cette lucidité dans la façon d'isoler les bases ou le substrat social de la vie en famille, il parvient à «court-circuiter» ou à neutraliser la charge émotionnelle du déclassement, la *gêne*, en ayant recours à la valorisation de l'art.

Robert, nous le verrons plus avant ci-après, sous le coup de la fermeture familiale parvient à conférer une valeur toute particulière au capital culturel hérité. Il transforme cet héritage, exprimé en ses contenus — des gestes ou des comportements de dessinateur, de musicien; des états d'âme de l'artiste, ... —, en des qualités personnelles naturelles qui soulignent les dons de chacun et ses mérites artistiques. Le bénéfice de cette valorisation de l'art est qu'il transforme un classement social ou collectif en un classement de personnes; une collection de psychologies. Il propose en fait une euphémisation des bases sociales de la vie en famille par la valorisation de l'art; il transforme aussi un ressentiment collectif ou une *gêne* collective face à la réalité de l'échec en des réussites et des échecs personnalisés et à ce titre, les individus, malgré leur proximité et leurs liens de filiation, deviennent mystérieux, incompréhensibles ou imprévisibles; méconnus.

Reprenons les diverses facettes de cette transformation :

1. la culture comme don personnel :

   – *un dessinateur que je connaissais m'a dit : «le talent, n'en parlons même pas; tu l'as. Il te suffira de passer dans une école pour travailler tout ça mais sans t'y faire tuer ta créativité». Je me trouvais bien avec ses conseils et je suis entré à X* (école artistique);

2. la culture comme singularité personnelle :

   – *très tôt je cherchais déjà à éditer; à gagner de l'argent avec mon art et à quitter mes parents ensuite. Et j'ai trouvé à mettre mes dessins dans le journal X. J'étais assez précoce et je m'intéressais déjà très fort au dessin artistique et je m'étais fait des relations qui fonctionnaient déjà pour moi de façon professionnelle et en autonomie avec les autres de ma famille;*

3. la culture comme transformation d'un classement social en un classement plus personnalisé :

   – ton père en dessinant, il faisait quoi?

   – *Oh...! De la peinture du dimanche, allez. Sans aucune raison d'être reconnue comme une forme d'art. Du bon travail si l'on veut mais en aucun cas un travail de pro. Pas possible de commercialiser ça et certainement pas à valeur proprement parler artistique;*

4. la culture comme euphémisation des classements sociaux :

> *– et puis cette rivalité avec mon père... elle commençait et s'arrêtait avec l'art. C'était terrible les bagarres... Ma mère, à un certain moment, quand il y avait une réussite de ma part et qu'elle voyait une possibilité de réussite pour moi, elle acceptait les preuves et elle acceptait que j'invite. Elle acceptait mes amis artistes à la maison. Mon père se cachait pour ne pas les rencontrer et devoir montrer ses toiles... J'ai l'impression qu'il se sentait comme humilié de ne pas être à la hauteur. «Moi j'ai toujours été un raté dans l'art et quand je vois ces jeunes qui arrivent à éditer et qui débarquent chez moi» qu'il disait sans arrêt... La rivalité entre les générations quoi!*

Quels sont les effets de cette valorisation de l'art comme qualité personnelle ?

On remarquera d'abord que la centration sur les interactions intra-familiales, dans le cas du sous-ensemble auquel appartient Robert, ne débouche pas exactement sur ce que l'on aurait communément l'habitude de décrire comme étant une «vie privée» si l'on attend par là une sphère ou un champ de pratiques qui échappe aux classements et qui est concernée par des flux affectifs libres ou non conditionnés par la vie en société.

C'est d'abord une métaphore qui s'impose ici : Robert — mais en accord tacite avec son père et sa mère nous semble-t-il en tenant compte des extraits qui précèdent ; qui participent activement à ce jeu relationnel — transpose la confrontation sociale au cœur même de sa famille.

La *concurrence* ou le marché de l'art remplace la concurrence ou le marché des biens économiques par exemple ; mais ce marché de l'art se forme à l'intérieur même des frontières familiales et il supplante la forme familiale ou la forme filiale du vivre ensemble. A l'image du marché, les individus sont distants les uns des autres ; inquiets ou à l'affût des intérêts de chacun et de la concurrence qu'il faudra essuyer de la part des autres ; ils sont aussi plutôt égaux que différents ou en position de réciprocité et d'échange dans cette mesure où chaque individu se jauge à l'aune de ses performances artistiques individuelles sans plus ; chacun ayant ses qualités personnelles, ses dons secrets ou enfouis et qu'il faut activer, ses réalisations propres, chacun est aussi méconnu des autres dans la mesure où, l'interdépendance étant faible, les individus n'apprennent pas non plus à évaluer, à l'expérience de la vie sociale, la stature individuelle de chacun.

Nous pouvons également aborder la compréhension de ce style de vie en famille autrement qu'avec cette métaphore du marché ; et en évoquant le mécanisme d'individuation qui s'offre à Robert tout d'abord.

Sans nier qu'il y ait effectivement à reconnaître des dispositions artistiques chez tel ou tel membre de la famille, comme tradition familiale, les dons, bien moins qu'une singularité personnelle de Robert, de son frère, de sa sœur ou encore de son père, se distribuent en fait sur l'ensemble de ces individus. Mais ils doivent également être *travaillés* par chacun ; et force est de constater que l'émulation artistique entre ces individus — le fait par exemple qu'au bout du travail de perfectionnement de chacun, les moins forts partagent la satisfaction des plus performants — cède la place à la concurrence et à la compétition sous le sceau de la *rivalité*.

Les *singularités* de chacun ne sont ainsi en rien une production naturelle ou des dons qu'il suffit d'exploiter mais plutôt des *armes* ou des atouts que chacun fourbit dans la concurrence qu'il entretient avec les autres *artistes* du champ familial. Plutôt qu'une communauté de points de vue ou d'idées, ou qu'une collectivité en modèle réduit et réglant l'interdépendance de ses membres pour le temps de l'enfance et de l'adolescence, la famille de Robert est à l'image d'un champ de bataille où les productions artistiques de chacun entrent en concurrence.

Rien d'étonnant dès lors à ce que les transactions familiales valorisent la figure des personnages de chacun, leurs singularités propres ; et les contours de la solidarité familiale sont mouvants et fluctuent au gré des intérêts, des circonstances et des alliances passées entre un camp et un autre contre un troisième. Ainsi :

> *– quand j'allais voir mes parents, mon père me prenait parfois à part dans son bureau. Il m'y montrait ses toiles etc. A ces moments-là, il y avait beaucoup de proximité mais au moindre incident et à la moindre critique... Il devenait vite irascible et il fallait se contrôler pour pas que ça tourne mal et qu'il n'explose pas. Ça pouvait arriver si ma mère entrait dans le bureau par exemple et qu'elle faisait ses commentaires sur ses toiles et les miennes...*

Et :

> *– ma mère était aussi en conflit avec lui sur le terrain de l'art parce qu'elle lui reprochait d'y perdre son temps et de ne pas être suffisamment rentable sur le plan de sa carrière... Elle pouvait aussi me voir comme son complice parfois et malgré nos disputes orageuses ; complice de mon père contre elle... Finalement, elle m'éloignait aussi le plus possible de la maison. Je ne pouvais venir qu'à la condition de ne pas parler d'art avec mon père. Mais à notre arrivée de mon frère ou de moi, mon père nous attendait pour ça... On était confronté parfois à une situation vraiment impossible à vivre.*

Autre dimension du style de vie en famille : les *conflits ouverts*, en face-à-face, sont violents parfois et en tous les cas exacerbés. La concurrence entre les *artistes* est intense d'autant qu'ils partagent le même intérêt pour l'art mais qu'ils ne collaborent pas aux travaux de l'un ou de l'autre.

Rien ne semble à première vue pouvoir médiatiser ces affrontements comme par exemple l'existence d'un ennemi commun et extérieur à la famille ; et c'est là une autre facette du style de vie faisant comprendre le côté erratique ou changeant des solidarités familiales ou de la protection que l'on reçoit chez l'un puis chez l'autre. Et Robert fournira quantité d'exemples ou de situations où les solidarités se renversent et où les conflits en famille se transforment littéralement en batailles rangées.

Tout porte à croire que les répercussions psychologiques de cette vie familiale sont lourdes de conséquences ; mais un autre constat peut être fait ici : l'intensité des conflits oblige en fait chaque individu à plus s'individuer encore ; à ne compter que sur lui-même et sur ses expériences passées pour se sortir sans trop de casses de ces affrontements multiples. La recherche des armes individuelles et des singularités personnelles devient ici une *quasi* exigence structurelle de ce style de vie en famille. Elles permettent de se défendre ou de surprendre l'adversaire avec des coups imprévus ou nouveaux ; de reprendre de la distance après l'affrontement en retournant sur un territoire sécuritaire et inaccessible aux autres. Et nous verrons plus loin que le recours de Robert aux psychothérapies peut se laisser envisager à la fois comme une entreprise de correction ou de réparation des dégâts produit par cette vie en famille et comme une quête de cet ordre ; stratégique en quelque sorte.

Enfin, au chapitre des attitudes et des valeurs, on constatera que si la concurrence sur le terrain de l'art, si l'exacerbation des conflits, suscitent une amplification des possibilités d'individuation de chacun, les singularités de chaque membre de cette famille sont aussi des ressources afin d'opérer un *contrôle* sur la réalité de cette vie en commun.

Certes, comme le dit lui-même Robert, il doit *se contrôler*; par exemple lorsqu'il est au beau milieu des exigences contradictoires de ses parents ou lorsqu'il est à ce point proche de son père que le risque de faire des comparaisons et de la *rivalité* sont forts ou difficilement évitables. Mais ses singularités propres — qu'il cultive, faut-il le préciser — empêche également que les autres aient une emprise par trop forte sur lui. Son souci de distinction et son refus de la perspective d'un classement lui sont sécuritaires comme l'indique cette affirmation : *je suis un peintre maudit*, dira Robert; tellement à part qu'il devient inclassable et mystérieux au regard de l'autre. Et nous verrons également que dans le décours de sa trajectoire biographique, Robert alimentera sa sociation avec d'autres individus en leur proposant, en pâture oserait-on dire, cette méconnaissance de sa personne ; et ce procédé lui est sécuritaire.

Pour conclure cette section, nous reviendrons ici quelques instants sur la question de la *gêne* du père de Robert et que ce dernier ne s'explique qu'en référence avec celle des pratiques artistiques.

En poussant un peu plus loin l'orientation clinique de cette monographie, notre hypothèse de travail serait celle-ci : les goûts artistiques de cette famille sont tout autant un héritage ou une tradition de famille qu'une ressource permettant d'euphémiser l'échec social des parents de Robert. L'humiliation du père de Robert et qui serait la conséquence émotionnelle attendue après un jugement négatif et opéré par les autres, est ainsi circonscrite sur le terrain de l'art mais ce qui fait que Robert ne procède pas au croisement des données qu'il a à sa disposition et qu'il ne fait pas le lien entre la *gêne* de son père et les éléments de l'histoire sociale de cette famille est à rechercher dans la nature de la réciprocité à l'œuvre entre ces deux hommes pensons-nous.

Pour conflictuelle et concurrentielle qu'elle soit sur le terrain de l'art, cette relation est une reconnaissance de Robert par son père comme *artiste*; et nous pensons qu'en retour, Robert, en ratant sa propre carrière artistique, protège son père de l'humiliation qu'il y aurait pour lui à se savoir moins performant que son fils. Ainsi :

– *il était content quand il voyait ce que je faisais; c'est certain. Mais pas question d'être meilleur que lui... Ca, c'était la fin de tout... Mais maintenant que vous me parlez de ça... je me souviens maintenant qu'à chaque fois que je pensais pouvoir réussir dans la peinture, tout s'écroulait aussi et je me remettais à boire... Par contre du moment que je restais dans du mineur, pour lui ce n'était pas de l'art et... Oui; je vais y réfléchir...*

2. La trajectoire de Robert

Que faire lorsqu'on est convaincu de ses dons personnels, de ses qualités artistiques, et que l'on est confiné dans les limites étroites d'un univers familial replié sur lui-même et quelque peu étriqué?

Comme son frère et comme sa sœur — les trois enfants du premier *train* — Robert conçoit qu'à l'évidence ce qu'il aura à faire s'il veut développer ses dons, c'est de quitter le toit familial; *ma sœur s'est vraiment enfuie à l'étranger*, dira Robert, *et mon frère vivant dans un autre pays, moi aussi je suis parti très tôt.*

Mais où aller lorsqu'on souhaite *travailler* ses dons et son talent; les faire reconnaître même si l'on est convaincu qu'ils ne tarderont pas à l'évidence à exploser au grand jour et qu'ils forceront ainsi la reconnaissance de ceux qui restent sceptiques ou incrédules? Là où il est possible de compter avec l'anticipation de sa reconnaissance et la découverte de ses talents cachés par des pairs.

Ce départ de la famille est une période heureuse et satisfaisante dans l'évocation que Robert en fait. Dans la proximité à son *maître*, il se construit un réseau de contacts avec d'autres dessinateurs et dès l'adolescence ses qualités de dessinateur trouvent un premier client. Robert vend ses productions à un grand quotidien mais la rivalité avec son père s'étale alors au grand jour :

> *– j'ai eu un père de rechange très jeune. J'ai eu la chance d'avoir une relation avec lui. J'étais encore jeune à l'époque, adolescent, et j'allais chez lui en cachette. Il appréciait ce que je faisais et il est intervenu auprès de mes parents pour qu'ils me laissent aller à X (école spécialisée). Là je me suis mis à travailler à fond et, grâce à son aide aussi, j'ai pu partir de chez moi.*

Et :

> *– or mes parents ont été abonnés à ce magazine. Comme je dessinais dedans, ils se sont abonnés à un autre. Puis j'ai aussi travaillé free lance pour un autre et ils se sont alors abonnés à un troisième... C'était très triste pour moi. Je démarrais et bien; mais il n'y avait aucune reconnaissance de mon père et j'en souffre encore maintenant malgré que c'était une période vraiment heureuse de ma vie qui commençait en fanfare.*

Nous l'avions déjà signalé, c'est plus tard qu'il recevra cette reconnaissance du père et ce dans le cadre de la concurrence de leurs qualités artistiques comme peintres et dans la forme de sociation qu'est la *rivalité* donc.

Mais comment s'y prend-t-il pour être dans les conditions de la recevoir et comment cette reconnaissance a-t-elle lieu ?

Il lui faut tout d'abord plus de proximité avec son père et pour cela, concrètement, refaire en sens inverse le cheminement qu'il avait entrepris de faire dans l'adolescence : renouer avec le champ familial ; mais pour ce faire, il devra aussi forcer les portes de cette *forteresse*. Pas question en effet, aux yeux de la mère, d'y revenir de façon naturelle. Robert a, selon elle, un style de vie sinon *dépravé*, à tout le moins suspect ; et de toute manière elle est d'avis qu'un homme célibataire et *artiste* de surcroît, n'est pas capable de se débrouiller seul dans l'existence. Habituée qu'elle est de vivre avec un mari qui depuis longtemps a jeté le gant de la compétition sociale, elle sait à l'expérience que c'est sur les épaules des femmes que reposent l'ordre et la respectabilité d'un homme. Si donc Robert se présente seul sur le seuil familial c'est *que quelque chose est anormal* et qu'il n'y apporte que des ennuis supplémentaires. Quant à son père, *c'est sûr qu'il aurait pas fait un geste de rapprochement avec moi puisque c'est moi qui avait claqué la porte pour rejoindre mon maître. Quelle trahison c'était!*

De façon inverse pourrait-on dire où pour la majorité d'entre nous sans doute le mariage est (ou était) la voie royale pour s'extirper quelque peu de la griffe des parents, Robert se marie pour pouvoir renouer avec son père dans la proximité des liens de famille; pour être en position de revenir vers ses parents et de recevoir de son père une confirmation de la reconnaissance acquise de fraîche date parmi les professionnels de l'art.

Au moment où de cette façon Robert se rapproche de son père, les autres frères et sœurs — à tous le moins ceux du premier *train* — ne sont plus présents sous le toit familial. Il retrouve ses parents plus seuls qu'avant et en conflits; conflits auxquels les enfants du second *train* se gardent bien d'être mêlés. Quel sens en effet pourraient avoir à leurs yeux ces disputes orageuses concernant le travail et l'art, plongés qu'ils sont dans un autre univers de référence : celui des copains et des amis, celui de la préparation à un avenir meilleur? Plus qu'avant lorsqu'il est présent en famille, Robert est à l'entrecroisement des conflits entre ses parents; sous le feu croisé d'attentes, d'alliances qui le déchirent : *si j'étais avec l'un, c'était ipso facto contre l'autre. C'était horrible.*

Ces retrouvailles ont également lieu quelque temps après la fin de son service militaire. Robert se plaint de cette période de temps passée à l'armée. C'est pour lui une parenthèse en regard de ses relations professionnelles et il se voit contraint de devoir recomposer en partie son carnet d'adresses. *A cette époque je n'avais que la reconnaissance de mon père*, dira-t-il; et *les autres ne m'avaient pas attendu pour continuer leur chemin dans l'art.*

Enfin et toujours à cette époque, le père de Robert est admis à la retraite. *Ça l'a pas changé fondamentalement*, commente Robert; mais tout de même, *il s'est réveillé plutôt que d'aller droit vers le cercueil*, précise-t-il et il se montre plus curieux des travaux réalisés par Robert et plus alerte à se remettre à ses propres occupations picturales.

Cet ensemble de facteurs, dans leur ensemble, va rendre possible et d'une certaine façon incontournable, la forme de sociation qu'est la *rivalité*. Ces circonstances biographiques seront donc l'occasion d'éprouver pleinement les attitudes familiales dominantes.

Si le premier mariage de Robert peut se comprendre comme étant un moyen d'instrumentaliser son retour au bercail, le second sera l'occasion de tenter un nouveau départ; de se tâter à un essai de reconversion dans le champ des pratiques artistiques autant peut-être que de jouer le jeu de la *rivalité* avec son père. Robert n'est plus satisfait avec ses activités mais c'est bien au nom de ses qualités artistiques, de ses qualités personnelles, qu'il se souhaite une position plus prestigieuse dans le champ de l'art. Ainsi :

> *– à 20 ans, c'était l'armée... J'avais la sensation intérieure de perdre mon temps et tout le bénéfice de mes contacts passés. Je tournais en rond et je ne progressais plus du tout... J'étais parti du dessin mais je me marginalisais en fait et de plus en plus fort. Et puis aussi les éditions avec lesquelles j'avais mes contrats ont changé de politique et je n'étais plus vraiment dans le créneau de public qu'ils voulaient cibler... Je n'allais quant même pas me contenter de faire des albums pour mon père... En réalité, je pense que je me suis toujours insatisfait au fond du dessin... Du moins ces dernières années... Je n'arrivais plus à m'exprimer comme je le voulais là-dedans. Ca nivelle par le bas et je n'arrivais pas non plus à faire le pas vers la peinture... Quand je me suis marié avec ma seconde femme, on restait au début fort à deux puis on a commencé à prendre nos contacts personnels. Son père à elle était de la partie; et puis il me connaissait de réputation comme artiste; par sa fille. On a monté une exposition de mes œuvres; un peu avec son aide donc mais ça a complètement foiré... à cause de l'alcool.*

Et :

> *– pourquoi ce blocage? Je sais pas bien. J'ai commencé une thérapie parce que je voulais absolument quitter cet art mineur et que je n'y arrivais pas... Mais j'avais les qualités qu'il fallait pour y arriver. Alors je me suis dit que ce blocage, il devait être de nature psychologique uniquement... Je voulais être plus à l'aise, me mettre véritablement à la peinture. Alors j'ai commencé cette thérapie et tenez-vous bien, du jour au lendemain j'ai arrêté de boire. Comme ça et aussi simple que ça!* (il fait un claquement de doigts). *Tout a bien marché, comme sur des roulettes, le temps de la préparation de l'exposition et sans une goutte d'alcool. Le jour du vernissage, j'étais même convaincu que ça me ferait pas de tort... Tout a foiré; un scandale à la fin. Mais ma psy m'a dit : « écoute; tu as des choses à toi tout seul et qui vraisemblablement ne sont pas résolues par rapport à ton père... tu te mets en échec permanent... ». Je suis tout disposé à la croire mais tout de même je ne sais toujours pas pourquoi j'ai bu.*

3. La fonctionnalité des produits psychotropes

De prime abord, ce sont les aspects dysfonctionnels, les conséquences désastreuses, que souligne Robert lorsqu'il aborde de front la question de ses consommations de produits psychotropes. *L'alcool fout tout en l'air*, dira-t-il; ses projets artistiques autant que son second couple. Mais ce serait quasiment une redondance ou un truisme que de relater par le détail cet aspect des choses. Somme toute, il n'y a pas de raison qu'il en soit autrement pour Robert et que sa trajectoire d'alcoolique s'aligne, *in fine*, sur celles de milliers d'autres consommateurs de par le monde.

On n'insistera pas trop non plus sur cette façon qu'a Robert de retourner la situation en sa faveur en quelque sorte; en faisant de ses déboires d'alcoolique une qualité artistique et quelque peu romantique mais distinctive de sa personne : *je suis un artiste maudit*, dit-il.

La question de la consommation de cannabis ne soulève pas de considération particulière chez Robert. Son épouse, qui partageait ce *secret*, ne la lui reprochera en aucune façon; et plus banalement encore, le cannabis est présenté par Robert comme étant un adjuvant à son imagination et à sa créativité artistiques sans plus. Ainsi :

> – *en peignant, je peux fumer de la marijuana mais boire... Sur le shit, elle me reprochait pas; pas de problème de ce côté-là dès que l'alcool était absent. Avec l'alcool, je suis très envahissant; très bruyant...*

A l'inverse du cannabis, ce sont de véritables *secousses sismiques* que Robert connaît avec la prise d'alcool; des *effets catastrophiques* dit-il et qui s'accompagnent d'un déferlement de violence, d'agressions verbales et parfois physiques qui, dans le chef de sa seconde épouse, justifient sa décision de le quitter. D'autant que la question de l'alcool avait déjà été posée par sa femme comme une condition à une vie commune :

> – *elle m'avait prévenu. Elle avait connu des alcooliques, comme tout le monde, et elle déteste cela. Elle supporte pas. J'étais très agressif et elle aussi quand j'avais bu. J'avais décidé d'arrêter et je me rendais bien compte que ce serait difficile. En fait, ça a marché bien mieux que prévu... Quand je l'ai rencontrée, j'ai arrêté mes saouleries quotidiennes. Parfois je me ramassais une grosse cuite et là c'était la catastrophe à chaque fois bien sûr... Des menaces de rupture et ce qui s'en suit... Elle m'agressait avec ses menaces et ses bagarres. Il y avait de la violence évidemment. Ca l'angoissait je pense parce qu'il faut dire qu'avec l'alcool, je ne travaillais plus du tout. Mais pas du tout alors! Je ne faisais proprement rien!*

Une lecture psychologique de la séparation; une lecture économique

Il est toujours tentant, baignés que nous sommes dans une culture ambiante d'origine psychologique, d'essayer de comprendre une situation à l'aide d'une grille de lecture qui permette de faire une économie d'efforts et d'énergie; et de s'en contenter.

De ce point de vue, il faut bien admettre que Robert lui-même nous facilite le travail et qu'il nous met sur les rails d'une lecture psychologique de la rupture avec son épouse puisque son évocation repose 1. sur le présupposé de l'atomisme foncier de chacun des partenaires du couple (c'est-à-dire que le couple est ici présenté par Robert comme étant une co-existence de deux partenaires autonomes et exposant chacun à son tour quelles sont les conditions de leur vie en commun; mais nous ne savons presque rien, à ce stade, du couple lui-même c'est-à-dire du type d'échange qui s'y déroule) et 2. sur la responsabilité de l'alcool qui vient en quelque sorte se glisser entre sa femme et lui au titre d'une réminiscence ou d'une aversion de sa femme et qu'elle doit à son passé personnel.

A côté de cette compréhension ou de cette interprétation psychologique de la séparation, une lecture économique pourrait également être faite. On pourrait avancer ainsi que Robert, comme artiste et travailleur indépendant, lorsqu'il boit, fait grève et qu'il mine les conditions matérielles du couple. *Je buvais notre capital*, dira Robert; et d'ajouter : *je pouvais bien comprendre de sa part qu'elle n'était plus d'accord de me voir tout mettre en l'air avec l'alcool. On avait investi dans l'exposition, dans du matériel; et comme je ne travaillais pas, ça ne rapportait rien non plus. Au contraire puisque je finissais par vivre à ses crochets.*

Une lecture sociologique

En buvant, Robert fait grève donc. Il exacerbe également les reproches de son épouse et met en péril leur contrat d'association.

Pour notre part, nous avons été attentifs à une autre information fournie par Robert. A certaines doses, l'alcool entraînait certes une prise de distance de la part de sa femme mais, selon d'autres dosages, l'alcool, consommé à deux, autorisait aussi plus de proximité; d'intimité :

– *avec l'alcool, à petites doses, je fais l'amour de façon plus fantaisiste; plus libérée... Ma femme et moi, l'alcool à petites doses nous donnait un chouette terrain d'entente sur le plan sexuel... Un rapprochement pas possible autrement je crois...*

C'est sur ce point que nous retrouvons les propositions de Brassinne.

Ce qui retenait notre attention était moins le fait que l'alcool puisse favoriser une proximité sexuelle ou une intimité à certains moments de leur vie en commun; non plus qu'à d'autres moments et à d'autres doses, l'alcool était la cause d'une distanciation des partenaires. Mais bien que l'alcool rende possible ces deux possibilités à la fois; l'ambivalence distance-proximité.

Le code de communication utilisé par Robert et sa femme est en fait largement construit sur la consommation de l'alcool et ses propriétés psychotropes à telles ou telles doses; et ce que sa femme attend de lui par exemple, est bien moins qu'il s'abstienne de toute consommation d'alcool que de varier ses doses de manière à moduler leurs relations. Ce à quoi elle s'attelle également. Ainsi :

– *l'alcool, c'était aussi un signal entre nous : si je voyais qu'elle se servait un verre en soirée à la maison, c'est qu'elle avait envie de moi. Si c'est moi qui commençait à boire, elle savait aussi que je voulais être seul dans l'atelier et qu'elle me laisse en paix pour travailler...*

L'euphémisme que Robert utilise — la sexualité sous l'effet de l'alcool et comme *chouette terrain d'entente* — nous laisse aussi penser que la proximité personnelle dans le couple ne va pas de soi en fait. Ce qui ne veut pas dire qu'il n'y aurait pas de sentiments exprimés l'un à l'autre par exemple. Mais ce que nous pouvions raisonnablement comprendre, c'est que par l'évocation de ses multiples singularités artistiques ou d'artiste, Robert produit un «brouillage des cartes»; des «parasitages» de la connaissance de la personne de Robert par son épouse et à telle enseigne qu'il leur est utile voire nécessaire de rétablir un code de lecture ou de déchiffrage des souhaits et besoins de chacun dans le couple.

C'est cette compréhension de la fonction sociologique de l'alcoolisation de Robert que nous pourrons approfondir ci-après et plus particulièrement lorsqu'il remplace ses consommations, tendanciellement, par des pratiques d'introspection psychologique.

4. L'entrée dans la toxicomanie

Dans la section qui précède, nous avions pu comprendre que l'alcoolisation de Robert, outre ses aspects négatifs ou dysfonctionnels — le fait par exemple de mettre en danger la stabilité de son second couple ou encore celui de ruiner ses projets professionnels —, se doublait également d'un aspect positif ou fonctionnel dans le cas du couple formé par Robert et sa femme. Cette alcoolisation permet de communiquer et de déchiffrer le message de l'un ou de l'autre; son souhait de proximité ou de distance.

Il ne devrait pas être trop difficile par ailleurs de comprendre que ce code de communication est fragile. Si l'alcool permet de connaître l'autre dans ses attentes par exemple, il suffit aussi d'une erreur de dosage pour que la connaissance de l'autre fasse problème. En consommant de manière erratique ou en marge du code de l'alcool, la connaissance personnelle de l'autre est alors synonyme d'une altérité retrouvée; et autrement dit, une consommation en marge du code de l'alcool restaure une certaine opacité individuelle ce qui permet également de contrôler la connaissance de soi qu'a l'autre.

C'est dans ce dernier contexte communicationnel que l'étiquette d'alcoolique est affublée à Robert par sa femme. Ainsi:

> – *elle ne me comprenait plus à la fin et je devenais un étranger pour elle. C'est aussi pour ça qu'elle est partie et que je ne cherche plus à voir mon gosse d'ailleurs; je suis redevenu un étranger du nom d'alcoolique... Le grand problème avec mes parents et ça on le ressentait tous, c'est qu'on ne peut pas leur dire la vérité. Ce sont des gens avec qui il faut mentir si on veut rester un peu entier et sain d'esprit... Est-ce que je*

faisais ça dans mes couples aussi? En tous les cas ma femme me disait souvent : «quand tu bois, je suis en face d'un étranger. C'est Mister Jeckill et Mister Hide». Il fallait être comme ça avec eux... Avec mon père, je devais toujours contrôler mes contacts parce que ses réactions étaient totalement imprévisibles. Je savais plus... Je devais ménager la chèvre et le chou; jouer au diplomate au détriment de dire ce que j'avais à dire... Contrôler... Avec ma femme aussi; lorsqu'elle me connaissait trop bien, il fallait que je change les règles du jeu pour pas que je sois à sa merci... Avec elle aussi je faisais des choses imprévisibles parfois; qu'elle ne s'y attendait complètement pas. C'est aussi comme ça que je me ressentais libre de créer et de peintre sans contraintes... C'est comme ça qu'elle a fini par me taxer d'alcoolique et qu'elle est partie.

Nous avions pu également comprendre précédemment que cette *vérité* qui n'est pas bonne à dire en famille concerne l'histoire économique et sociale de la famille de Robert et plus singulièrement encore celle de ses parents; également qu'une façon, adoptée en famille, de contourner cette difficulté consistait à l'euphémiser c'est-à-dire à transformer la question des confrontations sociales ou collectives en confrontations plus individuelles et même personnelles par le biais des *dons* et des singularités artistiques de chacun.

L'auto-thématisation de l'alcoolisme

La reprise en compte, par Robert, de l'étiquette d'alcoolique que lui adresse sa femme se déroule dans la droite ligne de ce qui précède; mais avec cet élément de *médiation* cependant entre l'état d'alcoolique qui est affirmé par l'épouse et ce *label* que Robert reprend à son compte : la psychologie des *profondeurs*.

Nous verrons en effet que le recours à des pratiques d'introspection psychologique et le mode de vie que Robert tisse à ces occasions, seront pour lui une opportunité d'introduire un changement en ce qui concerne le schéma de causalité qu'il utilise pour s'expliquer son alcoolisation; une occasion de joindre ou de juxtaposer au schéma de sa détermination historique à boire — l'alcoolisation comme moyen de *mentir* ou comme fonction de rendre Robert *étranger* à sa femme ou encore comme fonction d'évitement de son contrôle personnel — celui de sa qualité identitaire d'être étranger à la connaissance de l'autre.

Aussi, avec ces pratiques, son alcoolisation reste-t-elle compréhensible par le recours à son histoire familiale et sociale mais sa raison d'être trouve également une explication au présent. L'alcoolisme, aux yeux de Robert, prend sens, non plus seulement en regard et comme la continuation dans le temps d'un système référentiel — la fonction remplie par ses consommations dans sa famille d'origine ou dans son couple par exemple — mais aussi au sein d'un processus autopoïétique (Luhmann,

1988; Zeleny, 1981); une référence à soi en circuit fermé pourrait-on dire mais au terme de laquelle les singularités personnelles de Robert sont incommunicables, secrètes ou mystérieuses.

Plus simplement peut-être, la mise en scène de ces pratiques d'introspection psychologique est somme toute fort proche de la définition meadienne de la *socialité* (Deledalle, 1983 : 192) à savoir *la situation dans laquelle l'événement nouveau* (ici l'étiquette d'alcoolique) *se trouve à la fois dans l'ordre ancien et dans l'ordre nouveau que crée son apparition.* En clair : les relations et la sociabilité que Robert noue avec des psychologues seront l'occasion de comprendre la transformation ou à tout le moins la juxtaposition de son isolement social et de son isolement psychologique ; d'en saisir également et surtout les effets puisque c'est dans le déroulement de cette référence à soi que Robert pourra envisager que les confrontations personnelles sont, non seulement une euphémisation de la confrontation sociale comme nous l'avions suggéré précédemment, mais aussi un principe d'évidence.

A l'âge de 35 ans, Robert entame une thérapie. L'intention de Robert est claire à l'époque et nous l'avions déjà soulignée : il veut passer du dessin à la peinture ; et pour ce faire il projete d'adapter ou de moduler ses caractéristiques personnelles en regard de ces nouvelles exigences.

C'est bien d'une entreprise thérapeutique et d'auto-correction qu'il s'agit ici, c'est-à-dire que Robert entreprend une socialisation secondaire de sa personne ; une adaptation ou une adéquation de sa personne aux contraintes d'une nouvelle réalité et en regard de laquelle Robert a le sentiment ou la prescience de n'avoir pas ou guère été préparé à l'occasion de sa socialisation primaire.

Dans le cadre des entretiens qu'il a avec sa thérapeute, les thèmes de la compétition et de la rivalité entre Robert et son père sont mis à l'avant plan ; ils y sont valorisés comme autant d'obstacles de nature psychologique qui freinent l'adaptation de Robert à une réalité d'artiste ; comme des données subjectives et qui barrent la route d'une ascension de Robert dans le champ artistique.

Mais le second mariage de Robert sera pour lui l'occasion de nouer de nouvelles relations sociales ; son épouse travaille dans le secteur de la santé mentale ; elle a pour collègues et amis des psychologues et :

> *– petit à petit quand les problèmes ont éclaté au grand jour entre ma femme et moi, je ne sais si c'est un hasard ou un destin, mais on s'est souvent retrouvé avec des gens de X où elle travaillait. Et là, je me suis lié d'amitié à un de ses collègues. Et puis, peu à peu, ces dernières années, mes amitiés ont basculé vers ce milieu professionnel-là... celui de ma femme. Milieu des psy... J'étais particulièrement lié à un psychologue-*

psychanalyste qui est aussi amateur d'art et qui a épousé la fille d'un critique d'art très connu et que son père connaissait aussi mes œuvres... D'où on se voyait plus régulièrement encore; et après, sans ma femme et le prétexte du travail... Avec ma femme et ses collègues, c'était amusant de voir les psychologues et les artistes se mélanger; parler des mêmes choses au fond mais de manières différentes. C'est le même terrain : les profondeurs de l'âme... Comme ils savaient que j'avais des problèmes psychologiques importants puisque je buvais, ça permettait pour eux un certain recul et de mieux me connaître au travers de mes œuvres; par l'art interposé si on veut.

Il n'est évidemment pas simple ni aisé de discriminer ce qui pourrait être tenu pour des effets de la psychothérapie qu'entreprend Robert d'une part et d'autre part les effets ou les répercussions de son inclusion dans le milieu des psychologues.

De façon quelque peu impressionniste donc on se contentera de remarquer ceci : alors que dans le cadre de sa thérapie, Robert est confronté à des obstacles, des «interdits» et des «handicaps» de nature psychologique qui, censément et tel le mythe de Sisyphe, l'empêchent de réussir dans ses activités artistiques, du côté du milieu des psychologues par contre il trouve une formule d'«ouverture»; une manière de se montrer aux autres et d'être reconnu par eux dans une identité d'artiste et ce par l'analogie des *profondeurs de l'âme*.

Dans ce milieu, le système d'échange qui s'instaure du point de vue de Robert n'a pas vraiment pour finalité d'arriver à ce que Robert se connaisse mieux comme en lui-même; qu'il identifie ses points forts ou encore les faiblesses qui le handicaperaient inconsciemment dans la mise en œuvre de son projet artistique. Ce sont bien moins des relations de service, d'aide ou d'expertise psychologiques, que Robert y découvre qu'un principe de *reconnaissance* par les autres et dont nous pouvons isoler ici quelques traits :

1. Robert découvre en ces relations ce que nous pourrions nommer un principe d'excellence. Que ce soit comme artiste ou comme professionnel de l'âme humaine, les uns et les autres sont intéressés par ce qui fait qu'un individu est aussi une personne mystérieuse, énigmatique et dont le secret n'est jamais entièrement percé. La connaissance personnelle de l'autre n'est pas une opération simple ou immédiate et de sens commun mais elle demande soit une initiation longue aux canons et à l'ésotérisme de l'art, soit un parcours tout aussi laborieux dans les méandres de l'âme.

2. Plus intéressant encore pour notre compréhension de ce qu'induit cette sociation de Robert avec les collègues psychologues de son épouse : la production artistique de Robert et à tout le moins ses compétences artistiques n'ont pas tant pour objectif de montrer à voir comment l'artiste en arrive à proposer telle ou telle vision de la réalité du monde et

qu'il peint avec ses œuvres et donc à connaître le personnage de Robert au travers de ses tableaux ; mais plutôt de mettre en évidence l'irréductible altérité qui sépare les individus singuliers et l'ampleur de leur distance horizontale. Autrement dit : Robert trouve dans ce milieu une possibilité d'être reconnu comme étant, à sa façon, un spécialiste des *profondeurs de l'âme* mais tout en se servant de son art pour maintenir les autres dans une position de *recul* dit-il ; à distance. Somme toute, cette formule de sociation repose à la fois sur une distance horizontale et sur une égalité ou une équivalence de chacun en regard de ce dénominateur commun ou de cet invariant individuel qu'est la spécialisation dans le domaine de l'*âme*; mais nous pouvons aussi comprendre qu'ainsi cette formule valorise la figure de l'atomisme individuel.

3. Robert en arrive donc à établir à l'évidence une équivalence formelle entre son art, ses qualités personnelles exprimées en termes de dons ou de talents et les recherches menées par ses amis. C'est un *même terrain* dit-il et on y parle des *mêmes choses*. Les *profondeurs de l'âme* pour reprendre à nouveau son expression, est un champ de préoccupations et de pratiques qui tout en mettant à l'avant scène les singularités de chacun, annule en fait la possibilité et surtout la véracité d'un classement social entre les individus qui y évoluent. Sans faux jeux de mots, nous dirions que le terrain des *profondeurs de l'âme* annule ici les hiérarchies et la confrontation sociales.

4. De manière peut-être étrange à première vue, l'ensemble de ces traits attitudinaux — cet atomisme individuel, cette équivalence des individus sur le terrain de l'âme, cette exacerbation de l'individuation et la recherche des singularités de chacun, la distance et le recul dans le contact avec l'autre et l'isolement psychologique ou personnel qui en résulte — est aussi une façon de se réconcilier avec les autres ; une formule de pacification en se reconnaissant chez l'autre le même que soi plutôt qu'une formule qui amplifie les différends individuels. C'est à tout le moins ce que propose de considérer Robert une fois réalisée son inclusion dans le milieu :

> *– cette rivalité avec mon père... maintenant j'en suis arrivé à me dire que c'est chez lui que ça se passe. C'est parce que mon père a des problèmes psychologiques très graves. D'ailleurs je me souviens maintenant qu'il a été malade psychologiquement. Il avait un support médicamenteux sans quoi il aurait été mis en psychiatrie je pense... Mon père est quelqu'un qui a des problèmes vraiment sérieux avec les nerfs ; ça je l'ai découvert dans mes contacts... Un des jumeaux, il a aussi fait une psychothérapie avant de partir de chez mes parents et c'est comme ça qu'il a convaincu ma mère que cela pouvait être intéressant pour elle... d'entrer en contact avec des psychologues de son âge... pour clarifier sa situation vis-à-vis de mon père qui lui aussi n'a jamais été bien. Ma mère est une femme de devoir, très morale avec son mari... sans séparation bien sûr.*

> – Mais tu parles de séparation comme si c'était le lot de tout le monde... Ce couple a tout de même tenu des années durant et il dure toujours... Je ne te comprends pas bien...
>
> – *Oh! oui... oui qu'il dure. Mais pour quelle raison? Voilà un mystère non? Mon père en fait est comme un gros bébé et alors ma mère... Moi ce qui me frappe maintenant, ce sont les ressemblances inattendues qu'il y a... Mon frère aîné par exemple, je suis capable maintenant de comprendre de quoi il souffre; je comprends aussi beaucoup mieux le sens des romans qu'il écrit. Lui aussi est en recherche permanente de qui il est dans le fond de lui-même et c'est ça l'essentiel. Mon père aussi... c'est un homme qui a des côtés très attachants et surtout son discours est compréhensible maintenant pour moi... grâce à ma propre thérapie... j'ai commencé à voir qu'on se ressemble parce que nous sommes tous des maudits à notre façon... La famille est tout à fait éclatée maintenant et je suis sûr que si on était réuni il y aurait de nouveau des disputes et des bagarres très fortes. Mais le fait de savoir que tout le monde est dans une même recherche personnelle, à distance comme ça, c'est calme. C'est tolérable...*

Si la famille d'origine de Robert — à tout le moins le premier sous-ensemble composé des parents de Robert et de leurs trois premiers enfants — a valorisé l'art et les activités artistiques en famille comme étant une possibilité d'euphémiser la confrontation sociale et de transformer cette dernière en une confrontation des personnes sur le terrain de l'art, Robert, en valorisant les *profondeurs de l'âme*, transforme cette confrontation personnelle en une collection d'individus distants les uns des autres et sans véritable réciprocité; égaux et sans véritables conflits non plus. Mais unis par une commune recherche de leur *authenticité à chacun*.

Et :

> – *maintenant je sais que je ne vivrai plus jamais avec une femme... Je veux dire que nous ne serions jamais d'accord sur les règles je pense; parce que je suis trop autonome et individualiste. C'est peut-être aussi ça qui me protègera de l'alcool. Mais sentir que chacun est seul devant le destin de la vie et que chacun est un étranger pour un autre, c'est aussi une sagesse... Je veux dire que j'aime plus les gens que par le passé... Il y a une morale à vivre seul aussi.*

Ce que nous pouvions également comprendre, en finale de notre entrevue avec Robert, c'est que son souci de distinction se double ici d'un mode de communication non plus basé sur les propriétés psychotropes des produits consommés à l'ordinaire mais plutôt orienté vers la constitution d'une éthique personnelle. Ainsi :

> – *j'ai des projets pour l'avenir. D'ouvrir un lieu où il n'y aurait pas d'alcool à consommer mais qui serait un endroit où les gens qui ont un problème avec l'alcool ou même qui n'en ont pas pourraient venir et parler et puis faire du dessin et exposer leurs œuvres et parler de chacun... Un lieu de rencontre quoi et où chacun pourrait sortir de son isolement et créer des liens; enfin, les liens d'un moment et puis communiquer...*

Pour conclure

Ce n'est ni l'endroit ni le moment d'introduire ici un débat opposant les partisans de l'objectivisme à ceux du subjectivisme. Mais il nous semble utile cependant et en conclusion de ces huit essais de compréhension sociologique, de faire quelques remarques.

Notre position de travail nous a rendu à devoir formuler une possible troisième voie d'analyse et à construire un *frame work* à son service : celui qui consiste à prendre le substrat sociologique qu'est la ou les mises en forme de la vie quotidienne des individus comme étant le lieu stratégique de transactions, d'échanges et de réciprocité entre eux.

Les formes de la vie quotidienne de ces huit informateurs nous sont apparues comme des lieux stratégiques en ceci que par leur médiation, les déterminants objectifs des individus constituent et structurent leurs schémas subjectifs de pensée ou leurs schémas de représentation de la place qu'ils occupent dans le monde qui les environne ; mais aussi que des pans des subjectivités individuelles peuvent être approchés par l'étude des formes de sociation.

En regard des partisans du subjectivisme ou encore du constructivisme, la notion de forme de sociation nous a servi de substrat sociologique à une compréhension désubjectivée ou désubjectivante de l'individu ; et en regard des partisans de l'objectivisme, ce même substrat sociologique nous a permis d'identifier et de mieux comprendre le processus de médiation par lequel l'hypothèse du conditionnement de l'individu — son appartenance de classe, ses attributs communautaires et ainsi de suite — peut se transformer en un principe identitaire.

Second point que nous voudrions ici mettre en exergue : nous devons bien admettre que notre position de travail a été de nature largement relativiste.

Nous voulons dire par cette expression qu'au fil des huit monographies qui précèdent, nous avons cerné huit individus certes différents par leurs conditionnements sociaux respectifs et par leurs subjectivités personnelles ; mais surtout, pour notre propos, différents par la configuration d'ensemble du processus d'individuation qui leur est propre ou typique à chaque fois et qu'autorise ce substrat sociologique qu'est la forme du vivre ensemble.

Autre façon de considérer ce point : nous n'avons pas cherché à construire une typologie d'individus dépendants et/ou toxicomanes et recouvrant l'entièreté des observations au sein du champ unique d'investigation que serait le champ de la personnalité dépendante ; mais nous avons tenté de saisir des variations typiques ou singulières de l'individu concret au sein du dualisme sujet-objet. Ou encore : en observant empiriquement ces variations et en observant ces variations dans leurs modifications dans le temps (le parcours biographique d'une forme de sociation à une autre), nous nous sommes écartés de manière assez radicale de cette conception qui fait de l'individu un champ unique ou théorique d'investigation, pour lui préférer l'emploi de diverses anthropologies ou diverses définitions du sujet ; anthropologies qui sont donc à chaque fois et de façon singulière ou typique, à mettre en parallèle avec le substrat sociologique qu'est la forme du vivre ensemble.

De quelles anthropologies est-il question ? Nonobstant le fait que nous avions choisi de regrouper les monographies selon le type de problématique concrète qui se posait à chaque informateur — l'intégration sociale, la continuité et la distinction —, il ne devrait pas être trop difficile de signaler quatre anthropologies principielles et plus abstraites donc :

1. celle de l'individu-objet ou celle de l'individu comme *détermination objectale* par les autres : Albert, entre autres, appartient à cette possibilité. Par l'existence d'une solidarité de type colonial dans son cas, Albert est bien contraint dans sa personne par ce que les autres décident qu'il soit et dans le cas où cette reconnaissance objectale n'est plus possible, le mouvement biographique s'infléchit en direction d'une formule ou

l'autre d'exclusion sociale : celle du suicide ou de la mort sociale dans le cas d'Albert et qui quitte ainsi la scène sociale ;

2. celle de l'individu *acteur* d'une solidarité et d'une réciprocité et d'un échange social qui s'imposent à lui. Qu'il s'agisse d'une solidarité de type communautaire comme avec le cas de Tonio, plus collective comme dans le cas de Pierre, leur commun dénominateur est sans doute ici la virtualité qu'a l'individu de se positionner au nom de sa personne, de sa subjectivité, de sa vie privée ou encore de ses intérêts propres, en regard de cette solidarité ; comme étant un sujet capable de participer et de revendiquer sa place dans cette solidarité ; d'en réclamer le bénéfice ou le *leadership* par exemple et d'en prendre ses distances également. Autre point commun à ces cas d'espèce donc : cette possibilité, au nom toujours de cette définition comme acteur ou comme sujet participant à la vie collective ou communautaire, de se mettre en retrait de la réciprocité ou de la solidarité en vigueur ; d'en rechercher une formule de remplacement, attendue ou appelée de ses vœux ;

3. celle d'un individu entrant en *interactions* avec d'autres sous l'égide de son indépendance sociale : le cas de Muriel est sans aucun doute illustratif de cette possibilité d'un individu dégagé des exigences de l'interdépendance entretenue avec d'autres ; dégagé des exigences de son intégration fonctionnelle et du scénario d'une vie en commun mais qui par le contrôle des contacts noués avec les autres et que lui procure son indépendance sociale, maîtrise, depuis cet isolement social, l'écriture de son propre scénario de vie ;

4. celle d'un individu *atomisé* ou isolé sur le plan personnel cette fois : Robert représente au mieux, parmi l'ensemble des monographies, cette possibilité d'un individu pour qui les exigences d'une vie à plusieurs sont à ce point minimes ou euphémisées qu'il cherche à établir la possibilité d'un contact avec d'autres ; non seulement à s'en différencier mais aussi trouver des points communs et un mode de communication avec les autres qui puisse rendre effective sa reconnaissance par eux.

De cette façon, l'individualisme et l'individu dont il a pourtant été question à maintes reprises comme catégories descriptives au fil des huit monographies se voient comme éclatées au titre de catégories théoriques ou holistiques.

La définition « bourgeoise » de l'individu — l'individu comme invariant et comme unité conceptuelle et temporelle —, cède en fait la place à une interrogation sans cesse renouvelée sur les configurations dimensionnelles des individus (leur distance-proximité aux autres, leur inclusion-différenciation, leur contrôle-soumission à la réalité de l'échange et ainsi de suite) et leurs fluctuations dans le temps. Et nous pourrions ici presque paraphraser en français le titre de l'ouvrage de Brose et Hildenbrand (1988), *Von Ende des Individuums zur Individualität ohne Ende* par *De la fin de l'individualisme à l'individualité (ou individuation) sans fin* pour mettre en évidence le fait que le mouvement biographique de chacun devient un objet central de l'investigation anthroposociologique ; en lieu et place de celui de l'objet individu donc mais aussi avec les formes du vivre ensemble comme substrat de l'analyse compréhensive.

Enfin, nous terminerons avec ces interrogations de nature plus critique.

En s'écartant d'une option de travail plus strictement objectiviste et en choisissant également de nous situer dans un projet sociologique qui vise à produire des connaissances qui soient à l'occasion émancipatrices pour l'individu qui nous informe de sa réalité, pour reprendre une expression de Habermas, nous nous sommes proposé de remplacer la question de la vérité par celle de la véracité que l'individu attribue à la compréhension que nous pouvions avoir de l'agencement de ses propres informations et que nous lui fournissions en retour lors des entretiens. Nous ne reviendrons pas ici sur le détail des monographies ; mais nous avons pu nous rendre compte que cette procédure de mise à l'épreuve de notre compréhension par les informateurs eux-mêmes a été payante à divers moments des entretiens et que ces contrôles de véracité nous ont amenés à devoir modifier parfois nos schémas initiaux de compréhension en direction d'une autre cohérence et d'une autre production de sens.

En ce qui concerne la question de la validité des données, nous avons essayé de nous en tenir à la rationalité intellectuelle de la notion de forme de sociation. C'est-à-dire que nous avons isolé, parmi l'ensemble du matériel narratif de chacun des informateurs, les données attitudinales et valorielles ou subjectives et qui pouvaient entrer, au titre de forces structurantes, dans la cohérence de la forme ; celles donc qui correspondaient, empiriquement, au principe de *cohérence fonctionnelle* selon l'expression de Simmel.

Demeure cependant une troisième question et qui est sans aucun doute plus embarrassante à prendre en considération : celle de la reliabilité des analyses faites.

Sur cette question nous dirions ceci : il nous semble, à l'évidence, que l'épreuve de la reliabilité est difficile (voire illusoire) dans le cas d'une problématique de recherche telle que le mouvement identitaire et le processus biographique. A l'évidence donc et à cause du principe même de ce mouvement, l'individu au temps x d'une forme de sociation ne présentera pas nécessairement les mêmes informations ni la même complexité identitaire qu'au temps y d'une autre forme. Et nous avons pu constater ces modifications à l'œuvre avec des mises en situation, des moments d'alternation, ... et qui altèrent la façon dont l'individu envisage sa réalité. C'est là une première difficulté qui fait que s'il fallait interroger ces informateurs demain, nous ne serions guère assurés d'en obtenir les mêmes données d'analyse ni d'en fournir peut-être la même compréhension.

A cette première difficulté s'ajoute cette seconde : la procédure d'enquête, l'entretien direct et en face à face, peut aussi être considérée à l'occasion comme une forme particulière de sociation de l'informateur et du chercheur ; bien plus donc que comme une étape réglée par la méthode et — cette difficulté nous semble tout à fait réelle et incontournable — l'interview menée par un premier chercheur n'aura pas la même efficace que celle entreprise par un second. Nous avons ainsi vérifié que certains entretiens étaient eux-mêmes des lieux de mouvement identitaire ou biographique.

Ces constats posent des interrogations par rapport auxquelles nous ne nous sentons pas véritablement l'aplomb de répondre ici ; comme par exemple celle des qualités relationnelles ou personnelles de l'enquêteur, voire les conditions de manipulation de la forme de sociation qu'est l'entretien d'enquête. Mais ces difficultés sont à nos yeux des raisons supplémentaires et qui plaident en faveur de cette démarche : s'interroger sur le mouvement biographique ou identitaire certes mais prioritairement en prenant le substrat sociologique de la forme du vivre ensemble comme point de mire.

Annexe méthodologique

LE PARADIGME SOCIOLOGIQUE : LA NOTION DE FORME

Avant même de commenter la notion de forme, quatre éléments de la « vision des choses » de Simmel doivent être brièvement rappelés : 1. la place centrale faite à l'ambivalence individu-société; 2. le vitalisme; 3. le tragique ou l'hypothèse d'un individu complexe et 4. l'empirisme de Simmel.

1. Pour Simmel, le dualisme individu-société et de manière plus abstraite encore, le dualisme sujet-objet, est une caractéristique centrale des sociétés occidentales; et la segmentation des rôles psycho-sociaux qui accompagne l'avènement des sociétés industrielles est un puissant amplificateur de ce dualisme (Simmel, 1987).

Un peu à la façon de P. Ricœur (1990), l'identité d'un individu se construit à la fois dans un mouvement de ressemblance ou d'imitation des autres *et* dans un mouvement, en sens contraire, de singularisation d'avec eux (Ray, 1991). Ces deux mouvements sont à la fois contradictoires *et* inextricablement reliés; et le dualisme individu-société est ainsi pensé comme une ambivalence plutôt que comme une opposition terme à terme.

Il s'ensuit que pour Simmel, l'individu n'est pas totalement socialisé et à l'image de ses autres significatifs; mais il s'ensuit également que les forces de singularisation ne sont pas des propriétés subjectives de l'individu et indépendantes du second pôle de l'ambivalence, de sa socialisation.

2. Il y a un consensus parmi les commentateurs de Simmel pour rattacher sa pensée au courant vitaliste du tournant du siècle; mais aussi pour souligner à l'occasion la distance qui le sépare d'une définition classique et organiciste de ce vitalisme (Léger, 1989). Pour Vieillard-Baron (1989) par exemple, le vitalisme de Simmel est ce qui l'apparente à un mouvement de «désubstantialisation» ou de «désubjectivation» de l'individu tel que, à l'instar de Cassirer, toute idée de substance est remplacée par celles de *fonction* et de *mouvement*.

Sur cette question du vitalisme compris comme *mouvement*, il ne devrait pas être trop difficile de remarquer la proximité entretenue par Simmel avec l'usage d'un paradigme biographique chez des représentants de la philosophie sociale et pragmatique nord-américaine tels que J. Dewey ou G.H. Mead. Et cette proximité intellectuelle est sans doute de nature à expliquer, entre autres, l'assimilation précoce de la sociologie simmelienne sur le terrain des facultés des sciences humaines des universités nord-américaines. Mais on notera surtout que Simmel veut lui-même s'écarter d'une définition organiciste de l'individu (Simmel, 1987b); définition qui induit encore trop à ses yeux le fait de penser l'individu comme une entité cohérente et autonome.

Pour Julien Freund (1981) le vitalisme de la pensée de Simmel devrait se comprendre à la suite de l'ambivalence individu-société ou de l'ambivalence sujet-objet: ce serait au nom du principe de vie que l'individu cherche à se singulariser c'est-à-dire à s'opposer ou à échapper aux conditionnements, aux objectivations de sa personne et qui sont le fait de son environnement social. Mais encore une fois, cette explicitation du vitalisme n'est peut-être que la compréhension du principe de vie pour un cas type d'individu: celui d'un individu ayant acquis la conscience de ce qui le sépare de ses autres significatifs tout en étant partiellement à leur image cependant; le cas type d'un individu suffisamment au fait des conditionnements qui l'environnent que pour formuler le projet de se doter d'une «loi individuelle», comme dirait Simmel, et qui le distinguerait des autres.

3. L'introduction d'une troisième donnée empruntée à la *Weltanschauung* de Simmel pourrait peut-être nous aider à mieux cerner la définition néo-kantienne de l'individu que préconise sa pensée.

Simmel ne postule qu'une seule loi historique ou sociologique en fait: celle d'une croissante amplification de l'ambivalence individu-société dans le cas des sociétés occidentales. Considérée du point de vue de l'individu, cette évolution est à l'origine de l'expérience du caractère foncièrement aliéné et tragique de l'existence : *in fine* le sujet serait à ce point distant des autres et des objets qui l'environnent (telle que la culture) qu'il devra se mettre en quête d'une identité propre ; d'une éthique personnelle également mais qui, en retour, le distanciera encore plus fortement des conditionnements et des messages moraux extérieurs. Le vitalisme dans ce cas se laisse comprendre comme étant une injonction, propre à l'individu moderne, à se doter de manière délibérée, volontaire, d'une cohérence identitaire personnelle. L'individualisme dont il est question dans ce cas est caractérisé principalement par des pratiques de rationalisation ou d'intellectualisation des données de la vie quotidienne. Dans le cas inverse et où le dualisme est de faible amplitude donc, l'individu est proche de l'identité que l'autre construit pour lui. Plutôt que d'envisager, comme avec le cas précédent, une prise de conscience et un mécanisme de rationalisation de la distance à l'autre, l'individu dont il sera question ici se laisse comprendre par la prise en compte de l'impact subjectif de cette définition objectale par l'autre. Le vitalisme dans ce cas est moins caractérisé par l'intellectualisation, la «froideur» des rationalisations, que par une certaine turbulence émotionnelle et une «chaleur», pour ne pas dire une explosion potentielle des sentiments. Ces deux cas de figures du vitalisme et de l'individualisme pourraient être exemplifiés d'une part par le cas du capitaine de l'entreprise capitaliste décrit chez Max Weber et d'autre part par celui de la jacquerie paysanne ou de l'esclave hégélien.

L'exemple de ces deux cas opposés devrait faire saisir le fait que pour Simmel, le vitalisme s'observe non pas tant chez l'individu mais bien en prenant *les variations de l'amplitude de l'ambivalence individu-société* en point de mire : l'ambivalence individu-société ou encore l'ambivalence identification aux autres-singularisation personnelle, est caractérisée au cas par cas par son amplitude et le principe vitaliste peut se comprendre comme étant l'expression ou comme étant la résultante des actions croisées d'un certain *quantum* de forces poussant vers la ressemblance aux autres et d'un autre *quantum* de forces poussant à la singularisation de l'individu. De cette manière, Simmel propose une définition complexe ou relativiste de l'individu.

4. Quel que soit le domaine dans lequel elle se manifeste, la vie requiert une certaine mise en forme pour que son expression soit possible. Il en va ainsi selon Simmel pour la production des connaissances scientifiques, qui se composent en théories ; pour la vie artistique et ses styles ; pour la vie en société qui s'exprime sous certaines formes prises par les

actions de réciprocité et dans lesquelles les individus évoluent : les formes de sociation ou d'association des individus dans le déroulement de leurs vies quotidiennes et la réciprocité de leurs actions.

Pour Simmel toujours, la forme de sociation est la réalité de la vie sociale quotidienne ; et cette réalité est le substrat sur lequel il observe à la fois un individu concret et une société concrète (plutôt qu'abstraite comme l'est une institution telle que la communauté nationale, l'Eglise, l'Etat et ainsi de suite). Mais il y aurait une pluralité de formes (et donc autant de réalités sociales partielles et d'individus différents) et c'est l'observation et la description de la vie sociale, qui devraient isoler les types empiriques de vie sociale ; des typifications des formes. C'est là tout le projet de sa sociologie descriptive.

LA RATIONALITÉ DE LA NOTION DE FORME

Méthodologiquement, Simmel distingue d'une part la forme comme contenant et d'autre part les contenus de cette forme. Cette distinction lui a été très tôt reprochée et ce jusqu'à nos jours. Et peut-être aura-t-il fallu attendre que certains schémas de causalité soient mieux connus pour que cette distinction puisse être réenvisagée sous un autre regard.

Classiquement, les sociologues voient dans l'étude du suicide par Durkheim une préfiguration de l'emploi d'une causalité fonctionnelle et des diverses techniques d'analyse multi-variée. A y regarder de plus près, il devrait être possible de voir en Simmel un sociologue anticipant l'usage d'une autre causalité : structurelle cette fois, comme avec le cas de son analyse de la mobilité de la mode et de la mobilité psychique des individus des classes moyennes dans son *Philosophie de l'argent* (Macquet, 1991b).

Simmel y propose en effet d'évoquer la réalité d'une forme lorsque les contenus de cette forme s'agencent entre eux selon un principe de *cohérence fonctionnelle* dit-il. Mais qu'est-ce à dire ? Cette expression est sans aucun doute ambiguë puisqu'elle induit la possibilité d'une causalité fonctionnelle reliant une variable dite indépendante et une variable dite dépendante. Mais l'essentiel de son analyse de la mode porte en fait sur cette virtualité qu'une conséquence fonctionnelle d'une cause (cause, qui lui est historiquement ou logiquement antérieure donc) puisse agir dans un second temps comme étant un renforcement de cette cause initiale. En fait, si le schéma de la causalité fonctionnelle est bien la règle, l'exception et ce que la description des formes a comme objectif avec Simmel, réside dans les cas, certes rares mais typiques, où le schéma d'une causalité circulaire ou structurelle s'ajoute, en quelque sorte, à la causalité fonctionnelle. Tout porte à croire en fait que l'expression de *cohérence fonctionnelle* chez Simmel correspond, avant la lettre, à la notion de *champ vectoriel*.

Il devient donc intéressant de noter ceci : il est question de forme dès lors que l'analyse descriptive de la vie sociale permet d'isoler les cas types où cette *cohérence fonctionnelle* des données se vérifie empiriquement. C'est-à-dire que la description sociologique isole les cas où une causalité circulaire vient se surajouter à une causalité fonctionnelle entre les données. Mais qu'est-ce à dire encore une fois? Le schéma de la causalité fonctionnelle appartient à l'ordre du quantitatif; il permet de mesurer la variance d'une dépendance entre deux variables alors que le schéma circulaire montre un lien qualitatif entre ces données (Granger, 1967). Autrement dit, la forme est le substrat sociologique sur lequel il est possible d'observer la transformation de l'ordre du quantitatif (la variance des conditionnements sociaux ou encore des déterminations environnementales de l'individu) en celui du qualitatif (l'effet circulaire structurant conséquences et causes).

Avec cette compréhension de la rationalité de la notion de forme, cette dernière nous apparaît comme le substrat sociologique des productions anthropologiques; un paradigme sociologique au service de l'étude des mouvements biographiques ou identitaires (comme pourrait l'être la notion d'*habitus* dans la sociologie de Pierre Bourdieu par exemple).

L'OUTIL DE TRAVAIL

Ceci étant, comment procéder?

Le matériel d'observation, dans les huit monographies présentées, a été utilisé en distinguant trois moments :

1. *le temps de l'échange social* ou du *Wechselwirkung* : celui du mouvement de réciprocité entre divers individus. On s'est posé la question de savoir quel type de reconnaissance est à l'œuvre entre les individus en présence. Cette reconnaissance sociale prend place dans le cadre des actions de réciprocité et qui sont elles-mêmes alimentées par des données diverses (des intérêts, des motivations, des affects, ...). Ces données ont été sélectionnées ou discriminées. Nonobstant leur nature différente, elles ont été retenues comme valides dans la mesure où elles se montraient utiles pour l'échange social.

2. le temps du *Vergesellschaftung* : celui de *la mise en forme de l'échange social*. Ce second temps de l'observation est celui qui correspond au principe de structuration de la forme. Quel est le set d'attitudes qui y prévaut? Quelles valorisations des données de la vie quotidienne, l'individu est-il amené à faire au départ de ces attitudes ou de ce schéma d'orientation de ses actions? Ces deux premiers temps de l'observation peuvent être regroupés sous la formulation de Simmel, à savoir : la détermination *a quo* des attitudes et des valeurs de l'individu.

3. *le temps de la mobilité de l'individu* : celui de son parcours biographique et qui l'amène d'une forme de sociation à une autre. C'est la détermination *ad quem* de l'individu; le temps de sa singularisation en regard d'une première forme de vie sociale ou de socialisation et le temps de l'entrée dans une seconde. C'est aussi le temps d'un refaçonnage de l'identité sociale.

De quelles attitudes est-il question?

En se basant sur la compréhension que nous avons de l'épistémologie du projet sociologique de Simmel, une attitude est considérée comme un point ou mieux, comme une zone sur une dimension attitudinale bipolaire. Le principe de cohérence est ainsi une virtualité qui sera observée ou recherchée en se posant la question de savoir s'il y a un effet de renforcement mutuel à l'œuvre entre ces diverses zones attitudinales; également quels «glissements» ou «déviations» sur ces dimensions sont le fait de l'apparition de la toxicomanie et quel réaménagement de la cohérence d'ensemble il s'ensuit.

Quatre dimensions d'attitudes ont été utilisées pour constituer un premier *frame work* de travail :

1. une dimension «exclusion-inclusion»; elle est au service de l'observation du processus de l'intégration sociale dans ou par les formes de sociation. De manière tout idéale-typique, on peut s'attendre à retrouver sur cet axe dimensionnel des attitudes se distribuant du pôle exclusion au pôle inclusion et qui seraient : des attitudes de rejet ou de mort sociale; de ségrégation ou de cloisonnement des individus; d'enclavement ou de marginalisation; d'appartenance altière à un groupe ou d'intégration proprement dite; d'isolement égalitaire ou psychologique (Hannerz, 1983);

2. une dimension «distance-proximité» ou encore «soumission-capacité d'emprise» sur le mécanisme de l'échange social : nous pouvons théoriquement nous attendre à se voir succéder ici des attitudes de dépendance et d'attente du don d'autrui; des attitudes de résignation ou de subordi-

nation aux termes de l'échange social; de solidarité et de rapprochement vers la situation de l'autre; de partenariat; de sacrifice ou de sollicitude; d'autorité charismatique; de pouvoir;

3. une dimension «négociation des différends-conflits ouverts» : de façon idéale encore une fois, nous pouvons nous attendre à devoir observer des attitudes d'évitement des conflits ou de leur déni; de négociation et d'ajustement des positions; d'appel à un médiateur; de conflit ouvert;... D'une autre manière et toute aussi idéale-typique, nous pourrions nous attendre à observer des attitudes de pacification; de protection; de collaboration; d'émulation; de concurrence; de compétition; d'affrontement;

4. une dimension «pôle bas-pôle haut» du processus d'individuation autorisé par la forme du vivre ensemble : le pôle bas étant celui où se concentrent des attitudes faites de fusion, à prédominance de données subjectives et le pôle haut celui qui concentre des attitudes de rationalisation ou d'intellectualisation.

Ces quatre dimensions «théoriques» ne sont pas indépendantes les unes des autres; tout au contraire le lien lui aussi «théorique» entre certaines zones attitudinales est synonyme de structure comme l'indique cet exemple logique : une différenciation aboutissant à une attitude de concurrence «suppose» une attitude faite de plus de distance que de proximité dans le cadre de l'échange social; par contre une attitude conflictuelle «suppose» plus de proximité pour qu'une compétition soit possible. Ou encore, la forme qu'est le marché concurrentiel trouve sa cohérence dans la co-variance d'une certaine distanciation des individus, d'un souci de réguler leurs différends, de pratiquer un partenariat et une division du travail; enfin le marché concurrentiel fait appel au calcul rationnel de ses intérêts et au fait de méconnaître une part de sa subjectivité et ainsi de suite.

Enfin qu'entendre par «glissements d'attitudes»?

Dans l'exposé méthodologique de leur recherche, Thomas et Znaniecki (1958) propose cette «équation» d'altération de l'identité des individus : *l'attitude A1, appartenant à la forme de sociation où évolue un individu, croisée avec une valeur V, est à l'origine d'une attitude A2.* Cette équation — on aimerait évoquer ici l'idée d'une causalité de mouvement — peut être appliquée à ces deux cas de figure : soit qu'une nouvelle donnée du réel, jusque là non socialisée par la forme de sociation, s'intègre dans cette forme et la valorisation qui l'accompagne altère les attitudes ambiantes; soit qu'en évoluant dans le cadre d'une nouvelle forme de sociation, l'individu est contraint d'y adopter d'autres attitudes qui «mixées» avec ses valeurs personnelles pourront altérer son identité.

Bibliographie

BEAUCHESNE L. (1991), *La légalisation des drogues...*, Ed. du Méridien, Montréal.
BECKER S.H. (1953), Becoming a Marihuana User, *American Journal of Sociology*, vol. LIX, 3 : 235-242.
BECKER S.H. (1972), in J. CLARK, *La confrérie fantastique. Autobiographie d'une droguée*, Denoël Gonthier éd., Paris, 5-9.
BERGER P., LUCKMANN T. (1986), *La construction sociale de la réalité*, Méridiens-Klincsieck, Paris.
BELL R.G. (1979), *Quelques définitions et paramètres en toxicomanie. Connaissances de base en matière de toxicomanie*, Ministère des Approvisionnements et Services Canada, vol. 6.
BRASSINNE M. (1979), Les psychotropes sont des mass media, *in Drogues, passions muettes*, éd. Recherches, 39bis : 89-100.
CORMIER D. (1984), *Toxicomanies : styles de vie*, Gaëtan Morin, Chicoutimi (Montréal).
DELEDALLE G. (1983), *La philosophie américaine*, éd. L'âge d'homme, Lausanne.
DONZELOT J. (1977), *La police des familles*, éd. de Minuit, Paris.
DUBET F. (1987), *La galère : jeunes en survie*, Fayard, Paris.
FRANCQ B., LAPEYRONNIE D. (1990), *Les deux morts de la Wallonie sidérurgique*, éd. Ciaco, Louvain-La-Neuve.
FREUND J. (1981), Introduction, *in* G. SIMMEL, *Sociologie et épistémologie*, PUF, Paris.
GRAFMEYER Y., JOSEPH I. (1984), *L'école de Chicago. Naissance de l'écologie urbaine*, Aubier-res-champ urbain, Paris.
GRANGER G.G. (1967), *Pensée formelle et sciences de l'homme*, Aubier-Montaigne, Paris.
HANNERZ U. (1983), *Explorer la ville*, éd. de Minuit, Paris.
JELLINEK E.M. (1946), Phases in the drinking history of alcoholics. Analysis of a survey conducted by the official organ of the Alcoholics Anonymous, *Quaterly Journal of Studies on Alcohol*, 7 : 1-88.
JELLINEK E.M. (1952), Phases of Alcohol Addiction, *Quaterly Journal of Studies on Alcohol*, 13 : 673-684.
JELLINEK E.M. (1960), *The desease concept of alcoholism*, Highland Park and Hillhouse Press, New-York.
JUAN S., ROTHIER BAUTZER L. (1986), *Elements pour une analyse critique des notions de modes de vie, styles de vie et courants socio-culturels*, Laboratoire du changement social, Université Paris IX-Dauphine, ronéo, 157 pp.

KELLERHALS J. et al. (1982), *Mariages au quotidien*, éd. Favre, Lausanne.
LEGER F. (1989), *La pensée de Georg Simmel*, Editions Kimé, Paris.
LEVI-STRAUSS C. (1958), *Anthropologie structurale*, Plon, Paris.
LINDESMITH A. (1947), *Opiate Addiction*, Principia Press, Bloomington (Adline Publishing Company, Chicago pour l'édition plus accessible de 1968).
LUHMANN N. (1988), Sozialsystem Familie, *System Familie*, vol. 1, 2 : 75-91.
LUHMANN N. (1990), *Amour comme passion. De la codification de l'intimité*, Aubier, Paris.
MACQUET C. (1991a), Typologies de familles ou structurations des formes de sociation ?, in *Thérapie familiale*, vol. 12, 3 : 205-210.
MACQUET C. (1991b), *L'autothématisation de la toxicomanie. Onze formes de sociation et onze possibilités de s'attribuer une identité de toxicomane*, thèse doctorale en sociologie, Bibliothèque L. Graulich, Université de Liège, n.p., 707 pp.
MOORE J. (1988), D. LOCKER : symptoms and illness, in Transformation des modes d'approche de la santé et de la maladie aujourd'hui ?, *Cahiers du centre de recherche sociologique*, Université de Toulouse-le-Mirail, 9, 79-87.
PEELE S. (1982), *L'expérience de l'assuétude*, Université de Montréal, Faculté de l'éducation permanente, 59 pp.
PICHOT P. (1988), Naissance et vicissitudes du concept de santé mentale, *Acta Psychiatrica Belgica*, 88 : 206-221.
RAY L. (1991), *Formal Sociology*, Edward Elgar Publishing Limited, Aldershot.
RICŒUR P. (1990), *Soi-même comme un autre*, Seuil, Paris.
SAHLINS M. (1980), *Au cœur des sociétés*, Nrf-Gallimard, Paris.
SENNETT R. (1980), *La famille contre la ville*, éd. Encres, Paris.
SHAW S. (1979), A critique of the concept of The Alcohol Dependance Syndrome, *British Journal of Addictions*, 74, 339-348.
SIMMEL G. (1987), *Philosophie de l'argent*, PUF, Paris.
SIMMEL G. (1987b), *Das Individuelle Gesetz*, Suhrkamp Taschenbuch Wissenschaft, Frankfurt-am-Main, n° 660.
SINGER M. (1986), Toward a political-economy of alcoholism : the missing link in the anthropology of drinking, *Soc. Sci. Med.*, Pergamon Journals Ltd, vol 23, 2 : 113-130.
THOMAS W.I., ZNANIECKI F. (1958), *The Polish Peasant in Europe and America*, Dover Publications Inc., New York, vol. 1.
VERDES-LEROUX J. (1978), *Le travail social*, éd. de Minuit, Paris.
VIEILLARD-BARON J.-L. (1989), Introduction, in G. SIMMEL, *Philosophie de la modernité*, Payot, Paris, t. 1.
ZELENY M. (1981), «What is autopoiesis?», in ZELENY éd., *Autopoiesis. A theory of living organization*, North Holland, New York and Oxford.

Table des matières

AVANT-PROPOS 9

CHAPITRE 1 : S'INTÉGRER 17

Albert : De l'inclusion *a minima* à l'auto-exclusion 17

Jean : De la bande au couple, du secret au contrôle 43

Marthe : De la violence institutionnelle à la protection par les femmes ... 67

CHAPITRE 2 : DURER 93

Pierre : Être préparé à gagner et vivre la concurrence 93

Tonio : De la communauté de la famille élargie à la communauté urbaine 119

Julien : Toxicomanie et recherche de compagnonnage 145

CHAPITRE 3 : SE DISTINGUER 169

Muriel : Se distinguer des autres et rester maître de la situation 169

Robert : Se distinguer des autres et construire un mode de communication personnelle grâce aux produits psychotropes 194

POUR CONCLURE 219

ANNEXE MÉTHODOLOGIQUE 225

Le paradigme sociologique : la notion de forme 225

La rationalité de la notion de forme 228

L'outil de travail 229

BIBLIOGRAPHIE 233

CHEZ LE MÊME ÉDITEUR

PSYCHOLOGIE ET SCIENCES HUMAINES
collection publiée sous la direction de MARC RICHELLE

1 Dr Paul Chauchard : LA MAITRISE DE SOI. *9ᵉ éd.*
5 François Duyckaerts : LA FORMATION DU LIEN SEXUEL. *9ᵉ éd.*
7 Paul-A. Osterrieth : FAIRE DES ADULTES. *16ᵉ éd.*
9 Daniel Widlöcher : L'INTERPRETATION DES DESSINS D'ENFANTS. *9ᵉ éd.*
11 Berthe Reymond-Rivier : LE DEVELOPPEMENT SOCIAL DE L'ENFANT ET DE L'ADOLESCENT. *9ᵉ éd.*
12 Maurice Dongier : NEVROSES ET TROUBLES PSYCHOSOMATIQUES. *7ᵉ éd.*
15 Roger Mucchielli : INTRODUCTION A LA PSYCHOLOGIE STRUCTURALE. *3ᵉ éd.*
16 Claude Köhler : JEUNES DEFICIENTS MENTAUX. *4ᵉ éd.*
21 Dr P. Geissmann et Dr R. Durand : LES METHODES DE RELAXATION. *4ᵉ éd.*
22 H. T. Klinkhamer-Steketée : PSYCHOTHERAPIE PAR LE JEU. *3ᵉ éd.*
23 Louis Corman : L'EXAMEN PSYCHOLOGIQUE D'UN ENFANT. *3ᵉ éd.*
24 Marc Richelle : POURQUOI LES PSYCHOLOGUES? *6ᵉ éd.*
25 Lucien Israel : LE MEDECIN FACE AU MALADE. *5ᵉ éd.*
26 Francine Robaye-Geelen : L'ENFANT AU CERVEAU BLESSE. *2ᵉ éd.*
27 B.F. Skinner : LA REVOLUTION SCIENTIFIQUE DE L'ENSEIGNEMENT. *3ᵉ éd.*
28 Colette Durieu : LA REEDUCATION DES APHASIQUES
29 J.C. Ruwet : ETHOLOGIE : BIOLOGIE DU COMPORTEMENT. *3ᵉ éd.*
30 Eugénie De Keyser : ART ET MESURE DE L'ESPACE
32 Ernest Natalis : CARREFOURS PSYCHOPEDAGOGIQUES
33 E. Hartmann : BIOLOGIE DU REVE
34 Georges Bastin : DICTIONNAIRE DE LA PSYCHOLOGIE SEXUELLE
35 Louis Corman : PSYCHO-PATHOLOGIE DE LA RIVALITE FRATERNELLE
36 Dr G. Varenne : L'ABUS DES DROGUES
37 Christian Debuyst, Julienne Joos : L'ENFANT ET L'ADOLESCENT VOLEURS
38 B.-F. Skinner : L'ANALYSE EXPERIMENTALE DU COMPORTEMENT. *2ᵉ éd.*
39 D.J. West : HOMOSEXUALITE
40 R. Droz et M. Rahmy : LIRE PIAGET. *3ᵉ éd.*
41 José M.R. Delgado : LE CONDITIONNEMENT DU CERVEAU ET LA LIBERTE DE L'ESPRIT
42 Denis Szabo, Denis Gagné, Alice Parizeau : L'ADOLESCENT ET LA SOCIETE. *2ᵉ éd.*
43 Pierre Oléron : LANGAGE ET DEVELOPPEMENT MENTAL. *2ᵉ éd.*
44 Roger Mucchielli : ANALYSE EXISTENTIELLE ET PSYCHOTHERAPIE PHENOMENO-STRUCTURALE
45 Gertrud L. Wyatt : LA RELATION MERE-ENFANT ET L'ACQUISITION DU LANGAGE. *2ᵉ éd.*
46 Dr Etienne De Greeff : AMOUR ET CRIMES D'AMOUR
47 Louis Corman : L'EDUCATION ECLAIREE PAR LA PSYCHANALYSE
48 Jean-Claude Benoit et Mario Berta : L'ACTIVATION PSYCHOTHERAPIQUE
49 T. Ayllon et N. Azrin : TRAITEMENT COMPORTEMENTAL EN INSTITUTION PSYCHIATRIQUE
50 G. Rucquoy : LA CONSULTATION CONJUGALE
51 R. Titone : LE BILINGUISME PRECOCE
52 G. Kellens : BANQUEROUTE ET BANQUEROUTIERS
53 François Duyckaerts : CONSCIENCE ET PRISE DE CONSCIENCE
54 Jacques Launay, Jacques Levine et Gilbert Maurey : LE REVE EVEILLE-DIRIGE ET L'INCONSCIENT
55 Alain Lieury : LA MEMOIRE
56 Louis Corman : NARCISSISME ET FRUSTRATION D'AMOUR
57 E. Hartmann : LES FONCTIONS DU SOMMEIL
58 Jean-Marie Paisse : L'UNIVERS SYMBOLIQUE DE L'ENFANT ARRIERE MENTAL

59 Jacques Van Rillaer : L'AGRESSIVITE HUMAINE
60 Georges Mounin : LINGUISTIQUE ET TRADUCTION
61 Jérôme Kagan : COMPRENDRE L'ENFANT
62 Michel S. Gazzaniga : LE CERVEAU DEDOUBLE
63 Paul Cazayus : L'APHASIE
64 X. Seron, J.L. Lambert, M. Van der Linden : LA MODIFICATION DU COMPORTEMENT
65 W. Huber : INTRODUCTION A LA PSYCHOLOGIE DE LA PERSONNALITE. 2ᵉ éd.
66 Emile Meurice : PSYCHIATRIE ET VIE SOCIALE
67 J. Château, H. Gratiot-Alphandéry, R. Doron et P. Cazayus : LES GRANDES PSYCHOLOGIES MODERNES
68 P. Sifnéos : PSYCHOTHERAPIE BREVE ET CRISE EMOTIONNELLE
69 Marc Richelle : B.F. SKINNER OU LE PERIL BEHAVIORISTE
70 J.P. Bronckart : THEORIES DU LANGAGE
71 Anika Lemaire : JACQUES LACAN. 2ᵉ éd. revue et augmentée.
72 J.L. Lambert : INTRODUCTION A L'ARRIERATION MENTALE
73 T.G.R. Bower : DEVELOPPEMENT PSYCHOLOGIQUE DE LA PREMIERE ENFANCE
74 J. Rondal : LANGAGE ET EDUCATION
75 Sheila Kitzinger : PREPARER A L'ACCOUCHEMENT
76 Ovide Fontaine : INTRODUCTION AUX THERAPIES COMPORTEMENTALES
77 Jacques-Philippe Leyens : PSYCHOLOGIE SOCIALE. 2ᵉ éd.
78 Jean Rondal : VOTRE ENFANT APPREND A PARLER
79 Michel Legrand : LE TEST DE SZONDI
80 H.J. Eysenck : LA NEVROSE ET VOUS
81 Albert Demaret : ETHOLOGIE ET PSYCHIATRIE
82 Jean-Luc Lambert et Jean A. Rondal : LE MONGOLISME
83 Albert Bandura : L'APPRENTISSAGE SOCIAL
84 Xavier Seron : APHASIE ET NEUROPSYCHOLOGIE
85 Roger Rondeau : LES GROUPES EN CRISE?
86 J. Danset-Léger : L'ENFANT ET LES IMAGES DE LA LITTERATURE ENFANTINE
87 Herbert S. Terrace : NIM. UN CHIMPANZE QUI A APPRIS LE LANGAGE GESTUEL
88 Roger Gilbert : BON POUR ENSEIGNER?
89 Wing, Cooper et Sartorius : GUIDE POUR UN EXAMEN PSYCHIATRIQUE
90 Jean Costermans : PSYCHOLOGIE DU LANGAGE
91 Françoise Macar : LE TEMPS, PERSPECTIVES PSYCHOPHYSIOLOGIQUES
92 Jacques Van Rillaer : LES ILLUSIONS DE LA PSYCHANALYSE. 2ᵉ éd.
93 Alain Lieury : LES PROCEDES MNEMOTECHNIQUES
94 Georges Thinès : PHENOMENOLOGIE ET SCIENCE DU COMPORTEMENT
95 Rudolph Schaffer : COMPORTEMENT MATERNEL
96 Daniel Stern : MERE ET ENFANT, LES PREMIERES RELATIONS
97 R. Kempe & C. Kempe : L'ENFANCE TORTUREE
98 Jean-Luc Lambert : ENSEIGNEMENT SPECIAL ET HANDICAP MENTAL
99 Jean Morval : INTRODUCTION A LA PSYCHOLOGIE DE L'ENVIRONNEMENT
100 Pierre Oleron et al. : SAVOIRS ET SAVOIR-FAIRE PSYCHOLOGIQUES CHEZ L'ENFANT
101 Bernard I. Murstein : STYLES DE VIE INTIME
102 Rondal/Lambert/Chipman : PSYCHOLINGUISTIQUE ET HANDICAP MENTAL
103 Brédart/Rondal : L'ANALYSE DU LANGAGE CHEZ L'ENFANT
104 David Malan : PSYCHODYNAMIQUE ET PSYCHOTHERAPIE INDIVIDUELLE
105 Philippe Muller : WAGNER PAR SES REVES
106 John Eccles : LE MYSTERE HUMAIN
107 Xavier Seron : REEDUQUER LE CERVEAU
108 Moreau/Richelle : L'ACQUISITION DU LANGAGE

109 Georges Nizard : ANALYSE TRANSACTIONNELLE ET SOIN INFIRMIER
110 Howard Gardner : GRIBOUILLAGES ET DESSINS D'ENFANTS, LEUR SIGNIFICATION
111 Wilson/Otto : LA FEMME MODERNE ET L'ALCOOL
112 Edwards : DESSINER GRACE AU CERVEAU DROIT
113 Rondal : L'INTERACTION ADULTE-ENFANT
114 Blancheteau : L'APPRENTISSAGE CHEZ L'ANIMAL
115 Boutin : FORMATION ET DEVELOPPEMENTS
116 Húsen : L'ECOLE EN QUESTION
117 Ferrero/Besse : L'ENFANT ET SES COMPLEXES
118 R. Bruyer : LE VISAGE ET L'EXPRESSION FACIALE
119 J.P. Leyens : SOMMES-NOUS TOUS DES PSYCHOLOGUES?
120 J. Château : L'INTELLIGENCE OU LES INTELLIGENCES?
121 M. Claes : L'EXPERIENCE ADOLESCENTE
122 J. Hayes et P. Nutman : COMPRENDRE LES CHOMEURS
123 S. Sturdivant : LES FEMMES ET LA PSYCHOTHERAPIE
124 A. Pomerleau et G. Malcuit : L'ENFANT ET SON ENVIRONNEMENT
125 A. Van Hout et X. Seron : L'APHASIE DE L'ENFANT
126 A. Vergote : RELIGION, FOI, INCROYANCE
127 Sivadon/Fernandez-Zoïla : TEMPS DE TRAVAIL, TEMPS DE VIVRE
128 Born : JEUNES DEVIANTS OU DELINQUANTS JUVENILES?
129 Hamers/Blanc : BILINGUALITE ET BILINGUISME
130 Legrand : PSYCHANALYSE, SCIENCE, SOCIETE
131 Le Camus : PRATIQUES PSYCHOMOTRICES
132 Lars Fredén : ASPECTS PSYCHOSOCIAUX DE LA DEPRESSION
133 Mount : LA FAMILLE SUBVERSIVE
134 Magerotte : MANUEL D'EDUCATION COMPORTEMENTALE CLINIQUE
135 Dailly/Moscato : LATERALISATION ET LATERALITE CHEZ L'ENFANT
136 Bonnet/Tamine-Gardes : QUAND L'ENFANT PARLE DU LANGAGE
137 Bruyer : LES SCIENCES HUMAINES ET LES DROITS DE L'HOMME
138 Taulelle : L'ENFANT A LA RENCONTRE DU LANGAGE
139 de Boucaud : PSYCHOLOGIE DE L'ENFANT ASTHMATIQUE
140 Duruz : NARCISSE EN QUETE DE SOI
141 Feyereisen/de Lannoy : PSYCHOLOGIE DU GESTE
142 Florin et al. : LE LANGAGE A L'ECOLE MATERNELLE
143 Debuyst : MODELE ETHOLOGIQUE ET CRIMINOLOGIE
144 Ashton/Stepney : FUMER
145 Winkel et al. : L'IMAGE DE LA FEMME DANS LES LIVRES SCOLAIRES
146 Bideau/Richelle : PSYCHOLOGIE DEVELOPPEMENTALE
147 Schmid-Kitsikis : THEORIE CLINIQUE ET FONCTIONNEMENT MENTAL
148 Guggenbühl/Craig : POUVOIR ET RELATION D'AIDE
149 Rondal : LANGAGE ET COMMUNICATION CHEZ LES HANDICAPES MENTAUX
150 Moscato et al. : FONCTIONNEMENT COGNITIF ET INDIVIDUALITE
151 Château : L'HUMANISATION OU LES PREMIERS PAS DES VALEURS HUMAINES
152 Avery/Litwack : NEE TROP TOT
153 Rondal : LE DEVELOPPEMENT DU LANGAGE CHEZ L'ENFANT TRISOMIQUE 21
154 Kellens : QU'AS-TU FAIT DE TON FRERE?
155 Rondal/Henrot : LE LANGAGE DES SIGNES
156 Lafontaine : LE PARTI PRIS DES MOTS
157 Bonnet/Hoc/Tiberghien : AUTOMATIQUE, INTELLIGENCE ARTIFICIELLE ET PSYCHOLOGIE
158 Giovannini et al. : PSYCHOLOGIE ET SANTE
159 Wilmotte et al. : LE SUICIDE
160 Giurgea : L'HERITAGE DE PAVLOV
161 Ionescu : MANUEL D'INTERVENTION EN DEFICIENCE MENTALE N° 1

162 Ionescu : MANUEL D'INTERVENTION EN DEFICIENCE MENTALE N° 2
163 Pieraut-Le Bonniec : CONNAITRE ET LE DIRE
164 Huber : PSYCHOLOGIE CLINIQUE AUJOURD'HUI
165 Rondal et al. : PROBLEMES DE PSYCHOLINGUISTIQUE
166 Slukin : LE LIEN MATERNEL
167 Baudour : L'AMOUR CONDAMNE
168 Wilwerth : VISAGES DE LA LITTERATURE FEMININE
169 Edwards : VISION, DESSIN, CREATIVITE
170 Lutte : LIBERER L'ADOLESCENCE
171 Defays : L'ESPRIT EN FRICHE
172 Broome Walace : PSYCHOLOGIE ET PROBLEMES GYNECOLOGIQUES
173 Aimard : LES BEBES DE L'HUMOUR
174 Perruchet : LES AUTOMATISMES COGNITIFS
175 Bawin-Legros : FAMILLES, MARIAGE, DIVORCE
176 Pourtois/Desmet : EPISTEMOLOGIE ET INSTRUMENTATION EN SCIENCES HUMAINES
177 Sloboda : L'ESPRIT MUSICIEN
178 Fraisse : POUR LA PSYCHOLOGIE SCIENTIFIQUE
179 Ruffiot : PSYCHOLOGIE DU SIDA
180 McAdams/Deliège : LA MUSIQUE ET LES SCIENCES COGNITIVES
181 Argentin : QUAND FAIRE C'EST DIRE...
182 Van der Linden : LES TROUBLES DE LA MEMOIRE
183 Lecuyer : BEBES ASTRONOMES, BEBES PSYCHOLOGIQUES : L'INTELLIGENCE DE LA 1re ANNEE
184 Immelmann : DICTIONNAIRE DE L'ETHOLOGIE
185 Collectif : ACTEUR SOCIAL ET DELINQUANCE
186 Fontana : GERER LE STRESS
187 Bouchard : DE LA PHENOMENOLOGIE A LA PSYCHANALYSE
188 Chanceaulme : MOURIR, ULTIME TENDRESSE
189 Rivière : LA PSYCHOLOGIE DE VYGOTSKY
190 Lecoq : APPRENTISSAGE DE LA LECTURE ET DYSLEXIE
191 de Montmolin/Amalberti/Theureau : MODELES DE L'ANALYSE DU TRAVAIL
192 Minary : MODELES SYSTEMIQUES ET PSYCHOLOGIE
193 Grégoire : EVALUER L'INTELLIGENCE DE L'ENFANT
194 Gommers/van den Bosch/de Aguilar : POUR UNE VIEILLESSE AUTONOME
195 Van Rielaer : LA GESTION DE SOI
196 Lecas : L'ATTENTION VISUELLE
197 Macquet : TOXICOMANIES ET FORMES DE LA VIE QUOTIDIENNE

Hors collection

    Paisse : PSYCHOPEDAGOGIE DE LA LUCIDITE
    Paisse : ESSENCE DU PLATONISME
    Collectif : SYSTEME AMDP
    Boulangé/Lambert : LES AUTRES, L'EXPRESSION ARTISTIQUE CHEZ LES HANDICAPES MENTAUX

Manuels et Traités

4 Richelle : L'ACQUISITION DU LANGAGE
  Droz-Richelle : MANUEL DE PSYCHOLOGIE
  Hurtig-Rondal : MANUEL DE PSYCHOLOGIE DE L'ENFANT (Tome 1)
  Hurtig-Rondal : MANUEL DE PSYCHOLOGIE DE L'ENFANT (Tome 2)
  Hurtig-Rondal : MANUEL DE PSYCHOLOGIE DE L'ENFANT (Tome 3)
  Rondal-Seron : LES TROUBLES DU LANGAGE (DIAGNOSTIC ET REEDUCATION)
  Fontaine/Cottraux/Ladouceur : CLINIQUES DE THERAPIE COMPORTEMENTALE
  Godefroid : LES CHEMINS DE LA PSYCHOLOGIE